本书为2017年湖南省社科院院属重大课题"湖南打造文化强省升级版的路径与对策研究"（17WCA01）、2017年湖南省社会科学成果评审委员会重大课题"湖南打造文化强省升级版问题与对策研究"（XSP17ZDA007）的成果

湖南文化强省之路

——基于协同创新、跨界融合与地方特色视角

邓子纲　高立龙　杨斌　著

中国社会科学出版社

图书在版编目（CIP）数据

湖南文化强省之路：基于协同创新、跨界融合与地方特色视角/邓子纲，高立龙，杨斌著 . —北京：中国社会科学出版社，2018.1

ISBN 978 - 7 - 5203 - 2096 - 2

Ⅰ . ①湖… Ⅱ . ①邓…②高…③杨… Ⅲ . ①文化发展—研究—湖南 Ⅳ . ①G127.64

中国版本图书馆 CIP 数据核字（2018）第 033268 号

出 版 人	赵剑英
责任编辑	李庆红
责任校对	季 静
责任印制	王 超

出 版	中国社会科学出版社
社 址	北京鼓楼西大街甲 158 号
邮 编	100720
网 址	http：//www.csspw.cn
发 行 部	010 - 84083685
门 市 部	010 - 84029450
经 销	新华书店及其他书店
印 刷	北京明恒达印务有限公司
装 订	廊坊市广阳区广增装订厂
版 次	2018 年 1 月第 1 版
印 次	2018 年 1 月第 1 次印刷
开 本	710×1000 1/16
印 张	17.5
插 页	2
字 数	287 千字
定 价	75.00 元

凡购买中国社会科学出版社图书，如有质量问题请与本社营销中心联系调换
电话：010 - 84083683

目　　录

第一章 湖南文化强省建设现状与评价考核指标体系研究

文化是一个民族的灵魂，文化的力量深深熔铸在这个民族的生命力、创造力和凝聚力之中，因而文化被称为国家和民族的"软实力"。文化在广义上是人类一切物质产品和精神产品的总和，狭义的文化是指人类所创造的精神产品。作为精神产品的文化既要为经济社会的全面协调发展提供精神动力与智力支持，也是经济社会发展的重要内容。文化发展不仅可以不断提高人民群众的思想道德素质和科学文化素质，而且对促进经济增长、增强国家和区域综合竞争能力也有巨大的推动作用。进入21世纪，文化作为民族的血脉和遗传基因，日益成为支撑国家繁荣发展的强大力量。文化迸发出堪比物质和资本的强大力量，让经济发展体现出独特的文化品格，共同推动社会进入更高的发展阶段。

自从湖南省第九次党代会在全国率先提出文化强省战略并大力实施以来，全省人民的精神面貌发生了深刻变化，文化事业繁荣发展，文化产业不断壮大，文化在湖南经济社会中的引领支撑作用不断显现和增强，"文化湘军"、"文化湖南"成为湖南走向全国和世界极其亮丽的名片。"十二五"时期，湖南文化产业在"扩总量、调结构、夯基础、树品牌、促贸易"等方面取得积极成效，文化和创意产业增加值年均增长15.6%，高出同期经济现价增长速度3.1个百分点，产业规模不断扩大，增加值占GDP比重持续提升[①]。公共文化服务体系建设获得新突破，公共文化投入稳步增长，2015年省级财政文化体育与传媒支出达到111.7亿元，较2014年增长39.7%，2011—2015年年均增速达到26.58%，城乡公共文化基础设施基本健全。"十三五"时期，湖南的

---

① 湖南省发展和改革委员会：《湖南省"十三五"时期文化改革发展规划纲要》，2016年11月。

文化强省建设又将面临新形势、新要求、新起点，需要再谋划、再部署、再出发。

第一节　湖南推进文化强省建设现状

近年来，湖南文化工作认真贯彻落实习近平总书记在全国文艺座谈会、文代会、作协会上重要讲话精神及中央关于文化工作重大方针政策，突出以人民为中心的工作导向，坚持文化事业与文化产业两手抓，取得了新进步。

一　发展成就

从文化发展的主要指标看，湖南文化指标的位次都在原有基础上有了提升，文化产业实现了快速发展，文化事业实现了全面推进，文化资源禀赋继续加强，文化宣传交流持续推进，文化人才储备丰富，文化体制机制改革不断深化。

（一）主要指标全面提升

2015年文化部考核的八大文化指标，湖南省在全国排位情况是：排第9位1个、排第12位1个、排第20位1个、排第25位1个、排第26位1个、排第27位2个、排第29位1个。具体来说，一是2015年全省文化事业支出19.38亿元，在中部六省排第3位，全国排第12位，与2014年相比，新增3.12亿元、全国排位前进1个位次。二是人均文化事业费28.57元，比全国平均水平（49.68元）少21.11元，在中部六省排第3位，全国排27位，比2014年新增4.43元。三是文化事业费占财政总支出比重0.34%，低于全国平均水平（0.39%）0.05个百分点，在中部六省排第3位，全国排第26位，与2014年相比，比重增加0.02个百分点，在全国前进1个位次。四是人均购书费0.58元，比全国平均水平（1.43元）少0.85元，在中部六省排第4位，全国排25位，与2014年相比，全国排位前进4个位次，中部排位前进1个位次。五是人均拥有公共图书馆藏书量0.38册，比全国平均值少0.23册，在中部六省排第4位，全国排第27位。六是平均每万人拥有公共图书馆建筑面积61.08平方米，比全国平均值94.68平方米少33.6平方米，在全国排第29位，中部排第5位，与2014年相比，中部排位前进1个位次，全国排位前进 2 个位次。七是平均每万人拥有群众文化设施建筑面积 223.4 平方米，比全国平均值 279.95 平方米少 56.55 平方米，在中部排第 3 位，全国排位 20 位，与 2014 年相比，全国排位前进 2 个位次。八是文化产业综合指数全国排名第 9 位。

（二）文化产业快速发展

近年来，湖南文化产业快速发展，在"扩总量、调结构、夯基础、树品牌、促贸易"等方面取得积极成效。经济总量快速增长，2015 年，湖南省文化和创意产业实现增加值 1707.18 亿元，比 2014 年增长 12.8%，是 2010 年的 2.06 倍；占 GDP 的比重达 5.9%，比 2010 年提高 0.7 个百分点，文化产业综合指数全国排名第 9 位。产业结构不断优化，文化与金融、科技、旅游等相关产业的融合力度不断加大，传统文化产业数字化转型成效明显，新兴文化业态总量规模不断壮大，初步形成了以广播影视、新闻出版、动漫游戏、演艺娱乐、工艺美术为重点的现代文化产业体系。文化产业平台建设积极推进，长沙天心文化产业园等基地建设进展顺利，截至 2015 年，共有 11 家文化企业获得"国家文化产业示范基地"称号。品牌建设成绩突出，湖南卫视、中南传媒、电广传媒等品牌价值凸显。根据《中国文化品牌报告》，截至 2015 年，"湘字号"文化品牌达 42 个，占文化品牌总数的 16.2%[①]。文化贸易持续扩大，文化企业"走出去"数量不断增加，核心文化产品进出口总额在全国的排名稳步上升；2015 年，湖南省文化产品进出口总额增加至 7.25 亿美元，其中出口额高达 7.15 亿美元。文化市场管理有序，湖南省连续 3 年文化市场综合执法考评排在全国前十位，全国文化市场综合执法岗位"大比武大练兵"获全国第八名（三等奖），中西部排名第一；各类文化市场经营户 27876 家，总量排名全国第五；歌厅、酒吧文化，动漫产业等在全国影响较大。

（三）文化事业全面推进

近年来，湖南省坚持把培育和践行社会主义核心价值观贯穿于经济建设和社会治理之中，文化事业实现了良好发展。2015 年湖南省文化事业费达到 19.38 亿元，在中部六省排第 3 位，全国排第 12 位，与

---

① 中南大学中国文化产业品牌研究中心：《中国文化品牌发展报告 2015》，社会科学文献出版社 2015 年版。

2014 年相比，新增 3. 12 亿元，全国排位前进 1 个位次。公共文化服务体系建设获得新突破，公共文化投入稳步增长，2015 年省级财政文化体育与传媒支出达到 111. 7 亿元，增长 39. 7%，2011—2015 年年均增速达到 26. 58%。城乡公共文化基础设施基本健全，平均每万人拥有群众文化设施建筑面积 223. 4 平方米，在全国排在第 20 位，与 2014 年相比全国排位前进 2 个位次。现代传播体系建设迈上新台阶，"三网融合"扎实推进。文化惠民取得新实效，乡镇综合文化站、广播电视"村村通"、农家书屋等五大文化惠民工程建设成效明显。群众文化活动迈出新步伐，多部作品获得国家级奖项。"雅韵三湘""欢乐潇湘"、湖南艺术节、送戏下乡等活动持续深入开展并形成品牌，文艺精品创作打开新局面。

（四）文化资源异常丰富

文物资源方面，湖南省拥有不可移动文物 2 万余处，其中全国重点文物保护单位 183 处，在长江以南省份中排名第二，位居全国第九，省级文物保护单位 862 处；拥有革命类不移动文物 1300 余处、75 家革命类博物馆收藏的可移动文物 50 余万件，其中革命类全国重点文物保护单位 40 余处，位居全国第一；国有收藏单位 445 家，全国排名第九，认定上报的文物 181 万余件，全国排名第十一位。永顺老司城遗址、益阳兔子山遗址等 11 项考古成果列入"全国十大考古新发现"。非物质文化遗产资源方面，湖南省拥有国家级项目 118 项，国家级传承人 76 人，省级非遗保护专项资金 1500 万元，这些指标在全国居前十位。全国 18 个文化生态保护区，湖南省有 1 个；全国 100 个生产性保护基地，湖南省有 4 个；全国 5 个传统工艺工作站，湖南省有 1 个，占比高达 20%；全国非遗传承人研修演习培训计划参加院校 57 所，湖南省有 2 所。

（五）文化宣传交流不断推进

文化交流方面，湖南省每年对外文化交流常设经费 150 万元，在全国位于后 8 位，远远低于其他发达省份，在中部地区也排名居后。尽管湖南省对外文化交流的工作条件有限，但工作成绩却位于全国前列，多次承担文化部重大活动并获得肯定，是最早承担海外中国文化中心部省合作项目的省份之一，是海外"欢乐春节"工作先进省份。文化宣传方面，2015 年、2016 年湖南省文化宣传系统分别列全国第三名和第二名，工作走在全国文化地方系统前列；2015 年，省文化厅官方网站在全国文化系统地方厅局网站绩效评估中排名第 11 位。

（六）文化人才储备充足

2015 年，湖南省文化文物从业人员数为 101665 人，其中专业技术人才 11751 人，正高级职称 204 人，副高级职称 935 人，中级职称 3889 人。专业技术人才中正高级职称比例为 1.74%，副高级职称比例为 7.96%，中级职称比例为 33.10%，高于全国平均水平（27.99%）。主要文化机构从业人员数在全国排中等偏上位次：公共图书馆从业人员数量排名第 11 位，文化馆从业人员数量排名第 12 位，文化站从业人员数量排名第 4 位，博物馆从业人员数量排名第 15 位，艺术表演团体从业人员数量排名第 15 位，艺术表演场馆从业人员排名第 7 位。

（七）文化体制改革扎实推进

近年来，湖南省文化体制改革实现了新突破。文化市场综合执法改革基本完成，整合市、县两级原有的文化、广电和新闻出版行政机构，组建新的文化行政责任主体，湖南省 14 个市州、122 个县市区成立了文化市场综合执法机构。湖南省原有的国有文艺院团、电影发行放映单位、非时政类报刊出版单位、高校和地方出版社、重点新闻网站完成体制改革，整合湖南省有线电视网络，基本实现湖南省一张网，经营性文化事业单位改革基本完成。湖南日报报业集团、湖南广播影视集团等有关省管国有文化企业完成整合重组，通过积极推动内部运行机制改革，基本建立了有特色文化的现代企业制度。省级国有文化资产监管体制改革基本完成，组建湖南省国有文化资产监督管理委员会及其办公室，履行省属国有文化企业出资人职责。

二　问题和不足

湖南文化发展在取得优异成绩的同时，也存在一定的问题与不足，主要表现在地区发展不平衡、文化事业经费投入不足、精品力作数量较少、非遗传承和保护尚需加强等方面。

（一）文化产业及文化市场方面

一是区域文化产业发展不平衡。2015 年长株潭地区、湘南地区、大湘西地区、洞庭湖地区文化和创意产业增加值占全省比重分别为 59%、14.6%、10.1% 和 16.3%，发展不平衡现象明显①。2016 年上

---

① 湖南省统计局：《湖南"十二五"文化和创意产业发展情况分析》，2016 年 7 月。

半年，全省规模以上文化产业企业 2477 家，单位平均总产出 6799 万元。分地域看，长株潭地区的规模以上文化产业企业 1358 家，单位数量占全省的比重超过一半，为 54.8%；单位平均总产出达 8552 万元，超过全省单位平均总产出水平 1753 万元；规模以上企业数量和平均总产出均遥遥领先其他区域。二是产业结构不尽合理。规模以上文化服务业占比仍然偏低，规模以上文化制造业占比 83%。规模以上文化制造业内部层次较低，2016 年上半年，作为湖南传统优势产业的烟火、鞭炮产品制造业总产出占比近四成，达到 39.4%。三是文化市场监管瓶颈明显。比如，全省各市州综合执法队伍建设不平衡；财政保障总体不足，办案设备和办案经费明显落后于其他行业执法部门，无法满足办案需求；管理体制有待进一步理顺；管理和执法部门缺少复合型专业人才；信息化建设落后其他省份（平台建设）。

（二）文化事业方面

一是文化经费投入依然不足。人均投入方面，2015 年文化部纳入监测的 8 个指标中，湖南省人均文化事业费、人均拥有公共图书馆藏书量、平均每万人拥有公共图书馆建筑面积、平均每万人拥有群众文化设施建筑面积等指标均排在全国 20 名以后。2015 年，衡阳、邵阳、岳阳、郴州、永州、怀化、娄底等市人均事业费还不足 20 元，特别是边远贫困地区和农村、社区等基层文化设施仍然比较薄弱，公共文化建设存在"重城市、轻农村"等倾向。二是文化基础设施薄弱。全省人均公共文化服务设施占有率偏低，仍有个别市州"三馆"不健全，县级"两馆"建设普遍滞后，尽管根据第四次全国文化馆评估定级情况看，湖南省上等级文化馆总数有 120 个，全国排名第五，但按照最新评估定级要求，县级图书馆、文化馆整体达标差距大。

（三）艺术创作方面

一是精品创作有数量缺质量。尽管湖南省在文艺创作方面取得了可喜的成果，但是，从作品的数量、质量、影响力而言，还存在力作不多、品牌不精、影响不大的突出问题。各艺术门类生产的精品很少，国内、国际重大奖项尚未实现根本性突破，真正属于艺术精湛、思想精深、制作精良的作品屈指可数。2016 年度第十一届中国艺术节，湖南省两台剧目参加了演出，湘剧《月亮粑粑》只有主演王阳娟一人荣获"文华表演奖"。二是创作经费投入相对不足。尽管省财政安排的省级艺术创作经费逐年增长，从 2013 年的 160 万元，到 2014 年的 500 万元，2015 年达到 1500 万元，2016 年增加到 2500 万元，总量有了大幅增加，但湖南省精品力作的制作资金与相对发达和临近省区比差距依然很大。比如，河南省创作演出费 4300 万元、江苏省创作费 4000 万元、广西壮族自治区创作经费共 3600 万元。而且，湖南省大部分市州没有安排创作专项经费，条件较好的长沙市，财政安排的艺术创作专项经费每年也只有 280 万元。受经费限制，文艺精品剧目的创作，往往因经费问题，而不得不一再缩减制作成本，难以引进、运用最先进的舞台艺术理念、人才和技术，在舞台呈现效果上明显存在较大差距，既难以在全国大赛中具有突出的竞争优势，又难以满足观众的审美需求。另外，从政府采购的惠民演出来看，省级院团到基层演出大型剧目基本支出要 3 万—5 万元，而财政给予省直院团下基层演出的补贴平均每场只有 2 万元，市州是 5000—8000 元，县级是 1000—5000 元，补贴偏少，剧团演出困难。再有，从院团经费来源看，省直院团基本解决了生存问题，但市州专业文艺院团基本实行差额拨款，一般按剧团在编人员工资总额的 50% 左右划拨，有的剧团甚至更低，有的离退休人员、临聘演职人员只能靠自创收入来解决，负担过重，无法维持正常运转。因经费不足，深受社会欢迎的音乐、舞蹈、民族器乐等艺术门类难以组织专业的、有较大规模的比赛活动，领军式的艺术家和在全国颇有影响的作品很少。三是文艺人才严重短缺。全省各艺术门类都不同程度地存在人才总量偏小、结构不尽合理、领军人物缺乏的问题。反映最突出的是：高层人才留不住，多数院团的编剧、导演、音乐、舞美、灯光等主创人员短缺，特别是阳戏、荆河戏、辰河高腔、零陵花鼓戏、苗剧等近 10 个地方戏剧种更为突出；演职人员整体素质不高，优秀青年演员缺乏，净、丑、小生等行当的优秀青年人才寥寥，中青年骨干演员流失严重，留下的青年演员因种种原因无法全身心地投入专业训练，成长较慢；用人机制阻碍事业发展，受目前人事制度的限制，改制院团编制采取走一个注销一个的办法，"不求所有、但求所用"的柔性人才引进机制又未形成，加上收入分配、考核激励制度不完善，文艺工作者待遇偏低，专业院团招不到、留不住优秀人才。四是基础硬件设施陈旧落后。湖南省专业剧院少、场地狭小、练功条件差，剧场陈旧简陋，剧团的音响、灯光、乐器等设备因长年流动演出消耗较大，得不到及时添置和更新。据不完全统计（至 2015 年年底），全省省市县三级国有剧场仅有 62 个，其中 20 世纪八九十年代修建的占 80% 以上，部分剧场多年不用，已成危房，大部分县（市区）没有专业剧场，靠借用会场、学校场所，租用民房进行排练、演出，离文化部要求的"一院（团）一场"的要求存在着很大的差距。缺乏能承接大型演出活动的省级剧场。2016 年文化部安排了大型歌剧《白毛女》到湖南省进行巡演的任务，当时能承接大型演出活动的剧场，只有湖南大剧院和浏阳金阳剧院。由于湖南大剧院演出档期已经排满，因此，《白毛女》的演出只能安排到浏阳。由此可见，湖南省省级剧场迫切需要提升。因基础设施落后，湖南省近十多年来没有承办过一次全国性（如中国艺术节）的舞台艺术大赛，缺乏与外省全方位的艺术交流。另外，省市县三级仅有 16 个美术馆，书画名人纪念馆建筑面积 1000 平方米以下的有 7 个。

（四）文物保护利用方面

新形势下文物工作中许多老问题未能得到完全或者说是很好地解决，同时又出现了许多新情况、新问题、新挑战。党中央、国务院对文物工作越来越重视，中央和省级财政文物保护投入越来越大，但部分市县级政府文物保护意识淡薄，重视不够，地方财政文物保护经费投入严重不足；文物保护力度总体上越来越大，但具体到文物保护与基本建设发生冲突时，对历史文物缺乏敬畏之心，文物违法案件屡禁不止，特别是法人违法案件呈上升趋势；随着文物交易市场的火爆，盗掘古墓葬、古文化遗址的违法犯罪案件，时有发生；受体制、编制等因素影响，文物系统人员缺乏，依法行政水平不高；许多博物馆、纪念馆陈列展览水平不高，提供基本公共文化产品数量不多、档次不高；大部分不可移动文物未开放，文博创意产品开发水平低，让文物活起来的水平、能力有待提高。

（五）非遗保护传承方面

一是财政投入不足。全省 118 个国家级非遗项目、202 个省级非遗项目，还有一大批市县级非遗项目。2015 年仅得到中央非遗保护专项资金 3000 余万元，而同为文化遗产的文物保护资金达到 8.8 亿元，是非遗保护资金的近 30 倍。2006 年以来的十年间，全省仅有 23 个非遗项目获得过中央财政非遗专项资金扶持，累计支持金额 1655 万元，平均每个项目每年只有 7 万元。从地方投入来看，由于非遗项目资源丰富的区域大多数是边远贫困地区，财政普遍十分紧张，往往是只有省级有限的投入，市县两级投入几乎很少。在财政支持力度有限的情况下，除了少量手工技艺靠走市场，得以较好生存和发展，如湘绣、浏阳花炮制作技艺、醴陵釉下五彩瓷烧制技艺、黑茶制作技艺等等；大部分项目举步维艰，如花瑶挑花、竹编、剪纸等，手工艺人们单凭技艺不能维持生计，特别是生活在一些偏远山区的传承人，生存的困难更加突出，很多技艺濒临失传。二是传承人匮乏。由于财政支持少、市场销路少，传承人生存、传承难度大，许多传统工艺正在逐步失去其生存的土壤，传承人高龄化，传承项目后继无人现象严峻，许多经典的传统工艺逐渐消亡。全省 118 个国家级非遗项目中有 43 个项目无国家级非遗代表性传承人，其中涉及传统工艺类项目 14 项无国家级传承人，如菊花石雕、滩头木版年画、长沙窑铜官陶瓷烧制技艺、黑茶制作技艺、蔡伦古法造纸技艺等。湖南省国家级非遗传承人 76 人（传统工艺类 21 人）已去世 14 名（传统工艺类 8 人），现有 62 人（传统工艺类 13 名），绝大部分 60 岁以上，最大的将近 90 岁，这些人大部分身体状况不好，生活条件较差。省级传承人共 247 人（传统工艺类 60 人），已有 15 名去世，在世的 232 人中 60 岁以上的 125 人，80 岁以上的 19 人。三是工作机构不健全。14 个市州文广新局中，仅有湘西自治州、衡阳、张家界 3 个市州增设非遗科，4 个市州（湘西、邵阳、湘潭、张家界）单独成立了市级非遗保护中心；全省 122 个县（市、区）文广新局，单设非遗管理机构仅有 14 个，占全省县（市、区）总数的 11.38%；单独建制的县级非遗保护中心 30 个，占全省县（市区）总数的 24.39%。未单独建制的，仍采取挂靠在群众艺术馆或文化馆，实行"两块牌子、一套人马"的模式，导致基层非遗保护工作处于被动应付、粗放式、低水平的工作状态。四是非遗项目走进现代生活任重道远。各地存在重申报、轻保护的倾向，满足于获得名录，对于传承发展认识不足。非遗项目的创造性转化和创新性发展水平较低，资源挖掘、整理不够，非遗衍生品开发生产机制有待完善，没能很好把保护、传承非遗文化与当地经济社会发展、文化旅游及精准扶贫有机结合，开发的文创产品样式单一、工艺粗糙、特色不鲜明、实用性不强。

（六）文化对外开放方面

文化内涵挖掘不够，"走出去"的文化产品对湖湘文化、中华文化精髓的挖掘深度不够，在艺术表达方面不够精美、不够贴近生活，对外国受众的吸引力有待进一步加强。文化"走出去"平台载体建设滞后，尚无专门的对外文化交流资源宣传平台，影响优秀文化的传播。外向型文化企业实力不强，规模偏小、实力偏弱，参与国际市场竞争能力不强。能"卖出去"的文化产品仍然不多，湖南文化产品大多是以产定销，市场化程度低，海外营销投入不足，文化贸易的经营、管理、开发、中介、咨询等各类相关人才匮乏。工作网络不健全，绝大部分市州局、厅直单位没有相应的部门，没有专干或者工作人员更换频繁。对外文化交流发展不均衡，部分市州参与较少，积极性不高。

（七）文化宣传方面

由于宣传形式单一，宣传平台有限，数字内容和传播渠道有限，还没有建成现代文化传播体系，文化宣传的影响力有待提升。省文化厅官网正在于省政府网站进行整合，机关办公自动化 OA 系统、数据库等信息化建设水平尚处于初始发展阶段，与优秀和卓越等级相比，还有一定差距。机构和人员相对不稳定。厅宣传信息中心目前为厅机关内设机构，尽管其工作职能比较多，涉及近十项工作职能，全年无休保运转工作和重点工作任务较重，但是"三定方案"无该机构的领导职数和人员编制，属临时机构。目前，调配正式编制 3 人，跟班学习和媒体驻厅记者站人员 5 人，工作人员来源多元化，人员不稳定，素质参差不齐，工作安排和协调难度大。由于没有专职信息工作人员，除了保障日常工作运转之外，加强基层信息调研和信息工作统筹难度大，导致调研少，重量级、高质量、有影响力的信息少。

（八）文化人才方面

湖南省基层文化服务机构的文化艺术骨干和文化管理人才、省市县级文化机构所需的高层次文化管理人员、文化艺术精品创作人才、文化遗产保护开发和利用人才、高层次文化经营管理人才存在较大缺口，尤其是文艺名家缺乏，湖南省享受国务院特殊津贴专家 49 人，其中大部分已退休，在职人员占比小，中宣部"四个一批"专家仅 2 人，文化部优秀专家 18 人，文化部青年拔尖人才仅 4 人。各部门文化人才计划与文化建设结合度不高，对在职从业人员普遍存在重使用轻培养的现象，在职人员的职业发展、继续教育的投入不足；人才机制不活，人才工作手段不多，人才平台凝聚力不强，人才激励机制有待完善，造成文化人才育不出、引不进、用不好、留不住。

（九）文化体制机制方面

一是部分领域改革不到位。一些制约文化发展的体制机制还没有得到根本性突破，管办不分、建管失衡现象依然存在，公益性文化事业单位服务效能有待提升，文艺院团改革还不够彻底、配套，发展欠活力。二是重大政策落地执行不足。国家和省里一些重大政策出台以后，由于各市州重视程度不一，省里的督查督促不够，虽然有的市州能迅速反应，推动政策落地生根，取得实效，但有的市州等、靠、拖思想严重，工作推动乏力，好的政策在基层得不到落实，从而影响工作成效。三是联席会议制度作用不明显。联席会议制度建立的初衷是集23家省直单位之力协同推进湖南省现代公共文化服务体系建设，但在实际工作中，由于各单位工作任务繁重、联席会议召开频次较低等缘故，作用不明显。四是存在"两头热中间冷"现象。一方面，国家很重视公共文化事业发展，出台大量政策、投入大量资金支持，基层老百姓的文化需求也很大，热情高涨。但另一方面，省级、市县层面没有出台强有力的推动措施，投入不到位，省厅对基层的支持力度有限，导致有些工作推动的难度较大，制约了公共文化服务均等化的进程。

三　省域比较

近年来，湖南省推进文化强省建设取得了显著成效，总体来看，在东部地区处于领先优势，但是与发达省份相比，差距依然较大。

其一，从产业发展来看。2015年，湖南省实现文化及相关产业增加值约1668亿元，比2014年增长约10.18%，占GDP比重达5.6%以上，是湖南省战略性新兴支柱产业，进入全国第一方阵，增加值和占GDP比重均明显高于河南和湖北两省，中西部排第一。与发达省份相比，湖南省文化产业的规模和人均量还不够大，2015年文化及相关产业增加值仅相当于广东、江苏和浙江的45.71%、52.67%和66.99%，增速比浙江省低7.82个百分点，占GDP比重比浙江省低0.21个百分点，人均文化及相关产业增加值分别比广东、江苏和浙江低904元、1512元和2036元（表1-1、图1-1）。2015年，湖南省文化及相关产业法人单位数为39658个，略低于河南和湖北两省，与发达省份差距较大，分别仅相当于广东、江苏和浙江的32.4%、32.65%和35.1%（表1-2）。2015年，湖南省文化及相关产业实现固定资产投资

1662.19 亿元，高于浙江、广东和湖北三省但差距较小，低于江苏和河南，其中与江苏省差距较大，仅为后者的 62.93%（表 1-3）。

表 1-1　　　　　　　2015 年文化及相关产业增加值省际比较

省域	文化及相关产业增加值（亿元）	同比增长（%）	占 GDP 比重（%）	湖南文化及相关产业增加值相当于其他省比重（%）	人均文化及相关产业增加值（元）
湖南	1668	10.18	5.6	100	2459
湖北	853.78	15.0	2.88	195.37	1459
河南	1111.87	12.9	3.0	150.02	1173
广东	3648.8	2.7	5.01	45.71	3363
江苏	3167	—	5.0	52.67	3971
浙江	2490	18.0	5.81	66.99	4495

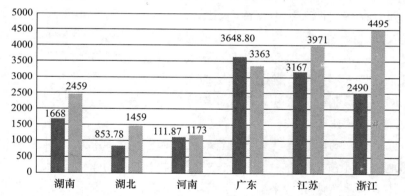

图 1-1　2015 年文化及相关产业增加值与人均量省际比较

资料来源：各省统计局网站。

表 1-2　　　　　　　2015 年文化及相关产业法人单位数省际比较　　　　单位：个

省别	法人单位数	其中：文化制造业	文化批发和零售业	文化服务业
湖南	39658	6609	4283	28766
湖北	46263	3897	6927	35439
河南	52103	7410	8853	35840
广东	122397	34025	19054	69318
江苏	121450	26111	19937	75402
浙江	112984	35105	18400	59479

资料来源：《中国文化及相关产业统计年鉴　2016》，中国统计出版社 2016 年版。

表 1 - 3　　　　2011—2015 年文化及相关产业固定资产投资省际比较　　单位：亿元

年份	湖南	湖北	河南	广东	江苏	浙江
2011	481.52	396.85	680.55	706.83	871.68	553.16
2012	864.34	622.22	846.67	876.78	1438.36	696.60
2013	1045.82	874.03	1039.61	1004.49	1822.62	851.55
2014	1227.75	1109.18	1390.97	1233.24	2409.81	1074.73
2015	1662.19	1385.16	1841.81	1401.20	2641.22	1442.31

资料来源：《中国文化及相关产业统计年鉴　2016》，中国统计出版社 2016 年版。

其二，从企业发展来看。2015 年，湖南省规模以上文化制造业企业共有 1417 个，分别比河南和湖北多 411 个和 877 个，但明显低于发达省份，仅相当于广东、江苏和浙江的 40.97%、50.82% 和 62.04%；限额以上文化批发和零售业企业和规模以上文化服务业企业分别为 349 个和 736 个，数量与湖北省较为接近，低于河南省和其他三个发达省份。2015 年，湖南省规模以上文化制造业企业实现营业收入和利润总额分别为 2782.92 亿元和 175.42 亿元，明显高于湖北省，与河南省基本持平，两项指标虽与广东和江苏差距明显，但略高于浙江省；限额以上文化批发和零售业企业除利润总额高于湖北省外，其他指标均低于河南和湖北两省，其中利润总额略低于浙江省；规模以上文化服务业企业营业收入和利润总额均高于河南省，但均低于湖北省，与发达省区差距较为明显（表 1 - 4—表 1 - 6）。

表 1 - 4　　　　2015 年规模以上文化制造业企业基本情况省际比较

单位：个、万人、亿元

省别	企业单位数	年末从业人员	资产总计	营业收入	利润总额
湖南	1417	38.96	1177.96	2782.92	175.42
湖北	540	9.97	758.83	1158.75	56.80
河南	1006	31.36	1600.84	2431.12	193.61
广东	3459	138.72	6303.24	8847.43	331.25
江苏	2788	74.83	5239.83	7907.09	485.59
浙江	2284	36.42	2778.33	2611.57	137.66

资料来源：《中国文化及相关产业统计年鉴　2016》，中国统计出版社 2016 年版。

表 1 – 5　2015 年限额以上文化批发和零售业企业基本情况省际比较

单位：个、万人、亿元

省域	企业单位数	年末从业人员	资产总计	营业收入	利润总额
湖南	349	1.67	228.21	329.43	16.01
湖北	445	2.35	209.04	410.76	15.02
河南	640	2.96	220.66	397.23	20.31
广东	1073	7.27	1240.00	2381.87	39.19
江苏	1056	7.06	1554.70	2590.67	62.54
浙江	820	4.47	670.17	1285.19	18.28

资料来源：《中国文化及相关产业统计年鉴　2016》，中国统计出版社 2016 年版。。

表 1 – 6　　2015 年规模以上文化服务业企业基本情况省际比较

单位：个、万人、亿元

省域	企业单位数	年末从业人员	资产总计	营业收入	利润总额
湖南	736	7.96	1278.46	498.46	51.55
湖北	667	12.20	1347.39	571.32	71.15
河南	1072	11.54	1046.07	351.33	38.73
广东	2121	29.20	5404.27	2479.16	463.78
江苏	2976	34.12	4535.32	1955.96	207.94
浙江	1372	15.70	4620.72	2414.21	617.52

资料来源：《中国文化及相关产业统计年鉴　2016》，中国统计出版社 2016 年版。。

　　其三，从文化服务业事业来看。2015 年，湖南省文化服务业事业和其他单位共有 8819 家，年末从业人员 17.55 万人，非企业单位支出 162.83 亿元，年末资产 258.62 亿元。文化服务业事业和其他单位数低于河南、江苏和浙江且差距较为明显，但高于广东和湖北且差距较小；年末从业人员仅低于河南省，高于湖北和其他三个发达省份；非企业单位支出高于湖北但低于其他四个省份且差距较大；年末总资产在六个省份中排名最末，仅相当于河南省的 50% 左右，与发达省份差距更大（表 1 – 7）。

表1－7 2015年文化服务业事业和其他单位基本情况省际比较

单位：个、万人、亿元

省域	单位数	年末从业人员	非企业单位支出	年末资产
湖南	8819	17.55	162.83	258.62
湖北	8424	11.68	122.40	298.22
河南	13529	23.57	229.31	501.55
广东	7287	13.34	253.20	805.75
江苏	10216	12.87	311.60	1411.05
浙江	9836	12.22	309.49	714.60

资料来源：《中国文化及相关产业统计年鉴 2016》。

其四，从居民文化消费来看。2015年，湖南省居民人均文化娱乐消费支出为740.7元，比上年增加101.7元，城镇居民人均文化娱乐消费支出和农村居民人均文化娱乐消费支出分别为1244.3元和300.4元，分别比上年增加149.2元和46.8元，城乡支出比为4.14。与其他省份相比，湖南省不管是人均文化娱乐消费支出还是城镇居民人均文化娱乐消费支出和农村居民人均文化娱乐消费支出均明显高于湖北和河南，人均文化娱乐消费支出分别比湖北和河南高188.9元和167元；与发达省份相比，湖南省三项指标尚有一定差距，其中城镇居民人均文化娱乐消费支出与发达省份相比差距较小，农村居民人均文化娱乐消费支出略高于广东（表1－8、图1－2）。

表1－8 2013—2015年居民人均文化娱乐消费支出省际比较 单位：元

省域	居民人均文化娱乐消费支出			城镇居民人均文化娱乐消费支出			农村居民人均文化娱乐消费支出		
	2013	2014	2015	2013	2014	2015	2013	2014	2015
湖南	458.5	639	740.7	805.2	1095.1	1244.3	168.7	253.6	300.4
湖北	417.3	487.6	551.8	649.7	754.9	823.9	163	185.1	235
河南	439.9	501.5	573.7	833.4	902.1	1038.6	166.5	213.7	228.7
广东	871.6	1015.5	1139.6	1202.9	1387.8	1550.3	202.5	241.4	276.7
江苏	1141.9	1204.6	1266.7	1550.2	1636.2	1700	465.9	469.6	512.7
浙江	880.5	927.2	1093	1209.1	1272.2	1462.9	328.1	334.6	440.9

资料来源：《中国文化及相关产业统计年鉴 2016》。

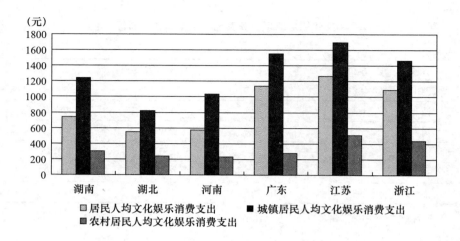

图 1 - 2　2015 年居民人均文化娱乐消费支出省际比较

第二节　构建文化强省评价指标体系的战略意义

当前，湖南省正处于全面建设小康社会的关键时期和加快转变经济发展方式、推进两型社会建设的攻坚时期，人民群众的精神文化需求日益旺盛，迫切需要提高文化民生保障水平；社会力量参与文化建设的热情日益高涨，迫切需要在全社会营造鼓励文化创造的良好氛围；经济社会发展中的文化因素日益增长，迫切需要实现文化建设与经济、政治、社会建设和生态文明建设紧密结合、协调发展。

一　提出背景

从十七届六中全会、十八大到十八届三中全会，确立了"建设社会主义文化强国，增强国家文化软实力"的国家战略目标和文化发展改革的总策略。这既是中华民族对 21 世纪世界和平与发展、人类命运共同体等重大命题的科学回应，也是贯穿"十三五"短期目标与"两个一百年"中长期目标的主线。2013 年 12 月 30 日，习近平总书记在中共中央政治局第十二次集体学习时强调："提高国家文化软实力，关系'两个一百年'奋斗目标和中华民族伟大复兴中国梦的实现。要弘扬社会主义先进文化，深化文化体制改革，推动社会主义文化大发展大繁荣，增强全民族文化创造活力，推动文化事业全面繁荣、文化产业快速发展，不断丰富人民精神世界、增强人民精神力量，不断增强文化整体实力和竞争力，朝着建设社会主义文化强国的目标不断前进"。

2010 年 2 月，中共湖南省委、省人民政府印发了《湖南省文化强省战略实施纲要（2010—2015 年）》，提出要：围绕富民强省的目标，积极推动文化大省向文化强省迈进，努力打造湖南文化高地，形成强大的文化凝聚力、文化创新力、文化传播力、文化保障力和文化竞争力，为湖南省经济社会发展提供良好的思想保证、精神动力、舆论氛围和文化条件。《湖南省"十三五"时期文化改革发展规划纲要》指出"十三五"期间，要"着力打造湖南文化发展升级版，持续推进文化强省建设"，要构建"一核两圈三板块"的文化产业发展格局，推进 4 大板块差异化、特色化发展。2016 年 11 月，湖南省第十一次党代会提出"三个着力"、"四大体系"、"五个强省"和"五大基地"的工作抓手，"五个强省"之一即为推动文化发展显著进步，实现从文化大省向文化强省转变；"五大基地"之一即为着力打造以影视出版为重点的文化创意基地。

但同时，湖南关于"文化强省"的内涵和统计范畴尚不明晰，相关的评价考核指标体系尚未建立，区域文化发展成效缺乏具体的量化考核指标，参照指标体系与之对应的发展路径、对策措施也不甚明晰或可操作性有待加强，一定程度上影响了"文化强省"的推进力度。本研究从实践的角度聚焦文化强省建设，建立包括文化产业、文化事业、文化资源与影响力等在内的八大部分的评价与考核指标体系，并在此基础上提出相应的、切实可行的实现路径以指导湖南省"文化强省"目标如期全面达成。

二　现实意义

加快构建和完善湖南文化强省评价考核指标体系，在评价考核指标体系的基础上制订区域推进文化发展量化考核指标和推进路径，有利于明晰湖南文化强省的内涵与统计范畴，有利于强化与发达地区的横向比较，有利于实现区域文化发展的量化考核，也有利于加强文化强省实施路径和可操作性。

（一）有利于明晰和完善文化强省的内涵与统计范畴

由于文化本身所体现出的广泛性与复杂性，目前国家和各省市对文化强省建设尚没有统一的内涵与范畴，多是根据经济社会现状和文化发展未来的目标、任务来进行本区域文化强省的内涵解释与统计。站在湖南的立场上，从湖南文化强省的现状出发，制定可以充分体现湖南文化发展特色的评价考核指标体系，有利于完善湖南文化强省的内涵与外延，也有利于明晰湖南文化强省的统计范畴。

（二）有利于加强与发达省份和地区比较

目前，湖南的文化强省建设已经取得了优异的成绩，文化强省的主要指标在中部地区名列前茅，但是与发达地区如广东、江苏、北京、上海等相比，还存在明显的差距和不足。制定和完善湖南文化强省的评价考核指标体系，有利于加强与发达省份和地区的比较，看清差距，找准问题和不足，有利于湖南制定针对性措施，逐步缩小与发达地区的文化发展差距。

（三）有利于实现区域文化发展成效的量化和考核

当前，湖南省各市州在推进文化大发展大繁荣方面制定了一系列的规划、方案和推进措施，但由于缺乏统一的量化考核指标，导致在推进文化建设上缺乏目标引领，相关部门也没有具体的量化考核指标。加快制定和实施文化强省评价考核指标体系，有利于统一文化发展的思路与目标，有利于实现区域文化发展成效的量化考核，有利于强化文化发展的推进动力。

（四）有利于提出推进文化强省的发展路径和对策措施

依据湖南文化发展的主要优势、存在的问题，加快制定和实施具有湖南特色的文化强省评价考核指标体系，在评价指标体系的基础上，制定和推进文化强省的发展路径和对策措施，有利于实现发展路径和对策措施的针对性和可操作性，提升发展路径的实施成效。

第三节　湖南建设文化强省的评价考核指标体系

目前国内各省提出的"文化强省"作为一个概念，大都定义于一种发展目标或发展愿景，但迄今尚未形成内涵界定清晰、指标体系一、统计方法一致的规范性通用范畴，其内涵和外延均没有统一的解释与定义。

一　文化强省内涵界定与基本范畴

文化本身是一个极其复杂的大系统，人们对这一大系统及其各子系统的分类、界定和逻辑关系等理解不同，因而各地提出的"文化强省"概念含义差异性颇大，由此给出的评价指标体系也各不相同。从战略规划角度考虑，用"文化强省"概念来指明一个省区文化发展的愿景和导向，在现实中具有必要性和适用性，但问题在于，即使作为导向性概念，仍然需要统一其内涵和规范其标准。惟有如此，才具有逻辑一致性与相互可比性。倘若概念不具有统一内涵与规范标准，那么"建设文化强省"的话语体系必然是紊乱的，建设文化强省也不可能具有能够统一衡量的可比性，所谓的"强"其实亦无从谈起。因此，明晰文化强省概念和范畴尤有必要。

（一）国家层面

《国家"十三五"时期文化发展改革规划纲要》（以下简称《纲要》）立足当前我国文化发展改革面临的重大问题，贯彻落实"创新、协调、绿色、开放、共享"的新发展理念，明确进入"十三五"全面建成小康社会决胜阶段后文化发展改革新形势、新任务、新要求，指明了下一阶段建设文化强国的目标任务和行动策略。《纲要》将文化发展概括为培育和践行社会主义核心价值观、繁荣文化产品创作生产、加快现代公共文化服务体系建设、完善现代文化市场体系和现代文化产业体系、传承弘扬中华优秀传统文化、提高文化开放水平、推进文化体制改革创新、加强文化人才队伍建设等方面。按照建设文化强国的战略目标，《纲要》的总体构架设计，突出了文化发展改革的特殊道路与经济社会发展进程之间配套协同的总要求，《纲要》的宏观构架已不是文化文物、广电、出版和网络等文化行业的并列和简单相加，而是根据大文化的发展思路，确立了理论建设、文艺创作、媒体建设、公共文化、文化产业、传统文化、文化开放、文化体制改革八个方面的目标任务。在《纲要》13 章的布局结构上，凸显出科技进步与社会转型交错的时代特征，行业自主发展与跨界融合发展并进的路径特点，文化事业和文化产业两翼齐飞的平衡特性，创作生产和传播消费互相衔接的全链条管理模式，"请进来"与"走出去"以及国内和国际两个市场统筹协调的运行规律。

《文化部"十三五"时期文化发展改革规划》（以下简称《规划》）

提出到 2020 年，社会主义文化强国建设取得重要进展，国家文化软实力进一步提高。中国梦的引领凝聚作用进一步增强，社会主义核心价值观更加深入人心，人民群众精神文化生活更加丰富，文化参与的广度和深度不断拓展，国民素质和社会文明程度显著提高。为此，确定了十大战略任务：繁荣艺术创作生产；构建现代公共文化服务体系；加强文物保护利用；提高非物质文化遗产保护传承水平；推动文化产业成为国民经济支柱性产业；完善现代文化市场体系；提高文化开放水平；提升文化科技支撑水平；深化文化体制机制改革；加强文化人才队伍建设。

由国务院发展研究中心东方文化与城市发展研究所与湖北日报传媒集团《支点》杂志社联合发布了中国文化发展指数，旨在通过为中国文化发展持续提供富有前瞻性、针对性、可操作性的战略预测、政策建议。中国文化发展指数研究范围涉及全国 31 个省（自治区、直辖市，不含港澳台地区）288 个地级以上城市，分为中国城市文化发展指数、中国文化产业园区发展指数、中国文化企业发展指数三个大类，是目前国内数据最新、覆盖城市最多的文化发展指数研究。

（二）省域层面

在省级层面上，湖南省政协文教卫体委员会与中南大学中国文化产业品牌研究中心组成湖南省文化发展指数研究课题组，完成了湖南文化发展指数（CDI）的研究工作。《湖南省文化发展指数报告》设计了一套由 1 个总指数、5 个分类指数和 45 个三级指标构成的文化发展指数评价体系（表 1 - 9），旨在认清湖南省文化发展特征和状况，完善文化发展政策等方面提供决策参考。由上海文化研究中心与上海市统计局等相关单位历时三年完成的上海城市文化发展指数，其内容由公共文化指数、文化产业指数、文化市场指数、文化创新指数和社会环境指数五部分组成，旨在反映上海城市文化中文化公共服务能力、文化产业竞争力和文化创新能力状况。从 2011 年起，浙江省委宣传部、省统计局会同有关部门，在全国率先开展文化发展指数（CDI）编制工作，通过对文化资源支撑力、文化价值引领力、公共文化服务力、文化产业竞争力、区域文化创新力和公众评价六大领域内的指标进行测算，形成年度评价报告，客观全面反映了浙江省文化改革发展的工作实际，也为地方党委、政府推进文化发展繁荣提供了重要决策参考。《河南省建设文化强省规划纲要（2005—2020）》所列文化强省的主体内容包括：（1）提高公民整体思想道德水平，（2）全面繁荣文化事业，（3）加快发展文化产业，（4）文化领域的体制机制改革，（5）政府管理、经济政策和立法等保障系统。

表 1－9　　　　　　　　湖南文化发展指数（CDI）指标体系

	一级指标	指标权重	二级指标	单位	指标权重
文化发展指数（CDI）	人文存量聚集度	0.2	人均世界文化遗产数量	个	0.025
			每万人拥有全国重点文物保护单位数量	个	0.025
			每万人拥有文化名人数量	位	0.025
			人均受教育时间	年	0.025
			每万人地方方言数量	种	0.025
			每万人高等院校数量	所	0.025
			每万人拥有民间非物质文化遗存数量	种	0.025
			每万人地方志编纂数	册	0.025
	思想伦理建构	0.2	每万人无偿献血人数	人／次	0.025
			每万人公务员受刑罚人数	人／次	0.025
			两馆参观人数占比	%	0.025
			每万人公益救助（含慈善）募款数量	万元	0.025
			每万人志愿者（含义工）人员数量	人	0.025
			每万人刑释解教人员重新被社会接纳人数	人	0.025
			救助站每万人救助人（次）数	人	0.025
			每万人大学生数	人	0.025
	公共文化服务	0.2	人均公共文化财政支出	元	0.02
			每万人拥有图书馆藏书量	千册	0.02
			每万人国际互联网用户数	户	0.02
			有线电视入户率	%	0.02
			公共文化投入财政支出占比	%	0.02
			每万人观看公益性演出场次	场	0.02
			每万人公园、游乐场数量	个	0.02
			人均公共文化设施面积	m^2／人	0.02
			每万人公共文化服务机构总数	个	0.02
			公共文化服务从业人员在文化从业人员中占比	%	0.02

续表

一级指标		指标权重	二级指标	单位	指标权重
文化发展指数（CDI）	文化产业发展	0.2	每万人文化企业数量	个	0.022
			每万人破产文化企业数	个	0.022
			人均文化产业年产值	万元	0.022
			人均文化产业年增加值	万元	0.022
			每万人文化产业从业人数	人	0.022
			每万人文化产业新增就业岗位	个	0.022
			人均总支出	元	0.022
			人均文化教育娱乐支出	元	0.022
			每万人拥有文化产业园区数量	个	0.022
	文化品牌影响	0.2	每万人文化品牌拥有量	个	0.02
			文化品牌总产值在文化产业总产值中占比	%	0.02
			文化品牌公众满意度	%	0.02
			文化品牌公众认知度	%	0.02
			媒体对文化创新的平均报道次数	次	0.02
			文化品牌的平均寿命	年	0.02
			每万人文化品牌拥有的专利或知识产权数量	件	0.02
			公众对文化品牌投诉率	%	0.02
			文化品牌市场占有率	%	0.02
			人均文化品牌广告投放量	万元	0.02

上述分析使我们看到，目前各地使用的"文化强省"或"文化发展"概念弹性较大，因而只能作为指向性概念来加以使用，其意义在于明确一个省区"加强文化发展"的导向或指向。根据国家《"十三五"时期文化发展规划纲要》和《文化部"十三五"时期文化发展改革规划》，参照有关理论研究成果和目前各省区建设文化强省的实践经验，我们认为，"文化强省"的"文化"应界定于公民思想道德、公共文化服务、文化产业的范畴。同时，文化强省的内涵还具有历史阶段性特征，早在20世纪90年代学界就提出当一国或一地区人均GDP达到3000美元以上，即标志着该国或该地区发展水平从欠发达状况变为中等发达状态，考虑到物价上涨因素，这一标准现时在3500—4000美元。

这一分界线是发展阶段的"拐点"，即从传统的温饱型需求转变为发展型需求，而文化需求在需求结构中从以往的微不足道转变为大幅上升，我国当下正处于这一"拐点"的转变阶段，即从总体小康向全面小康迈进。建设文化强省正是在此现实基础上得以发生，其指向也在于适应这一历史阶段的社会需求，所谓"强"即是指这一阶段文化发展相对于社会文化需求增长的适应水平。基于此，建设文化强省的内涵和范畴可以概括为：文化发展与全面建设小康社会进程中不断增长的公民文化需求相适应，公共文化基础设施和服务体系不断完善，公民文化素质不断提高；文化产业成为区域经济支柱产业，使其形成一批国内先进的文化企业和产业基地、一批富有地方特色的文化产品和知名品牌、一批文化创新团队；公共文化服务和文化产业发展的政策、法制保障体系不断完善；文化发展的开放度和影响力不断提升，对区域综合竞争力的支撑作用不断增强；文化发展的主要指标达到国内先进水平，部分指标应具有国际竞争力。

二　文化强省评价指标体系的构建思路与原则

构建一套框架科学、逻辑清晰、有效管用的文化强省评价考核指标体系需要遵循目的明确、原则完备和思路明晰的前提，旨在能够通过指标体系评价，引导地区文化建设的重点方向和策略。

（一）构建文化强省评价指标体系的思路

在对现有各省尤其是发达地区文化强省评价指标体系相关成果进行研究的基础上，结合我国经济社会发展实际，特别是当前及今后一段时间世界和中国文化发展的趋势开展研究，采用了文献分析法、咨询法、问卷调查法等方法。研究思路是：收集文化强省的相关文献→文化强省评价指标体系的界定→建立构建指标的原则→文献分析，指标初选→专家讨论，指标初步修订与筛选→专家咨询，具体指标、权重、标准值的确定→建立评价指标体系→评价指标体系的试调查及修改完善。

（二）构建文化强省评价指标体系的基本原则

①科学合理原则。科学合理原则是指文化强省评价指标体系的选择应该具有科学性和合理性。科学性是指指标之间的关系或指标体系结构比较科学；合理性体现了指标内容的客观性，及其能够满足实际需要的程度。

②完备性原则。指建立的指标体系要从多角度、多层面、全方位地

反映区域文化发展的总体情况，能够对本区域文化强省评价指标作出完整的划分和全面的覆盖。在空间上要成为一个系统，包括文化强省涵盖的各个门类；在时间上要作为一个有机整体，对区域文化发展情况进行连续动态的描述。

③统一性原则。文化强省评价指标体系的设置和指标的含义应当与国家保持一致，以便有统一的统计规模和标准。评价指标既要便于纵向比较，也要便于横向比较；既可用于省内区域之间、不同行业之间的比较分析，也能与其他省份的文化发展情况进行对比。

④方便决策原则。文化强省评价指标体系设置的目的既然是为政府决策服务，那么在指标体系建设上就应该以方便决策为原则。具体而言，就是在内容上要增设一些对政府决策有重要意义的指标项（中项、小项），在形式上要以尽可能简单明了的方式展现出来。

⑤前瞻性原则。文化产业是新兴产业，尤其是伴随国家政策、区域经济增长和信息技术等的高速发展，文化发展必将发生深刻变化，同时对文化强省建设提出新的要求，所以文化强省评价指标体系要与时俱进，要具有开放性和前瞻性，便于衔接与拓展。

三　文化强省评价与考核指标体系构建及权重确定

（一）评价指标体系选择

综合以上研究，结合湖南省文化发展现状以及文化强省建设提出的新要求、新思路，本书从文化产业、文化事业、文化资源与影响力、文化创作与传承、文化消费与市场管理、文化人才队伍、文化制度与环境和文化发展满意度八个方面三级体系共 138 个指标构建了文化强省的评级指标体系。其中，文化产业包括文化产业规模、文化产业结构、文化产业创新能力三个方面；文化事业包括公共文化设施建设、公共文化投资、公共文化服务体系三个方面；文化资源与影响力包括文化资源禀赋、文化影响力、文化"引进来"与"走出去"三个方面；文化创作与传承包括文化作品生产、文化品牌建设、优秀文化传承三个方面；文化消费与市场管理包括文化市场消费、文化市场管理两个方面；文化人才队伍包括文化人才总量、文化人才结构、文化人才培养三个方面；文化制度与环境包括文化管理体制、文化发展投融资体制、文化发展政策与环境三个方面；文化发展满意度包括政府部门满意度、文化从业人员满意度和社会公众满意度三个方面。具体指标如表 1 - 10 所示：

表 1-10　　　　　　　　　　湖南建设强省评价指标体系

一级指标	二级指标	三级指标	单位
文化产业	文化产业规模	文化创意产业总产值	亿元
		文化创意产业总产值增长率	%
		文化创意产业增加值	亿元
		文化创意产业增加值增长率	%
		文化产业投资总额	亿元
		规模以上文化企业数量	个
		新闻出版行业增加值	亿元
		广播影视行业增加值	亿元
		网络传媒行业增加值	亿元
		广告会展行业增加值	亿元
		演艺娱乐行业增加值	亿元
		文化旅游行业增加值	亿元
		文化用品、设备生产制造行业增加值	亿元
		文化产业基地数量	个
	文化产业结构	文化创意产业增加值占 GDP 比重	%
		文化创意产业增长对 GDP 增长贡献率	%
		人均文化创意产业总产值	万元
		新闻出版行业增加值增长率	%
		广播影视行业增加值增长率	%
		网络传媒行业增加值增长率	%
		广告会展行业增加值增长率	%
		演艺娱乐行业增加值增长率	%
		文化旅游行业增加值增长率	%
		文化用品、设备生产制造行业增加值增长率	%
	文化产业创新能力	休闲健身行业增加值增长率	%
		文化产业财政支出增长率	%
		地区文化创意产业 R&D 经费支出占 GDP 比重	%
		文化科研单位拥有高级职称人数比重	%
		地区每万人专利授权数	项
		国家 985 和 211 高校数量	%

续表

一级指标	二级指标	三级指标	单位
文化事业	公共文化设施建设	城乡公共文化场所覆盖率	%
		人均公共文化场所面积	平方米
		城乡广播电视覆盖率	%
		城乡互联网普及率	%
		每万人报纸、电子出版物拥有量	份
		每万人公共图书拥有量	册
		文化设施网络覆盖率	%
	公共文化投资	公共文化事业投资总额	亿元
		公共文化事业投资金额增长率	%
		公共文化事业投资金额占地区财政支出比重	%
		人均文化事业投资额	元
		农村文化建设专项资金额	亿元
		农村文化建设专项资金增长率	%
		群众文化活动业务经费额	亿元
		公共文化事业社会投资额	亿元
		公共文化事业社会投资额增长率	%
		文化事业基建投资额	亿元
		文化行业多元化投融资平台数量	个
	公共文化服务体系	政府公共文化服务机构数量	个
		新建公共文化事业机构数量	个
		公益性文化教育和培训机构数量	个
		社会非营利性公共文化服务机构数量	个
		文化行业组织/中介组织数量	个
文化资源与影响力	文化资源禀赋	世界文化遗产数量	个
		国家级非物质文化遗产数量	个
		省级非物质文化遗产数量	个
		全国重点文物保护单位数量	个
		省级重点文物保护单位数量	个
		国家4A级以上旅游景区数量	个
		国家一级博物馆数量	座
		全国文明城市（区县）数量	个
		历史文化名镇（村）数量	个

续表

一级指标	二级指标	三级指标	单位
文化资源与影响力	文化影响力	爱国主义教育示范基地数量	座
		文化行业国际学术会议举办数量	次
		全国文化领军人物数量	人
		旅游业年接待数量	人次
		公益性文化艺术年展览场次	次
		文化馆、博物馆年参观人数	人
	文化"引进来"与"走出去"文化作品生产	艺术表演团体年均演出场次	次
		艺术演出观众人数	万人
		文化精品获奖数	次
		文化凝聚力指数	%
		文化产品和服务出口贸易额	亿元
		文化产品和服务出口贸易额增长率	亿元
		文化领域引进外资额	万美元
		文化行业国际知名企业和机构分支数量	所
		对外文化年交流次数	次
文化作品创作与传承	文化品牌建设	优秀文化作品年产出数量	件
		优秀文化产品年销售收入总额	亿元
		优秀文化产品销售利润率	%
		地域特色文化产品品牌数量	个
		地域特色文化服务品牌数量	个
		文化企业上市数量	个
		文化驰名商标和品牌产品年销售额	亿元
	优秀文化传承	地区文化资源整合度	%
		地区文化资源有效利用率	%
		国家级非遗大师数量	人
		省级非遗大师数量	人
文化消费与市场管理	文化市场消费	城镇居民文化消费支出占消费总支出比重	%
		农村居民文化消费支出占消费总支出比重	%
		家庭年人均教育娱乐文化服务消费支出	万元
		文化市场经营机构营业利润额	亿元
		文化用品、设备及相关文化产品的生产与销售机构营业收入	亿元

续表

一级指标	二级指标	三级指标	单位
文化消费与市场管理	文化市场管理	文化市场执法机构数量	所
		文化市场执法人数	万人
		打击盗版、伪劣、走私违禁非法文化商品数量	万件
		文化行业合同违约率	%
		文化行业协会数	个
文化人才队伍	文化人才总量	文化产业从业人员数量	万人
		文化事业从业人员数量	万人
		新闻出版行业从业人员数量	万人
		广播电视行业从业人员数量	万人
		文艺汇演从业人员数量	万人
		社会科学研究从业人员数量	万人
	文化人才结构	文化产业/事业单位中高级职称人数	人
		文化企业中本科以上学历人数	万人
		文化产业从业人员占地区从业人员比重	%
		文化事业从业人员占地区从业人员比重	%
		新闻出版行业从业人员占地区从业人员比重	%
		广播电视行业从业人员占地区从业人员比重	%
		文艺汇演从业人员占地区从业人员比重	%
		社会科学研究从业人员占地区从业人员比重	%
		高级职称人数占文化产业/事业单位从业人员比重	%
		文化管理机构人员本科以上学历比重	%
		文化企业中本科以上学历人数比重	%
	文化人才培养	文化培训经费总额	亿元
		人均文化培训经费	万元
		引进培养文化名家数量	人
		文化人才激励基金额	亿元
文化制度与环境	文化管理体制	国有文化资产保值增值率	%
		体制改革创新示范性比率	%
		转企改制文化企业数量	个
		转制文化企业经营效益增长率	%

续表

一级指标	二级指标	三级指标	单位
文化制度与环境	文化发展投融资体制	地区文化发展专项资金额	亿元
		文化发展专项资金年增长率	%
		地区文化行业投融资增长率	%
		文化事业单位经费自给率	%
		地区文化行业投融资担保机构数量	个
	文化发展政策与环境	地区文化产业发展政策法规数量	件
		地区公共文化事业发展政策法规数量	件
		文化行政审批平均周转部门数量	个
		创意产权、知识产权、文化产权侵权年处理数量	件
		文化产业/事业法律法规年执法数量	次
文化发展满意度	政府部门满意度	文化行政部门满意度（问卷）	分值
	文化从业人员满意度	文化从业人员满意度（问卷）	分值
	社会公众满意度	社会公众满意度（问卷）	分值

（二）指标权重确定

在评价指标体系设置的基础上，采用层次分析法（AHP）和专家打分法相结合的方法确定评价指标的权重，首先依据评价指标体系构建打分矩阵，其次选择湖南省社科院、湖南省文化厅和湖南师范大学的十名专家学者对打分矩阵进行打分，运用层次分析法对打分矩阵进行计算，最后将每个专家的得分取平均值，得到湖南建设文化强省评级指标体系各级指标的权重，最终权重得分表和计算过程见附件。

（三）考核目标值设定

依据文化强省评价指标体系和指标权重对目标区域进行评价，首先将具体指标值进行归一化无量纲处理，其次将指标具体值与评价区域中的最优值进行比较，并将比较值乘以相应指标的权重，最终得出目标区域的文化强省评价指数。将目标区域按得分高低进行排序，按如下两种方法进行目标区域的评价考核，一是按评价值的阈值进行考核，例如对湖南省 14 个市州进行评价，超过 90 分的为优秀，超过 75 分为良好，超过 60 分为及格，低于 60 分为不及格；二是按目标区域的数量进行考核，例如对湖南省 14 个市州进行评价，前三为优秀，前六为良好，前十为及格，后四为不及格。两种方法可依据不同的评价目标进行合理选择。

第二章 文化强省战略下湖南文化产业与旅游融合发展研究

　　根据《国民经济行业分类》，旅游产业和文化产业都属于国民经济的第三产业范畴，并且旅游产业是一个经济性很强的文化产业，也是一个文化性很强的经济产业，旅游是传播和发展文化的载体。文化融入旅游，给游客一种以愉悦为目的的异地性休闲体验，会增强旅游的生命力、吸引力，提高旅游的档次和品味，旅游因文化更富魅力。旅游赋予文化内涵，犹如给旅游插上腾飞的翅膀，文化对旅游的影响既是强大的、深刻的，又是内在的和无形的，通过文化产业化可以促进旅游业发展，弘扬民族民俗文化，彰显地域地区形象。

　　改革开放以来，随着人们生活水平的不断提高，人们对于文化和旅游的消费需求越来越大，文化和旅游成为人们物质追求和精神向往的一种新的方式。文化与旅游的融合发展，日益显现为新型文化业态，这为我们发展文化产业和开发旅游资源提供了一个全新的思考维度。2009年8月30日，文化部和国家旅游局联合发布了《关于促进文化与旅游结合发展的指导意见》，提出了推进文化与旅游结合发展的十大措施，促进了文化产业与旅游产业的融合发展。2011年10月中国共产党十七届六中全会通过《中央关于推动文化大发展大繁荣若干重大问题的决定》，指出"要推动文化产业与旅游、体育、信息、物流、建筑等产业融合发展"，"要积极发展文化旅游，发挥旅游对文化消费的促进作用"。党的十八大指出，要发展新型文化业态，提高文化产业规模化、集约化、专业化水平。2014年8月9日国务院印发了《关于促进旅游业改革发展的若干意见》，提出要更加注重文化传承创新，提升文化内涵和附加值，培育具有地方特色的旅游商品品牌。

　　湖南作为旅游大省，拥有数量丰富、文化底蕴深厚、旅游开发价值巨大的自然与历史文化资源，为湖南省发展旅游业、推动旅游文化一体化建设提供了有利的条件。近年来，湖南省委省政府非常重视文化旅游资源的开发与建设，积极促进文化、旅游两大产业的联姻，释放文化旅游业潜力与活力，把文化资源大省转变为文化旅游强省，致力提升城市综合竞争力、建设具有重大国际影响力的国际文化名城和世界级旅游城市。2017 年年初，湖南省委副书记、省长许达哲在全国旅游工作会议上指出，湖南将围绕建设以"锦绣潇湘"为品牌的全域旅游基地，大力培育旅游新业态，着力打造一批国内外著名景区景点和精品线路，加快推动旅游资源大省向旅游强省跨越。

建设文化强省要进一步把文化资源优势转化为产业优势和发展优势，提高文化经济发展的综合竞争力。要以全新理念推动湖湘文化建设与发展，提升名胜古迹、旅游景点的文化内涵，推动文化与旅游互动发展，提高文化旅游综合效益，壮大文化旅游产业；促进文化与特色产业融合，推进传统工艺与现代技术相结合，增加传统产业的文化元素和文化特色，提升传统产业的文化内涵；促进文化与现代服务业融合，改造传统产业的创作、生产、传播方式，促进文化产业与教育、信息、体育、旅游等产业联动发展。

第一节　产业融合空间不断拓宽

产业融合是不同产业或同一产业内的不同行业在技术融合的基础上相互交叉、相互渗透，逐渐融为一体，形成新的产业属性或新型产业形态的动态发展过程，它对产业组织的结构、行为和绩效均会产生重大影响。目前产业融合日益成为产业经济发展中的重要现象，其趋势越来越明显，已对世界各国的经济、社会、生活等方面产生了深远的影响。旅游与文化虽各有其独立性，其实质上是一致的，二者相辅相成、相互融合、相得益彰。二者具有天然的耦合关系，这是两大产业融合发展的内在基础。旅游与文化融合的实质是旅游文化化、文化旅游化。旅游的优势体现在市场，文化的优势体现在内涵。文化与旅游的融合程度愈强，旅游产业文化含量愈高，文化和旅游的产业链愈长，旅游文化的附加值愈多。

一　融合态势良好，文化旅游实力不断增强

湖南丰富的自然资源、悠久的历史和多姿多彩的湖湘文化，形成了

多样性的、独特的自然和文化旅游资源。自然地理上拥有优越的区位条件，湖南位于中国中部、长江中游。南有五岭横亘，北有八百里浩渺洞庭，东翼幕阜—罗霄山脉，西侧倚武陵山脉，湘、资、沅、澧四水迤迤逦逦，北汇洞庭。省会长沙城内岳麓山巍峨西头，湘江水穿城而过，橘子洲静卧江心，浏阳河逶迤东方，"山水洲城"巧夺天工般融为一体，为国内城市罕见。在经济区位上，湖南即是内陆通向两广和东部沿海及西南边陲的枢纽，又是长江经济带和华南经济圈的结合部，成为支撑沿海、沿江开放地区的后方基地和促进内地开发的省份。2013 年 11 月，习近平总书记在湖南考察时，对湖南改革发展提出了"东部沿海地区和中西部地区过渡带、长江开放经济带和沿海开放经济带结合部"（简称"一带一部"）的新定位。历史文化上，湖南具有数千年灿烂的文明史，发现和出土的澧县城头山古城遗址、里耶秦简、走马楼三国吴简以及凤凰古南方长城等，是湖南悠久历史的浓缩与见证，其中特别是长沙马王堆汉墓的发掘震惊世界，长眠其中 2100 多年的辛追夫人出土后仍保存完好，被誉为世界第八大奇迹；这里拥有中国五岳之一南岳衡山、中国江南三大名楼之一的岳阳楼、中国宋代四大书院之一的"千年学府"岳麓书院；这里是中华民族始祖炎帝神农氏陵寝地（株洲市炎陵县）和中华民族人文始祖舜帝陵寝地（永州市宁远县九疑山）。这里还是近代 100 多年来中国人民求解放、争自由的革命圣地，涌现出一大批革命志士和领袖人物，留下许多革命遗迹。如新中国缔造者毛泽东家乡韶山、中国抗战胜利受降地怀化芷江等，现已成为享誉中外的旅游胜地。除此之外，湖南还拥有湘绣文化、陶瓷文化、宗教文化、饮食文化等丰富的历史文化资源，具有很强的集聚效应与文化感召力。湖南独特的地理环境与在历史上的政治地位产生了极具地域特征的湖湘文化。

借助丰富的自然、文化资源和便捷的交通方式等资源优势，全省旅游业发展迅速，旅游业收入增幅明显，如表 2 - 1，2015 年，湖南全省实现旅游总收入再创新高，达到 3712.91 亿元，占全省 GDP 的 11%，旅游对经济发展的拉动和支撑作用明显增强①。不过相比中部地区其他兄弟省区，湖南 2015 年旅游业收入水平相对偏低，如表 2 - 2。而 2015

---

① 梁兴：《湖南 2015 年旅游总收入 3712 亿元》，2016 年 1 月 22 日，红网，http：//hn. rednet. cn/c/2016/01/22/3894530. htm。

年湖南全省文化和创意产业增加值约 1714.12 亿元，连续 3 年进入全国文化产业发展十强。这也就在某程度上反映出，湖南旅游产业与文化产业融合发展尚不够，旅游产业发展未能真正运用好文化产业所提供的发展优势。湖南近些年也采取了各种措施，促进文化产业与旅游产业的融合发展。

表 2 - 1 　　　　　　　　2012—2015 年湖南省旅游业收入情况

年份	旅游总收入（亿元）	旅游收入同比增长率（%）
2012	2234.10	25.11
2013	2681.86	20.04
2014	3046.19	13.58
2015	3712.91	21.71

资料来源：湖南省统计年鉴

表 2 - 2 　　　　　　　　2015 年中部六省旅游收入排名情况

省份	旅游总收入（亿元）	旅游收入同比增长率（%）	排名
河南	5035	15.32	1
湖北	4310.16	24.65	2
安徽	4120	29.06	3
湖南	3712.91	21.71	4
江西	3630	37	5
山西	3447.50	21.11	6

资料来源：根据中部六省各省的 2015 年《国民经济和社会发展统计公报》数据整理而成

（一）实施历史文化资源保护战略，改善文化旅游环境

湖南省是一个文物大省，文物古迹众多，历史人文荟萃。在湖南省城乡存在着许多历经岁月长河、积淀了深厚的人文底蕴、具有较高历史文化价值的古城、古街区、古镇和古村落，其中数量众多的古村镇是历史文化遗产中重要的组成部分。长期以来，由于历史的变迁和人类活动的影响，特别是在城镇化加速发展的过程中，不少珍贵的历史文化遗产遭到破坏，有的古村镇濒临湮没。自 21 世纪伊始，湖南在发展旅游业的同时，已经开始注重保护历史文化资源。早在 2003 年，湖南就开展

了省级历史文化名镇（名村）评选及全国历史文化名镇（名村）评选工作；2006 年，湖南省对全省历史文化名镇（村）开展全面普查，编制保护规划。截至 2016 年年底，湖南共有 4 座城市入选国家历史文化名城，还有数量众多的历史文化名镇名村。在建设现代城市的发展过程中，湖南也注意保住城市发展的文脉，留住城市的特色和个性，把历史文化名城保护作为一项重要的任务来抓，在保护历史街区和古村镇、抢救地面文物、延续历史文脉、提升城市文化品位开展了卓有成效的工作。

　　从 2001 年起，长沙市就历史文化名城保护问题开展了专题调研，并形成了三个调研报告，即《长沙市历史文化街区调查报告》《长沙地区历史文化村镇调查报告》《在长沙市区重要历史遗址设置纪念标志的报告》，这些报告对长沙市历史文化资源进行了全面梳理与评估，并且就保护中存在的问题提出了切实可行的、操作性很强的意见。如《长沙市历史文化街区调查报告》提出把太平街地段作为历史文化街区的保护对象，提出了保护范围和保护改造方案；《长沙地区历史文化村镇调查报告》建议把靖港镇等 6 镇 1 村作为申报历史文化名镇（村）的推荐名单；《在长沙市区重要历史遗址设置纪念标志的报告》则列出了需设立标志的遗址名单。这些议案在随后得到了逐步实施。2002 年年底，长沙市人大常委会将历史文化名城的保护列为立法项目，2004 年 4 月，《长沙市历史文化名城保护条例》在市十二届人大常委会第十一次会议上获审通过，7 月获湖南省人大常委会批准。该条例明确了保护的目标"应当突出楚汉名城、革命圣地、湖湘文化、山水洲城的人文和自然特色"。2003 年 9 月 9 日，市长办公会议首次明确太平街历史文化街区的保护范围。2004 年 7 月 8 日市长办公会议进一步确定 11 条历史街巷和 23 处历史旧宅的保护名单。2004 年 11 月，《长沙市历史文化名城保护规划（2001—2020）》和《太平街历史文化街区保护规划》通过了专家评审，与此同时，启动了化龙池、白果园等 11 条历史街巷和 23 处历史旧宅的维护。2006 年，长沙启动了靖港古镇的维护和整治工程①。2016 年 7 月，《潮宗街历史文化街区保护规划》编制完成，根据

---

　　①　陈先枢：《长沙历史文化名城保护研究》，载中共长沙市委宣传部编《长沙文化发展报告蓝皮书（2013）》，湖南人民出版社 2013 年版，第 23—34 页。

《规划》，长沙将保护好潮宗街历史文化街区的清末民初的街巷格局、民国时期的公馆和传统民居风貌、长沙市街的生活气息，充分体现街区的历史价值和文化特色。潮宗街将成为继太平街后，长沙城区第二个集中体现老长沙传统人文风貌的历史文化街区。

（二）文旅联动，拓宽融合空间

一是以旅游市场推动文化娱乐业。将文化娱乐产品纳入旅游整体营销计划、纳入旅游线路，并使之与观光、购物相结合，形成新的旅游卖点。以长沙为例，长沙歌厅、演艺厅达成了与旅行社进行合作的协议，与酒店、休闲场所等进行捆绑销售，市旅游局制定了旅行社地接奖励办法，促进长沙娱乐休闲的外地消费者不断增多，拉动了本地消费，增加旅游企业收益。据抽样统计，歌厅、演艺厅等文化娱乐休闲场所，外地消费者占到60%以上，形成了文化娱乐经营者与旅行社、酒店和旅游餐饮点共赢的良性互动。二是用文化龙头企业带动旅游业。湖南广电传媒、长沙晚报报业集团、长沙广电集团成为媒体传播的龙头，田汉大剧院、琴岛、港岛歌厅、魅力四射酒吧等成为演艺休闲的龙头，出版物交易中心、鸿发印务、万卷、弘道等成为演艺休闲的龙头。在这些龙头企业带动下，一批有发展前景、产业特色和市场潜力的中小型企业迅速壮大，形成了大中小企业与旅游业共同发展互赢的格局。三是推进文化旅游项目融合发展。长沙投资建设了长沙简牍博物馆、长沙出版物交易中心、长沙三馆（长沙市博物馆、长沙市图书馆、长沙市规划展示馆）一厅（长沙市音乐厅）等重大旅游文化基础设施，改扩建了橘子洲景区、靖港古镇、杜甫江阁、雷锋纪念馆、南郊公园、岳麓山风景区、天心阁、第一师范、贾谊故居、开福寺等旅游景区，完成了新民学会旧址、船山学社等重点爱国主义教育基地建设，推进了坡子街、开福寺、潮宗街等历史街区、街巷、历史旧宅的维护改造工程，为展示长沙文化和城市形象，提升长沙旅游休闲吸引力和凝聚度提供了重要的产品支撑。同时，以湘江综合水地枢纽、岳麓山、橘子洲、铜官窑国家遗址公园、月亮岛文化主题公园、靖港、乔口古镇旅游度假区等为依托，进一步加强旅游项目建设与文化娱乐项目建设联合开发和融合发展。

以岳麓山文化创意产业园区为例，该园区充分利用旅游文化资源，规划文化创意产业空间布局，形成了"一圈两带五个特色街区"的发展构想。"一圈"即以岳麓山、橘子洲两大风景名胜区为核心，包括五个文化创意产业园的环岳麓山文化创意产业圈；"两带"即莲花—雨敞坪生态旅游带和湘江西岸历史文化旅游带。"五个特色街区"即：麓山南路文化创意街、阜埠河路时尚创意街、金星中路国际街区、溁湾镇商业文化街区、咸嘉湖路休闲娱乐街。环岳麓山文化创意产业圈北到咸嘉湖路、金星南路和龙王港路，西边和南边靠三环，东临湘江；包括岳麓山和橘子洲两大名胜景区，以及锦绣潇湘文化创意产业园、梅溪湖会展创意园、西湖文化园和洋湖垸湿地文化园。该区域将搭建资源聚合平台，整合营销产业品牌，进行高端化整体提质改造。区内洋湖湿地公园文化休闲区已建成开园；西湖文化园文化创意街 2013 年 6 月建成并投入使用；梅溪湖国际文化艺术中心于 2012 年 11 月份开工建设；锦绣潇湘文化创意产业园文化旅游剧目《芙蓉国里》于 2012 年 7 月初正式面向游客开演；星籁、唯歌、金麦田、万达影城等一批文化娱乐项目布局金星中路中央商务区并辐射周边，一大批文化创意产业项目顺利推进。

（三）推进文化旅游扶贫，改善地方生态环境

从扶贫效益上来看，文化旅游扶贫业已成为湖南精准扶贫工程建设的最大亮点。近几年来，湖南省委省政府非常重视文化旅游扶贫工作的推进，先后出台了《湖南省旅游促进扶贫五年行动计划》等一系列政策文件。全省有 302 个村被定为入全国"美丽乡村旅游扶贫重点村"，其中 104 个村被确定为 2015 年的旅游扶贫对象，首批扶贫点选择了 7 个美丽乡村贫困村由省旅游局联点建设。同时，推进"1＋20"的文化旅游扶贫模式，由省旅游局直接帮扶凤凰县老洞村，并指导支持 20 个重点贫困县，以推进贫困地区精准扶贫工作。在 2016 年 8 月召开的第二届全国乡村旅游与旅游扶贫推进大会上，湖南共有 14 个项目、扶贫规划成果、基地列入全国旅游扶贫示范项目，如表 2 - 3。

从生态环境保护上来看，文化旅游融合发展在一定程度上促进了湖南生态环境的改善。近年来，湖南文化旅游在景区环境建设、生态资源保护等方面取得了不俗的业绩，在 2016 年 8 月召开的全国第八届生态文化高峰论坛上，全国 122 个行政村被授予"全国生态文化村"称号，其中，湖南有 6 个村上榜。目前，湖南拟在全省范围内倾力打造 13 条文化生态旅游精品线路，以改变过去文化旅游开发无序而造成生态资源破坏严重的尴尬局面，其中武陵山片区打造湘西地区 12 条精品线路，涉及 53 个县（市、区）452 个村寨，罗霄山片区打造大湘东地区 1 条

精品线路，涉及 13 个县 79 个村寨①。

表 2 – 3　　　　　　　列入全国旅游扶贫示范项目的湖南项目名录

全国"景区带村"旅游扶贫示范项目	全国"能人带户"旅游扶贫示范项目	全国"合作社＋农户"旅游扶贫示范项目	全国"公司＋农户"旅游扶贫示范项目	全国旅游规划扶贫示范成果	中国乡村旅游创客示范基地
邵阳市新宁县崀山旅游区	石清香（吉首市坪朗村致富带头人）	沅陵县借母溪乡乡村旅游农家乐扶贫合作社	溆浦县雪峰山生态文化旅游有限责任公司	花垣县十八洞村旅游扶贫规划	湖南省张家界市永定区石堰坪乡村旅游创客示范基地
永州市宁远县九嶷山舜帝陵旅游景区	田邦文（龙山县洗车河镇牙龙湾村村主任）	衡东县鸿达湘莲种植专业合作社	江永县兰溪勾蓝瑶寨旅游开发有限公司	凤凰县老洞村旅游规划	
湘西永顺县老司城景区		桑植县洪家关乡万宝山茶业有限公司（合作社）		慈利县罗潭村旅游扶贫规划	

二　品牌规模初具，产业融合优势显现

近年来，湖南经济呈持续快速发展状态，居民生活水平明显提高，消费者的旅游需求的不断增长，使得旅游从看景点向品文化转变，良好的社会经济环境基础成为湖南建设旅游强省的重要保障。近年来，经过多年倾心打造，湖南已形成了一批享誉海内外的湖湘文化旅游品牌。

近年来，全省重点扶持了洪江古商城等 11 个大湘西文化旅游产业项目，打造了《天门狐仙·新刘海砍樵》、《张家界·魅力湘西》等旅游演艺精品节目，凤凰、新宁县入选全省文化旅游产业特色县，重点开发性保护老司城、里耶古城等一批文化旅游资源，其中老司城遗址入

---

① 《十三条省内文化生态旅游融合发展精品线路》，湖南旅游投资网、腾讯大湘网，http：//hn，qq．com/a/20160511/042509．htm。

选世界文化遗产名录，实现全省世界文化遗产零的突破，通过这一系列举措，将大湘西打造成湖南文化旅游融合发展示范区，成为湖南文化产业发展新的增长极。目前，湖南文化与旅游融合发展迈入湖南全域联动新阶段，一条串联长沙市、张家界、湘西土家族苗族自治州的"演艺走廊"逐步形成，湖南省发改委、省旅游局共同规划建设 12 条文化旅游精品线路，推出首批 12 个湖湘风情文化旅游小镇。另外，值得提出的是，红色旅游绝对是过去几年湖南文化旅游融合发展的"宠儿"和"亮点"。目前，全省"一个重点红色旅游区、三大红色旅游主题、五条精品线路、三十个重点红色旅游景区（点）"的红色旅游发展总体框架基本形成。湘潭被批准为全国红色旅游融合发展示范区和全国红色旅游国际合作创建区。文化旅游品牌建设也带动了餐饮业、农业等相关产业的品牌建设，如酒鬼酒股份有限公司、湖南老爹农业科技开发股份有效公司先后被列为湖南省知识产权优势培育企业。2015 年湖南文化旅游融合发展出现了不少"亮点"，比如大湘西地区精品旅游线路和大湘西地区非物质文化遗产生产性保护项目建设，增加了旅游的文化含量，湖湘文化旅游风情小镇建设，提升了乡村旅游的品质，为实现全省旅游总收入增长 21.71% 作出了贡献。文化与旅游融合的景区演艺因其填补了游客畅游山水后的精神空间而广受青睐，在城市演艺艰难前行的背景下演出收入大幅增长：《张家界·天门狐仙》门票收入 4961 万元，同比增长 13.99%；《张家界·魅力湘西》2015 年营业额 8041 万元，同比增长 23.17%。文化与旅游主题公园世界之窗实现营业收入 1.69 亿元，同比增长约 10%，实现净利润 4456 万元，再创历史新高，等等①。

　　长沙作为重要的旅游目的地和全国中部旅游集散中心，其国际影响力也在迅速提升，也反映了长沙城市品牌的影响力正日益增强，近年来，长沙相继荣获"中国十佳休闲宜居生态城市"、"2012 全国网民心中最美十大城市"、"中国十大文化旅游城市"、"全国文明城市"、"中国最具幸福感城市"、"中国国际形象最佳城市"、"中国十佳休闲家居生态城市"。良好的消费者口碑与市场品牌形象，既是消费者对千年历史文化古城深厚积淀的认可，也将有力推动长沙文化旅游业国际影响

---

① 《湖南 2015 年文化产业增值超 1714 亿　省管企业全面增长》，腾讯大湘网，http：//hn. qq. com/a/20160511/039968. htm，2016 年 5 月 11 日。

力的提升和形象塑造。据统计，长沙的入境旅游者人数从 2001 年的 23.5 万人次增长到 2015 年的 120.3 万人次，旅游外汇收入从 2001 年的 1.35 亿美元增长到 2015 年的 7.93 亿美元，这些需求增长的事实表明，长沙市旅游业经过 30 多年的发展，旅游资源的品牌融合力在不断增强，基本形成了较为完善的产业体系，食、住、行、游、购、娱六大要素均与文化紧密结合。在中国社会科学院曾经公布的一项全国城市综合实力研究报告的排名中，长沙的综合实力与文化实力分别居第 35 位和第 25 位，处于中下游水平，而休闲娱乐类排名却摘得第一名。

自然景观方面，长沙城外东有大围山国家森林公园，西有灰汤温泉国际旅游度假区，南有湖南省森林植物园及石燕湖生态公园，北有铜官窑和靖港渔都，映衬出的是一座以绿色为基调的长沙城。还有马王堆汉墓、岳麓山橘子洲风景名胜区、湘江风光带、浏阳河风光带、花明楼、贾谊故居、天心阁、白沙井、月亮岛等具有标志性的历史文化旅游区。

文化事业品牌方面，"电视湘军"、"出版湘军"、"演艺湘军"、"动漫湘军"已经闻名国内外，金鹰影视文化城、麓谷动漫游戏城、岳麓大学城成绩赫赫，长沙曾被评为"全国文化体制改革先进地区"；天心文化产业园曾获批"国家级文化产业试验园区"；"中南国家数字出版基地"也在长沙揭牌；在 2012 年第八届中国（深圳）国际文化产业博览交易会上，长沙捧得由国家科技部、中宣部等部委联合颁发的"全国首批国家级文化和科技融合示范基地"牌匾。

电视品牌方面，湖南卫视是中国收视率最高的卫星电视频道，王牌栏目脍炙人口，著名的综艺节目"快乐大本营"、"天天向上"、"我是歌手"、"爸爸去哪儿"等也是长沙的特色节目品牌，

长沙文化娱乐业更是独具特色。酒吧歌厅文化及演艺文化，已成为全国的知名品牌。虽然身居中部，长沙市休闲娱乐旅游文化产业发展一直超前于其他省市，尤以歌厅休闲文化产品久负盛名。并形成了一些独特的品牌，如以解放路酒吧一条街、化龙池酒吧一条街、太平街历史文化街为代表的休闲娱乐场所，开辟了中国式百老汇的大剧场模式；百团汇演活动被业界称为群众文化建设的"长沙模式"。截至 2014 年，全市有演艺吧、茶吧、特色吧、体闲屋、酒吧、电游等娱乐场所数千家，文化艺术表演剧团 9 个，涵盖了歌剧、舞剧、歌舞剧团、戏曲剧团和曲

艺团、杂剧团，艺术表演场馆 5 个，从业人员达 700 多人，每年演出超过 2000 场，全年总收入达 1.2 亿元；全市歌舞厅共 618 家，电子游戏及游戏机经营场所 156 家，从业人员逾万人，全年主营业务收入 3.4 亿元。此外，还有逾千家 KTV、卡拉 OK 厅和保健中心，公共体育场馆 386 个，电影经营单位 476 家以及 33 家综合娱乐服务中心，互联网上网服务营业场所达 1608 家，从业人员近 2 万人，主营业务收入 4 亿元①。形成了多门类、多层次、多形式、多投资主体的休闲文化娱乐市场。与此同时，长沙洗浴休闲业发展迅速，新型洗浴消费异军突起，成为时尚流行的消费方式，据长沙市健康休闲行业协会统计，长沙现有大小洗浴休闲网点约 1.5 万家，从业人员 20 余万人，全行业年营业额达 80 亿元以上，涌现了一批品牌企业，因此外界称长沙为"足都"。其他产品也星罗棋布，拥有 10 余个高尔夫俱乐部，有自然乡村旅游资源单体 448 处，人文类乡村旅游资源单体 640 处，社会类乡村旅游资源 117 处，有农家乐 1289 家，形成了点片相连的乡村旅游产业群——长沙打造"中国休闲之都"的构想。

三　市场空间广阔，产业融合纵深推进

从国际国内旅游业发展环境看，全球已经进入"旅游时代"，旅游基本实现了休闲化、大众化和社会化，成为人们的一种普遍生活方式。国际旅游已经发展到入出境旅游并重、深度国际化大交流、旅游外交功能凸显的新阶段，旅游业成为带动全球经济复苏的重要引擎，加快发展旅游业正成为很多国家的战略决策。国内旅游消费日趋旺盛，旅游业逐渐成为全民参与就业创业的民生产业和综合性的现代产业，旅游业融合发展引领转型升级成为时代趋势，各地各部门共同推进旅游业发展的大格局基本形成，未来 20 年乃至 35 年，我国仍将处于旅游发展的黄金期。目前，我国人均 GDP 超过 7000 美元，正处于旅游消费需求爆发式增长期，到 2020 年城乡居民人均出游率将由现在的每年 2.6 次增加到 5 次，居民的旅游消费能力和消费需求将持续快速增长。"互联网＋"趋势日益凸显，党的十八届五中全会提出网络强国战略，实施"互联网＋"行动计划将成为湖南旅游强省建设新的动力。

---

① 中共长沙市委宣传部和长沙市统计局联合编印：《长沙文化产业发展报告（2015）》，第 86—98 页。

　　从市场规模上看，近几年来，湖南文化旅游市场规模不断扩大，潜力较大。这突出的反映在两个方面：一是湖南居民的文化旅游消费支出增幅较大，如表2－4。与经济增速下滑相比，文化旅游消费不降反升，呈现"井喷"之势，越来越成为湖南本土消费市场的"刚需"。2015年，城乡居民人均教育文化娱乐消费实现较快增长，居民人均教育文化娱乐消费2050元，同比增长16.1%，拉动消费支出增长2.1个百分点，是居民消费增长的主要动力和支撑。二是来湘游客量增量显著。据中国旅游研究院发布的《中国区域旅游发展年度报告2015—2016》，2015年湖南游客接待量超过4亿人次，位居全国第八，继续保持着国内旅游接待量的领先优势。同时，在区域旅游目的地绩效指数排名上，湖南较之2014年上升了一个名次。

表2－4　　　　2012—2014年湖南城乡居民人均文教娱乐用品及
　　　　　　　服务支出情况　　　　　　　　　　　　单位：元

年份	城镇居民人均文教娱乐用品及服务支出	农村居民人均文教娱乐用品及服务支出
2012	950	150
2013	2080	426
2014	2538	1112

　　资料来源：根据湖南省统计局和中共湖南省委宣传部联合编写的《湖南文化和创意产业发展统计概况（2013—2015）》数据整理而成。

　　长沙作为省会城市，文化旅游市场虽然较火，但仍属于温热型旅游市场。2013年全市文化产业总产出约1475亿元，增加值646.5亿元，占全市GDP的8.8%。2013年长沙共接待文化旅游者3226.9万人次，实现文化旅游收入325.4亿元，占全市旅游总收入的32.3%，从占比来看，文化旅游还有很大的潜力可挖。从目前的态势和有关部门统计资料看，长沙旅游市场仍将保持较高的增长速度，并且游客有由核心旅游景区向新旅游景区扩散的趋势，这给长沙市文化旅游业的发展带来了机遇。从长沙市海外文化旅游市场来看，长沙市已与多个国家和地区建立了旅游业务联系，来长沙的国际游客已经达到30多个国家和地区，其中日本、东南亚、中国港澳台是最大的客源市场。旅游创汇年均递增

10%以上。从国内文化旅游市场来看，长沙市国内旅游占文化旅游市场的主导地位，今后仍是长沙旅游发展的重点。目前，接待国内游客数量和收入年均递增20%以上。

第二节　资源整合力度仍需加大

综上所述，在文化强省战略下湖南省文化与旅游的融合发展已经取得了较大成绩，但资源优势的发掘与旅游产业发展水平不同步，旅游产业和文化产业的融合程度还不够，旅游产业与文化产业的融合发展仍处于初级阶段，文化旅游发展状况与国内外发达地区相比还有明显的差距。

一　思想观念相对滞后，融合发展缺乏引力

目前，湖南在文化产业、旅游产业的融合发展过程中，存在着融合的速度与深度和当前日益增长的市场需求还不完全适应的问题，文化旅游产业的持续发展理念和市场化、规模化意识有待进一步提升。湖南文化旅游业存在的文化相似性有待重视，一般来说，在具备一定文化差异，由此产生旅游吸引力的情况下，客源地与目的地之间的文化相似性如语言、民风民俗、社会规范制度越大，越容易吸引游客，从而形成需求。反之，如果客源地与目的地的文化差异过大，则会使游客感到不可控、不安全，由此影响其作决策，形成实现需求的阻力。湖南文化旅游业中的一部分与荆楚文化以致南方大部的客源地文化相似性不够大，但是还有一部分与中国北方的客源地文化差距稍显过大，可能导致湖南文化产业发展受到限制，其文化相似性问题不容小觑，必须给予重视。同时在文化旅游行业中也普遍存在着对文化与旅游的共生性认识不足、内化于心的产业融合性还很欠缺，文化与旅游都是各自发展，"平行线"变为"交叉线"还有待时日。没有充分认识到旅游能以文化为底蕴，能利用丰富的文化资源拓展旅游的发展空间、呈现不同地域的风土人情和文化特色，提升旅游的文化内涵和品位；也没有认识到文化可以借助旅游为形式的载体得到更为广泛的传播和弘扬，实现文化的叠加放大效应。因此，如何提升文化旅游产业持续发展观念，培养产业融合的市场意识，利用发挥产业集聚效应，以文化提升传统的旅游产业，是促进湖

南文化旅游发展、打造文化旅游强省的关键问题。

二 深层挖掘开发不够，融合发展缺乏持续力

文化旅游资源开发的关键，是对资源本身文化价值与社会价值的体现。尽管湖南有着深厚的历史文化底蕴和丰富的旅游资源，但是旅游文化产品开发有待创新，对文化内涵进行深度挖掘与利用有待强化，有些景点甚至不能正确地表达自身的文化内涵。

（一）文化内涵挖掘不够

各地投资开发旅游资源，大多仅仅停留在建设旅游场馆，举办各类文化节上，对于文化旅游所赖以生存的文化土壤关注不够。在文化旅游产品的设计和开发上存在零敲碎打、东凑西搬的问题，产品结构上仍以观光为主、资源开发仅停留在景区的开发建设和文化的保护上，缺乏文化内涵，缺少文化旅游的娱乐性和游客的参与性。如有些民族文化旅游景区把不同的民俗生搬硬套地杂糅在一起，使得其产品品位不高，品牌效益不明显，难以让游客感受和体验当地民俗风情。湖南厚重的历史积淀和文化遗产，是旅游产业与文化创意产业融合发展的宝贵资源，但由于长期受到传统理念的束缚和经营策划水平所限，使得许多极具潜质的文化资源未能得到有效的挖掘，资源利用水平低下，可以说是"端着金饭碗要饭"。比如历史文化旅游资源最为丰富的省会长沙，其文化旅游主要围绕岳麓书院、马王堆汉墓文物、爱晚亭和红色文化遗址进行，这些景点具有颇高的历史价值、文化品位，受到中外游客认同的观赏性，因此吸引了大量慕名而来的游客。然而，这也导致了这些景点的粗放式经营。岳麓书院是湖湘文化的发源地，其文化内涵厚重，而这是一般的旅客很难直观感受的。目前岳麓书院内仅有一些文字说明，供游客了解书院的历史和价值，形式单一，更谈不上生动，很难满足游客的求知需求。往往游客满怀期望来到岳麓书院，游览后对书院文化，特别是对湖湘文化仍了解甚少，文化体验严重不足。湖南博物馆的马王堆汉墓文物驰名中外，中外游客慕名而来，都想一睹风采。但由于其历史悠久，且涉及历史学、考古学等专业知识，一般的旅游者很难理解文物的价值。馆内的讲解和简单的文字说明也只让旅游者一知半解，甚至觉得索然无味。由于旅游产品经营者不注重在文化旅游体验深度上的开发，而只注重不同旅游资源量上的捆绑销售，因此长沙旅游所吸引的旅游者大多为观光文化旅游者，或随意型文化旅游者，他们在旅游地停留时间短暂，多是走马观花，对长沙历史文化资源的体验多浮于表面，难以在具有文化内涵的景点中寻求到渲染性的震撼、独特性的感受，也不能触碰到长沙市民文化和本土气息，以留下更深层次的文化印象，这些将直接限制现阶段长沙文化旅游的国际知名度和市场影响力。

（二）历史资源挖掘不够

在湖南的历史文化资源中，除了目前已开发较为成功的韶山毛主席故居、凤凰古城、宁乡县花明楼景区（刘少奇故居）、长沙县板仓杨开慧故居、湖南省第一师范、长沙市新民学会旧址等线路景点外，各地还有大量的具有旅游开发价值的历史事件和历史遗迹被忽略和闲置。长沙城近代历史风云一直是当代学界、媒体等多方关注的焦点。但除了作为红色旅游线路进行开发的刘少奇故居、杨开慧故居、第一师范、新民学会旧址等旅游景点外，大量的历史事件的旅游开发价值因缺乏实体性遗址而被忽略和闲置。如，华兴会的建立地点长沙西区保甲巷因为文夕大火已经销声匿迹，无从追溯；被誉为影响了"半部中国近代史"的湖南维新运动时务学堂，其旧址难以恢复，更无法接待游客；现湖南省总工会院内的民国老建筑，曾是国民党湖南省党部，知道的人寥寥无几，也无人问津；位于开福区潮宗街是近现代长沙米市的中心街区，形成长沙仅有的民国名人公馆群，这些民国建筑群也是鲜为人知。长沙这些历史名人故居和历史事件所在地的资源整合与相关考据工作目前还十分欠缺，对于文化旅游市场的开发甚至是人文历史教育的传承来说都是一种巨大的损失。

（三）文化旅游产品开发欠缺

以长沙文化旅游纪念品为例，现在长沙旅游纪念品主要是民间工艺品，如浏阳的菊花石、烟花鞭炮、铜官陶器、湘绣、浏阳红木、麓山红枫叶、捞刀河刀剪；或长沙特产食品：高桥银峰茶、宁乡沩山毛尖茶、浏阳豆豉、浏阳黑山羊、长沙法饼、浏阳茴饼、麻辣子鸡、火宫殿臭豆腐、糖油粑粑、乔饼等。除这些传统特产，针对长沙人文特色以及各景区特色的文化旅游纪念品开发，尤其在设计、包装、销售上，没有得到相应重视。突出表现在缺乏纪念品品牌，景区旅游纪念品普遍雷同，没有地方特色。如一些著名的景区都卖干鱼、茶叶之类的产品，让人感觉处处雷同。还有很多文化景区从批发市场购进一些与景区定位毫不相干的纪念品，如小风车、小玩具、化妆面具之类在景区兜售，这种情况在湖南省各地旅游景点十分普遍。这一在文化旅游相关产品销售上缺乏文化敏感性的现状，不仅无助于促进景区消费，还可能损害旅游资源的文化价值。

（四）文化旅游宣传表现形式有待丰富

当前，湖南省文化旅游的发展都是以行业部门推动为主，在宣传表现形式上，也主要是以新闻、摄影、摄像等形式表现，全民的参与程度不够，特别是有影响力的电影、电视剧、小说、戏曲等反映文化旅游的题材少，难以引起很大的反响，从而进一步推动文化旅游的大繁荣与大发展。

三　整体优势结合不力，融合缺乏拉力

就目前来说，湖南文化旅游各个要素之间依然处于各自为政的分散状态，彼此之间没有形成一个有机的整体，总体规划不到位，各类规划之间衔接不够；整体结构有待优化，市场客源开拓有限；管理服务水平不高，相关人才匮乏，从而不能从整体意义上表现出湖湘文化的厚重。

（一）整体规划不到位，优势融合不充分

虽然近些年，湖南文化管理部门和旅游管理部门分别立足于文化产业和旅游产业的业域发展实际，在出台的诸多部门政策文件中都将促进文化旅游融合发展作为一项重要内容予以体现，但文化旅游在空间布局和市场发展上还没有形成统一规划、统一管理、统一包装、统一运营的规模效应，文化资源与旅游事业创新融合不充分，相关旅游衍生品缺乏文化附加值，各领域、各区域相互之间缺乏深层次的合作，仍然处于一种各自为政的状态，产业链未发展成熟，集聚效应不显著，文化旅游资源的整体竞争力不强，对区域经济贡献还比较低。同时，缺乏与周边相关地区的区域合作，忽略了事物是普遍联系的重要性。以长沙为例，作为同源之首，长沙的湖湘文化旅游业没有与周边的市县区相联系。长沙的红色旅游以清水塘、刘少奇故居、雷锋纪念馆、杨开慧故居、秋收起义文家市会师旧址等为载体，虽然迎来了一定数量的游客，但从红色文化旅游产业大格局来看，其在开发规模、融合深度方面还有待于进一步挖掘，使其成为大中小学生、各事业单位及党政军各部门的爱国主义教育基地，有效地发挥其在思想建设和政治建设方面的双重功效。以"金鹰"电视艺术节、橘子洲文化艺术节、千年论坛为代表的艺术文化活动虽然已经在一定程度上成为长沙文化旅游的亮点，但其文化与旅游

产业融合的深度及影响力还远远不够。

（二）产业结构有待优化，市场客源开拓有限

目前湖南文化旅游产品的开发具有结构不合理、开发层次低、创新性不足、跟随需求变化进行生产的灵活性较差等问题，缺乏满足游客个性化服务的产品，旅游产品雷同，难以体现出独特的人文风情和地域文化，也缺乏利用声像图等现代技术开发的旅游产品，对游客的吸引力明显不够。当前，湖南文化旅游产业没有形成以各类文化类型为主导的旅游路线。旅游线路体现不出湖南特有的文化特色。其应该以文化专题来划分线路，如红色文化旅游线路、民俗文化旅游线路、民族风情旅游线路、历史文化旅游线路等，只有通过某一种文化内涵的整体展示，才能让人从宏观上完整地感受文化的独特魅力。

同时，融合发展园区的产业化水平低。在利好政策导向之下，近些年，湖南各地掀起了文化旅游产业园建设热潮。涌现出了长沙市天心区文化产业园、长沙市开福区滨江文化园、郴州市苏仙区天山旅游文化产业园、张家界市天门山国家旅游综合改革先导区等一批具有较好示范效应的文化旅游产业园区。但是在各地一哄而起建设的文化旅游产业园区中，不乏许多是规划不合理、创意不足、特色不鲜明的园区，它们造成了资源的极大浪费和行业恶性竞争。一些文化旅游产业园打着发展文化旅游产业之名，行的是圈地搞房地产之实。而且当前许多文化旅游产业园区纯粹是依仗自然生态景观形成的门票经济来维持，并没有构建起科学的盈利模式，景区主题复杂，缺少创意，没有形成文化品牌拉动效应，产业化程度较低。

（三）管理服务不完善，职业水平不高

①管理服务能力有待提高。文化旅游应该是传承和发展湖湘文化的最好载体，让旅游者通过游览活动感受湖湘文化内涵，体会其精髓所在，但湖南目前的文化旅游行业管理服务能力还有待提高。如，岳麓书院是湖湘文化的发源地，其文化内涵厚重，书院内仅有文字说明供游客了解书院的历史和价值，形式单一，不够生动，旅游体验不深，很难满足游客的求知需求；马王堆汉墓展览馆中也缺乏生动明了的展现形式，让旅游者一知半解，一般的旅游者很难理解文物的价值。因此，提高管理和服务水平成为长沙各景区景点未来需着力改进的重点工作。

②文化旅游行业从业人员整体素质有待提高。伴随湖南文化与旅游

融合发展速度和效益的提升，对文化旅游人才的需求规模扩大了，需求层次也较以前更高了。湖南文化旅游人才的供求矛盾日益突显，这主要反映在三个方面：首先，文化旅游人才总量不足，结构不合理，高层次人才匮乏。目前湖南直接从事文化旅游业的从业人员总量为一百多万，占全社会从业人员的比例尚不到3%，这与文化旅游产业的"千亿产业"、"支柱性产业"称号是不相称的，而与湖南省旅游业十三五规划提出的打造万亿产业的目标和要求相距更远。另外，目前文化旅游从业人员队伍中的"三低"（低学历、低职称、低稳定性）人员较多，那种既懂文化又懂旅游的经营管理人才、创意人才和研究人才匮乏。其次，用人保障机制不完善，人才流失率高。由于湖南文化旅游产业整体发展水平尚处于中低端水平，环境设施建设相对滞后，因此，基层从业人员的平均收入水平较之其他行业相对较低，而且工作环境比较艰苦，再加上，在对基层从业人员的使用上，普遍存在重使用、轻开发，轻培训、少激励的问题，这就使得基层从业人员跳槽率、转行率大大增加。最后，人才培训工作滞后。目前全省文化旅游人才培训规模不大，尚不能保证从业人员每人每年都能轮训一次。在各地开展的相关培训工作，许多专业化水平偏低，内容的实践指导性不强，培训教材、课程体系及培训体系尚不能适应市场需求。而对于高层次的文化旅游人才培养工作更是缺失，相应的培训机制亟待完善。

第三节　以融合模式创新推进产业转型升级

当前，随着旅游客源市场日益多元、旅游市场规模化竞争逐渐激烈，各地都在打造拥有更丰富内涵、更大魅力、更高标准的旅游产品。湖南文化资源得天独厚，如何利用好资源、突破阻碍文化旅游业发展的瓶颈，加速文化产业和旅游产业融合、实现利益最大化，任重而道远，所以需要在思想观念、改革创新、市场开发、口牌互动、人才支撑等方面进行深入的探索和实践。

一　更新观念，科学规划

不管是政府还是旅游行业，都应当更新思想观念。秉承"文化为重、文化为媒、文化融合"的新理念。文化为重，即文化旅游产业注重文化性的内涵和旅游形式载体相结合，以湖湘文化资源、湘江水文化资源、红色文化资源、娱乐文化资源、民俗文化资源等来丰富旅游产业的内容；文化为媒，即把文化产业作为重要的经济增长点，抓文化产业就是抓经济社会发展，发挥文化建设的公益性和经营性的功能，多元化投入才能推动文化建设快速发展的新观念；文化融合，即充分借助文化产业属性、事业属性、娱乐属性开拓文化市场，进行市场运作，追求经济效益，确立经济与文化、旅游与文化相互交融、相互促进、一体化发展的新观念。同时要摈弃"单向思维、反向思维、片面思维"这三种思想。单向思维，即单方面考虑文化和旅游的产业功能和属性，只注重文化的意识形态或者只看到旅游的经济功能，不能将二者结合起来分析和实践；反向思维，即颠倒了文化产业和旅游产业的发展方向和主次，没有明确文化是主旨和实质，旅游是形式和载体的关系；片面思维，即将文化产业片面理解为只投入不产出或一次性、不可循环的传统产业，将旅游产业固化为纯粹的消费形式，不能赋予更多内涵的经济形式，就经济论经济，就文化论文化。

在对湖南文化旅游业进行规划的过程中，必须以科学发展观为指导，处理好湖南文化及旅游资源的规划、开发、利用和保护之间的关系，实现"双赢"的目的，实现湖南文化产业和旅游产业融合的顺利进行。在这个过程中，首先必须对湖南本地的文化底蕴和旅游资源优势有一个全面的理解和掌握，对其优秀的文明成果有所领悟和体会，还要有社会学、经济学等多方面知识的积累和运用。要注意避免个别企业因利益驱使，对这些文化和旅游资源过度开发利用而不加以规划和保护，导致目的地超负荷运行、开发甚至破坏资源本身底蕴的现象发生，避免采用盲目、低效、粗放的开发方式，注重打造精确、高效、集约型文化旅游产业精品。促进文化和旅游资源的开发利用和保护，以及湖南文化旅游产业全面发展的良性可持续发展。如长沙作为历史文化名城之一，必须完善其保护规划，加大其保护力度。应该从综合考虑其环境风貌、文物古迹、建筑风格、城市格局和深掘城市历史文化内涵的角度出发。如在规划长沙文化旅游时，要将长沙市文化旅游资源和产业规划和保护的基本思路定义为：按照长沙整体风貌和格局、文物古迹和历史文化保护区等三个开发和保护层次，将长沙各个历史时期遗存的文化有机整合在一起，充分体现长沙以至湖南的深厚文化。应以保护历史文化遗产为基本准则，积极谨慎地建立起完整有机的历史名城开发和保护体系。保护好长沙的历史文化资源特色，就是保住了长沙文化旅游产业的根基。其次，要注重湖南的非物质文化遗产的保护工作，开拓其利用和保护的新路径。非物质文化遗产在文化旅游中的显著作用不容忽视。如"湘绣"、"浏阳花炮"非常具有吸引力，其市场推广前景和效应不可估量。必须全面调查了解并且落实整合湖南文化资源，实现湖南文化资源信息库的资源共享，并在此基础上进行科学规划和研究。最后，要坚持利用和保护同步，先规划后开发的运作理念。在文化旅游产业发展中做好古为今用，打造响亮品牌，通过慎重开发利用，使湖南独特的优秀文化以文化旅游产品的形式快速广泛传播，实现社会效益与经济效益的双赢。

二 注重改革创新，引领产业融合

建立和完善产业融合的管理机制是促进文化和旅游产业互动融合的根本保障。一是构建协作机制。要从"大文化"、"大旅游"、"大市场"的角度推进全省文化旅游融合发展管理体制改革，破除目前湖南在文化旅游融合发展上的"分业分区"管理格局。政府的相关职能部门增强融合意识，建立共同开发产品的机制，共同做好文化、旅游产业融合发展的空间布局和功能定位，以引导旅游、文化企业的生产经营活动为重点，通过破除行业壁垒、放宽行业限制、提供宽松的宏观环境等方面来增强文化和旅游的活力，确保旅游的整体发展规划与当地城市文化发展规划、文物的保护规划协调一致，科学合理地开发利用各种文化资源、旅游资源，杜绝盲目开发、无序开发、低水平开发以及重复建设的出现。建议在省级层面建立统一开放高效的文化旅游融合发展领导机构，由省宣传文化部门牵头，有旅游、税收、金融、国土、工商执法部门联合参加，组建省文化旅游融合发展领导小组，省长挂帅，小组办公室设在省文化厅，负责日常管理工作。在各州县也要设立由州县主要领导挂帅的文化旅游办公室，负责协调地方文化旅游融合发展工作事务。二是确立企业主体地位，确立企业的市场主体地位是文化、旅游产业融合过程中的重要一环，充分发挥市场对经营性文化旅游资源配置的基础性作用，大力支持有实力的社会资本、有意向的民营企业参与文化建设和旅游开发，对创办文化旅游业、文化会展业、文物博览业等新型企业给予适当扶持奖励，发挥产业融合集聚效应。同时，不断探索深化文化事业单位企业、旅游企业开展体制改革，逐步建立权责明确、产权清晰、政企分开、管理科学的现代企业制度。三是加大政府扶持力度，严格执行国家与地方政府推进文化和旅游业体制改革的相关政策，建立与旅游市场相适应的管理体制和经营机制，健全文化和旅游投入机制，顺应旅游业发展趋势，从财政投入、税收减免、用地优惠、人才培养引进等方面，增强政府支持力度，改革公共旅游资源长期分散管理经营的现状，形成科学合理的全市旅游资源开发机制。制定出台一系列"含金量高"的财政优惠政策，根据需要设立不同内容的专项基金，目前，湖南已成立文化旅游产业投资基金，在促进产业融合方面迈开了坚实的一步，下一步，可以在此基础上，设立如"产业融合市场开发基金"、"融合型产品营销基金"、"创新型文化旅游人才引进基金"、"文化旅游环境改善投资基金"等[①]。

三 加强交流合作，以联合促融合

一是加大项目建设。推动重点文化旅游产业项目建设，坚持以产权为纽带、以资源整合为手段，大力培育现代旅游市场主体，重点开发大型文化旅游项目，推进和完善文物遗产类、地域文化类、艺术类、历史古迹类的主题公园的建设，创新文化传播体验方式，提升主题公园的吸引力、感染力，如长沙可以借助岳麓区西湖文化园、梅溪湖国际会展中心、沙坪湘绣产业园、天心文化创新产业园、岳麓山风景区综合整治工程、青竹湖文化创意产业园、锦绣潇湘文化创意产业园、望城铜官窑国家考古遗址公园、浏阳市国际花炮会展中心等一系列项目的建设为基础开发更多更有利于文化旅游发展的项目。二是发展产业集群。在湖南文化旅游业的发展过程中，采用集群化融合的方式，构建以文化旅游产品为核心、文化山水高度融合的旅游产品体系，促进文化旅游资源、自然旅游资源和休闲旅游资源的高水平整合，充分发挥产业的联动作用，将文化资源融入旅游项目的开发过程中，以提升文化旅游资源的整合力、文化旅游主题的塑造力、旅游文化内涵的挖掘深度。如长沙可重点开发和建设好沩山密印寺风景区、宁乡炭河里遗址保护工程、浏阳菊花石工艺品生产基地、灰汤国际温泉度假区、浏阳河文化风光带等文化旅游景点。三是加强对外交流。文化是旅游之魂，发展具有完整意义和内涵的

---

① 李锋：《文化产业与旅游产业的融合与创新发展研究》，中国环境出版社 2014 年版，第 201 页。

文化旅游产业，对于提升旅游业的竞争力和发展后劲都有巨大的好处。在实践中，一个地方或一个县市不可能全面完整地展示历史人物或历史事件的全貌。因此，必须依照原貌进行跨地区、跨时间的整合。湖南的湖湘文化、楚汉文化旅游就可以与周边地区协作配合，互通有无，客源共享，实现优势互补。本着资源共享、市场共拓的原则，提升长株潭城市群一体化发展的旅游促进作用，联合开发线路，同时，还可深化湖南与长三角、珠三角等重要旅游目的地的区域合作，加强与其他省市的经济区域旅游协作，共同打造跨区精品旅游线路，加大旅游项目投资领域合作，实现旅游资源和产品的互补和共享，充分发挥旅游资源优势。长沙作为国内会展重要城市之一，可以借助大型展会、重要文化节、艺术文化活动为平台，积极引进全国性的专业文化会展项目，大力培育本土会展品牌，激发新的文化旅游消费热点，如继续办好中国金鹰电视艺术节、长沙动漫游戏展、浏阳国际烟花节等节会，促进文化旅游核心产品的发展。

四 打造品牌精品，凸显区域个性

产业融合使得原有的价值链和产业链发生了变化，通过重组实现了新产品的创造。而新产品在市场的核心竞争力体现在其品牌效应上。这要求企业在参与产业融合的过程中，应打造符合本产业特色的产品和精品。只有这样才能真正受益于产业融合带来的经济和社会效益，否则难以在新的市场上立足。首先，深挖本土文化内涵，打造特色文化旅游产品和旅游线路。伴随着两产业的深度融合，新的文化旅游产品产生，而文化旅游产品首先必须要具备的是特色。特色是创新的基础。新型产品只有具备特色才能拥有吸引力，进而获得市场上的先机。要把握好旅游经济与地域文化的互融互动关系，重视对本土文化资源的挖掘、盘活与利用，从湖南独特的楚汉文化、湖湘文化、红色文化资源中汲取养料，以湖南独特的旅游资源和形象为纽带，发掘和提炼湖南本土文化的主题，构建主题性较强、有文化特色的旅游线路，既能增强旅游地的核心竞争力，又可以促进旅游产业提质升级。如，长沙可以打造湖湘文化大观游、现代城市风光游、综艺电视娱乐游、山水烟花主题游、创意文化游、名人故里游、寻根祭祖游、民族民俗风情游等主题精品旅游线路。其次，打造文化旅游名片，以湖湘文化为核心，以特色标志性景观群与历史文化底蕴为主线，使城市旅游文化内涵充分体现，提高城市文化旅游品位与知名度。其次，提升旅游产品文化附加值，根据游客需要的变化和市场的发展趋势，将旅游文化内涵挖掘与旅游产品开发有机结合起来，根据湖南的实际情况，针对不同游客的需求，兼顾地方特色与国际化新趋势，强化文化旅游产品的创新与包装，推出多层次、多方位的精品旅游线路，提升旅游产品的附加值，以点带面促进湖南文化旅游品牌影响力的提升。

五　提升行业素养，强化融合支撑

文化旅游产业发展与行业人才队伍建设存在相互促进、相互依托的关系，加强人才队伍建设、提升文化旅游行业整体素养，将极大地促进湖南文化旅游产业跨越式发展。一是培养引进文化旅游行业新人才，吸纳国内外在湖南文化研究方面的人才和旅游行业的专业人才，抢占文化旅游工作制高点，建立领军人物、拔尖人才跟踪机制，以政府为主导，以企业、高校和行业协会等共同参与的培养、培训机制，对不同层次文化产业人才开展各类培训，特别是本土文化与旅游融合相关知识的培训，促进产、学、研互动和深度合作，支持文化行业人才与民间文化人才的流动，以缓解文化旅游行业人才紧缺的局面，增加湖南文化旅游人才队伍的活力和文化旅游产业发展工作的后劲。二是提升行业服务管理水平，建立良好的文化旅游企业文化，不管是传统旅游企业开展文化旅游项目，还是新兴的专业从事文化旅游项目的旅游企业，首先都要在内建立相互信任、团结合作的氛围，增强企业内部凝聚力，在外激发旅游行业正能量，提供更主动、更优质的旅游服务。

第三章　文化强省战略下湖南文化产业与金融融合发展研究

　　任何产业的发展壮大都离不开资本的驱动，没有资本的支撑，产业就如同"无源之水，无本之木"。文化产业是一个高投入、高产出的产业，只有在"资金血液"不断的滋润下才能成长，拓宽文化企业的融资渠道是企业健康发展的必然要求。因此实现文化产业在金融业的最大资源配置和金融支持文化产业发展的最大价值，就要促进文化产业与金融业的深度联姻，文化金融才是文化产业发展的核心生态。

　　推进文化强省建设需要加快构建产融结合新生态，大力建设金融强省，一方面，通过政策和市场相结合的手段，进一步推动金融环境优化、吸引金融资源汇聚，助力于金融强省建设；同时，文化产业作为朝阳产业、未来产业，其显露的勃勃生机，也必将为金融业拓展业务领域、突破发展瓶颈、加快创新转型、构建产融新生态带来新的广阔的空间。另一方面，建设金融强省，也必将为创新构建"文化＋金融""媒体＋金融"的新模式，让文化插上金融的翅膀，加快创新发展和转型升级。

　　据统计，"十二五"期间，湖南全省文化和创意产业增加值年均增长15.6%，"十二五"累计实现文化和创意产业增加值6565亿元，是"十一五"的2.35倍。2015年全省文化和创意产业实现增加值1707.18亿元，占GDP比重达5.9%，比2012年提高0.6个百分点[①]。文化产业是全省战略性新兴支柱产业，进入全国第一方阵，根据中国文化产业发展指数报告，湖南省连续3年进入全国文化产业发展十强，在中西部省份中排第一。截至2015年年底，全省拥有文化产业法人单位

[①]　蔡冬娥、肖首雄：《湖南"十二五"文化和创意产业发展情况分析》，《决策咨询》第47期，湖南省统计信息网，http：//hn. rednet. cn/c/2015/12/11/3861889. htm。

近 4 万家，其中规模以上文化产业法人单位 2325 家，中小微文化企业占比 90% 以上[①]。湖南省文化产业的快速发展、文化品牌的建立离不开金融的大力支持，包括各种信贷支持措施，创设文化产业投资基金，文化事业单位改制，以及直接推动文化企业上市直接融资等。

第一节　渠道不断拓宽，输血功能增强

文化与金融融合是文化产业走向成熟的标志之一。它是指在现代科技推动下，金融参与到文化产业发展的各个环节，并最终由文化的生产、流通、消费共同推动形成文化金融产业的过程。在这个过程中，文化产业为金融产业提供基础性的资本载体和价值载体，金融产业通过金融服务的导向和支持，提高资源配置效率，优化经济结构，由此推动文化产业健康可持续发展。

一　投融资体系初步建成，融合发展渠道拓宽

发展文化产业，资金是软肋。文化产业的投入周期长、回报不确定因素多，中小微企业居多，不论直接融资还是间接融资，在很长一段时间都不是金融机构的宠儿。

鉴于此，2010 年 3 月，中国人民银行、财政部、文化部等九部门印发了《关于金融支持文化产业振兴和发展繁荣的指导意见》，明确提出了金融支持文化产业这一命题。党的十八届三中全会进一步明确提出"鼓励金融资本、社会资本、文化资源相结合"，将文化金融融合纳入了全面深化改革的总体格局，为文化金融合作发展指明了方向。2014 年，文化部、中国人民银行和财政部联合印发《关于深入推进文化金融合作的意见》，对文化金融合作进行了制度安排。

近些年来，随着一系列金融服务文化相关政策的出台与落地，湖南逐步构建了多层次、多领域、差别化的金融服务文化的市场体系。

（一）建立文化产业引导资金，引导激励

湖南省充分发挥财政政策引导示范和带动作用，省、市、县三级文

---

① 杨洲、田野：《2015 年湖南文化和创意产业增加值约 1668 亿元》，红网，http://hn. rednet. cn/c/2015/12/11/3861889. htm。

化产业引导资金总规模超过 3.5 亿元。2008 年设立了湖南省文化产业引导资金，从无到有、逐年增加，2014 年规模达到 1.6 亿元，出台并修订《湖南省文化产业引导资金管理办法》，采取贴息贷款、资金补助、投资参股等方式拉动资金，杜绝切块扶持重点板块。2016 年，湖南省争取中央文化产业发展专项资金 1.988 亿元，位居全国第 3 位，其中重大项目获得支持资金 9980 万元；88 个文化项目获得文化产业发展专项资金支持 4980 万元①。目前，全省 14 个市州均设立了文化产业引导资金，用于支持本市州文化产业发展，其中长沙市资金规模达 1 亿元，同时，部分县（市区）也逐步设立了本级文化产业引导资金。

（二）成立文化产业投资基金，风险补偿

2010 年成立了总规模 30 亿元的湖南省文化旅游产业投资基金，目前募集到位资金超过 18 亿元。该基金的省属国有机构出资比例占七成，日常管理交给达晨创投，遵从"市场化运作、专业化管理"原则，作为政策性资金支持的补充，为湖南文化企业发展提供良好的金融服务支持，助力全省文化产业发展。湖南高新创投、湘江招商、中联传怡、湖南富坤文化投资基金、炎帝基金等也参与到湖南文化投资领域。

（三）成立文化专业担保公司，"四两拨千斤"

注册资本 1 亿元，成立湖南省第一家服务于中小文化企业的信用担保公司——湖南省文化旅游担保投资有限公司，撬动社会资本参与文化投资。公司挂牌开业半年多，即受理立项文化产业项目 31 个，会审通过及放款项目 16 个，金额 1.6 亿元，通过银行发放委托贷款 5000 万元。截至 2016 年年底，该公司已累计为小微文化旅游企业担保近 7 亿元②。

（四）规范文化产权交易所，加强价值评估

文化产权交易所有利于文化资产要素流动，有利于规范无形资产价值评估，进而推动文化产权交易、融资并购、创意成果转化。联合利国文化产权交易所、湖南文化艺术品产权交易所两家文交所通过清理整顿，业务开展顺利。目前全国拥有两家文交所的省市区仅广东和湖南。

---

① 贺华珍、陈清：《"十三五"开局之年湖南文化工作足音铿锵，亮点纷呈》，湖南省文化厅宣传信息中心，2017 年 1 月 1 日。

② 郭志强：《湖南：金融资本助力文化产业迈向融合发展》，红网，http：//hn. rednet. cn/c/2016/12/21/4170256. htm。

（五）成立文化专营银行，提供专业服务

湖南省成立了一批以文化特色运行为主要特征的文化金融专营机构、特色支行。北京银行 2009 年进入长沙，积极进军文化创意产业，在湖南率先推出了"创意贷"特色品牌，开辟了中小文化企业信贷绿色通道，在人员配备、内部考核、产品供给等方面不断细化差异化管理模式，让北京模式在长沙开花结果。长沙银行设立文化产业专营支行，打造专业服务团队为文化企业服务。目前，湖南省有一大批金融机构与文化企业、行业主管部门牵手合作，建立密切关系，提供"一对一"的全方位金融服务，取得较好效果。如农业银行与湖南省文化厅、交通银行与湖南省新闻出版局、建设银行与中南传媒、招商银行与长沙市文产办等签署了战略合作协议。

二 以机制营造金融支持，融合发展环境趋好

文化和金融的对接是双向需求和选择的必然结果。湖南着力完善顶层设计，以机制促进金融支持文化发展，形成良好的发展环境，不断完善多方参与、互惠共赢为基础的文化金融合作机制。

（一）政府引导，转变职能

早在 2009 年，湖南省委宣传部、中国人民银行长沙中心支行联合 5 个部门出台了《关于进一步加大金融支持力度，推动文化产业加快发展的指导意见》，进一步明确金融支持重点，推动湖南省内银行业金融机构加大信贷投入和服务力度，被业内称为"金融服务文化产业的 16 条"，比国家九部委出台的金融支持文化产业的"二十条"早将近一年时间。《意见》指出，湖南省内银行业金融机构要进一步突出金融支持重点。突出扶持广播影视业、出版业、动漫业等优势产业；突出扶持文娱演艺、报刊业、文博业、文化旅游业等传统文化产业；突出支持数字内容、网络文化、移动媒介等新兴文化产业。加大力度突出支持文化企业集团跨地区、跨行业、跨媒体经营重组；突出支持文化企业走出去，开拓境外市场。重点扶持主题公园、影视基地、实景演出等互动体验文化项目建设，突出支持长株潭城市群建设一批文化产业园区基础。突出支持优势明显、特色突出，商业模式清晰、营利能力较强的中小文化企业快速发展。《意见》要求，省内银行业金融机构要切实加大服务力度。进一步加大有效信贷投入，明确准入条件和支持重点，主动开展营销，积极提供服务，在风险可控的前提下，切实满足文化产业发展重点领域和关键环节的信贷资金需求。进一步完善授信审批制度，对资质信用良好的文化企业进行包括贷款、承兑、保函和贸易融资等业务在内的综合授信，并建立快速审批机制，缩短审批周期，在贷款利率、用款计划等方面给予优惠。创新信贷产品和服务方式，积极探索专利权、版权、著作权、收益权、销售合同等无形资产质押以及其他权利质押贷款；对并购、重组的文化企业，可提供并购贷款、过桥贷款等。不断改革内部信用评级体系，对无形资产占比较大的文化企业和项目，充分考虑专利、商标、版权、著作权、商誉等无形资产以及经评估的文化产业投资项目价值和企业家个人信用、企业未来成长性等非财务因素，灵活、有效划分文化企业信用等级。不断拓宽服务范围，为湖南省文化企业提供投资银行业务、财务顾问、咨询业务、国际业务、资信调查等综合性金融服务；提供电子银行、现金管理、机构理财、年金业务等资金管理服务；依托现代化支付结算体系，提供方便、快捷的支付结算服务。积极对接中央政策落地，全省连续两年争取国家资金进入全国前三，共有 275 家转企改制文化单位争取国家税收优惠政策，减免所得税金额约 3.2 亿元。

作为文化产业与金融业集中分布区，长沙积极实施了《长沙建设国际文化名城战略纲要》《长沙市"十二五"文化发展规划》，出台了《长沙市文化创意产业发展规划（2012—2015）》《中共长沙市委长沙市人民政府关于执行文化改革发展若干政策的实施意见》等一系列举措。为促进全市文化产业快速发展，2014 年年初长沙市发布了《长沙市文化产业加快转型创新发展实施产业倍增五年计划》，力争到 2017 年全市文化产业的规模持续扩大，产业生态显著改善，园区竞争力大幅提升，将长沙打造成为继环渤海湾文化创意产业圈、"长三角"文化创意产业圈、"珠三角"文化创意产业圈之后的又一文化创意产业增长极。2015 年 1 月长沙召开的市政府常务会议审议并原则性通过了《长沙市加快推进文化创意和设计服务与相关产业融合发展行动计划（2015—2017 年）（送审稿）》，明确将加快长沙文化创意和设计服务等新型、高端服务业发展，推进与相关产业深度融合，扩大影视传媒、数字出版、移动娱乐等主导产业优势，打造特色鲜明、竞争力强的文化创意产业体系。《长沙市国民经济和社会发展第十三个五年规划》中强调要"推动文化与科技、金融、旅游深度融合，做强一批文化产业园区和文化产业基地，推动创意设计、动漫游戏、影视传媒等优势产业发展壮大。推动文化企业跨地区跨行业跨所有制兼并重组，提高文化产业规模化、集约化、专业化发展水平。吸引和聚集全球创意资源，鼓励本土文化创意企业走出去"。

（二）规划先行，创新路径

系统性融资规划指引路径。2012 年，由湖南省委宣传部与国家开发银行湖南省分行联合编制了国内首部省级区域文化产业融资规划——《湖南省文化产业系统性融资规划（2011—2020）》，针对湖南省文化产业发展中的资金缺口和融资瓶颈，通过科学方法对未来十年湖南文化产业资金供求进行了预测，提出了"市场化融资为主，财政资金、信贷资金、资本市场融资和域外融资多种渠道有机结合"的融资构想，针对不同类型的文化企业设计了相应的融资模式，以系统性融资安排推动湖南文化产业大发展大繁荣。根据测算，2011—2020 年湖南文化产业投资需求呈上升趋势，"十二五"期间约 5900 亿元，年均投资 1180 亿元，年均增速 20%；"十三五"期间约 12300 亿元，年均投资 2460 亿元，年均增速 14%。2011—2020 年湖南文化产业投资需求总量约 18200 亿元。对于基本资金供给，2011—2020 年湖南文化产业资金总供给基本值约 11200 亿元，其中：财政资金约 770 亿元，占比 7%；信贷资金约 1800 亿元，占比 16%；域外资金约 1140 亿元，占比 10%；资本市场融资（含股票、债券、基金融资）约 320 亿元，占比 3%；自筹资金约 7170 亿元，占比 64%。之后又完成了《大湘西文化旅游融合发展融资规划（2013—2023）》，助力大湘西文化旅游融合发展。在《湖南省"十三五"时期文化改革发展规划纲要》中，明确指出要促进文化产业与金融融合发展。《纲要》提出："积极培育资本市场，重点推进华声在线、体坛传媒、中广天择、华凯创意等文化企业上市。积极促进金融资本、社会资本和文化资源的对接，主动搭建融资平台，完善金融配套服务体系，着力突破文化产业融资障碍，切实为文化企业解决'融资难'问题。充分发挥投资拉动作用，鼓励引导社会资本进入文化产业，鼓励金融机构积极开发适合文化产业的信贷产品，建立健全多元化、多层次、多渠道的文化产业投融资体系。"

（三）多方参与，互利共赢

中小企业融资难是一个普遍问题。作为文化产业发展生力军和后备军的中小文化企业也不例外，目前仅长沙市就有文化产业单位 61670 家，文化企业资产结构有"轻资产"特性，无形资产多于有形资产。湖南通过深圳文博会等重大活动平台招商引资，吸引国内外各方资金来湘投资兴业发展。举办湖南文化产业推介暨"资本点亮梦想"大湘西文化旅游融合发展推介会、《湖南文化品牌 40 强》发布会等主题活动，推介最新湖南文化产业投融资项目情况，2016 年在深圳文博会上湖南签约资金约 218 亿元，涉及长沙、湘西、株洲、常德等多个市州。2016 年湖南（上海）投资贸易洽谈周期间，召开湖南文化创意产业发展招商恳谈会，邀请各界人士为湖南文化产业发展献计献策、到湖南投资兴业。

（四）专业跟进，打通行业

加大宣传力度，让文化企业加强金融知识学习，增进文化企业对金融政策了解、将政策用活用足。文化企业前身多为事业单位属性，通过转企改制成为新的市场主体，急需补充金融专业知识。通过举办两期文化企业融资和上市高级研修班、湖南动漫高级人才研究生班等系列培训班和讲座，打通行业壁垒。

三 融资模式灵活创新，融合发展动力增强

文化产业是轻资产、重创意的行业，普遍具有前期投资大、回报周期长、不确定性较大、质押物少等特征，因而普遍面临融资难的困境。近几年，在湖南省有关政策和资金的引导下，金融机构不断探索和创新，纷纷推出了股权质押、知识产权质押等更加灵活创新、更适合文化创意产业的融资产品和融资模式。自 2010 年起，湖南省筹集 30 亿元资金设立文化旅游产业投资基金，委托给专业的投资机构管理，主要投向省内重点的文化企业和文化创意产业项目。2010 年以来，绵阳基金（产业投资基金）、红杉资本（风险投资基金）和联想弘毅（并购投资基金）先后向快乐购投入资金 3.3 亿元，支持企业发展。湖南省广播电视产业中心发起设立了达晨创投公司，专门从事文化传媒企业的创业投资和股权投资业务，已投资了同洲电子、拓维信息等多家文化企业。2013 年，中南传媒获批组建全国首家文化企业集团财务公司，为企业集团加强资金管理搭建了平台，也开辟了文化创意产业领域产融结合的新路径。

湖南股权交易所推出了直接融资产品"定增易"和"私募债"，间

接融资产品"股银通"和"股保通"，可为文化企业提供融资服务。湖南华旅文化旅游产业发展股份有限公司 2014 年 12 月在湖南股权交易所挂牌后，通过股权质押的形式获得融资贷款 800 万元。

北京银行长沙分行自 2009 年成立以来，依托总行推出的"创意贷"文化金融品牌，结合区域内文化产业特点，大力推动文化金融的发展，累计支持 310 余户文创类小微企业，授信金额超过 30 亿元。针对文创企业轻资产的特征，北京银行通过发掘并利用文创企业可以衡量的无形资产价值，摆脱对有形资产的过分依赖，有效解决了有形资产担保不足的难题。湖南凤凰出版传媒股份有限公司通过湖南股权交易所与北京银行长沙分行合作开发的"智权贷"产品，以持有的合法有效的知识产权作为质押，从北京银行长沙分行获得贷款 700 万元。

国家开发银行湖南省分行通过"基金投资＋银行贷款"的创新融资模式支持武陵山区文化旅游基础设施项目，一次性成功解决文化旅游项目资本金和银行融资两大问题，提高了项目的偿本付息能力。通道县县溪镇旅游基础设施建设项目是国家开发银行湖南省分行支持的首个精品旅游路线项目，依托通道深厚的古建筑文化资源和浓郁的侗族、苗族民俗资源，通过"投贷结合"的方式，该项目已实现 8500 万元贷款资金的发放。

交通银行湖南省分行采用项目制方式，详细分析出版行业特点、结算方式、业务需求，通过与出版行业协会合作的模式，批量上报，批量审批，已经给予近 20 家客户共 5000 余万元授信额度，有效缓解了出版企业供应商融资难、融资贵等问题。目前，项目制方式已经普及到省内多个行业协会。

第二节　整体规模偏小，融合力度不大

从文化产业的发展和金融资本的有效对接状况来看，湖南文化产业特别是传统文化产业的集中度较高，企业整体规模较小，且资产多以无形资产为主，缺少有形抵押产品的担保体系。且该类资产评估难，银行信贷规模受到很大的限制。基于传统商业银行的发展条件和模式，很难改变湖南省文化产业的融资难问题。尽管湖南省在不断加强文化产业发

展的金融支持基础，但制约文化产业发展的瓶颈问题并没有得到解决。

一 政策支撑不足，融合发展缺乏拉力

相较于文化创意产业增加值在 GDP 中所占比重及其发展增速而言，湖南文化产业的金融支持力度不够，产业发展的资金供需矛盾突出，文化产业与金融的融合发展拉力不足。

（一）金融支持总量和结构欠佳

2011—2015 年湖南省 GDP 年均增幅达 10.5%，高于全国年均增幅 2.7 个百分点，而湖南省文化和创意产业增加值年均增长 15.6%，高出同期经济现价增长速度 3.1 个百分点①。"十二五"期间，长沙市 GDP 平均增速为 12.0%，而长沙市文化创意产业增加值的平均增长速度保持在 15% 以上，高于 GDP 平均增速 3 个百分点。因而金融支持总量无论规模还是增速都不能匹配文化创意产业的发展规模和速度。

首先，从财政资金的支持上看，湖南省 2016 年全年一般预算支出中用于文化体育与传媒 27.6 亿元，仅占全部公共财政预算支出的 1%。省会长沙 2014 年全年一般预算支出中用于文化体育与传媒 11.1 亿元，占全部公共财政预算支出的 1.39%，较上年回落 0.07 个百分点。与中部六省省会城市相比，全市文化体育与传媒支出占公共财政预算支出的比重仅高于合肥和南昌，分别比郑州、太原和武汉（2013 年数据）低 0.16、0.43 和 0.43 个百分点；与其他先进城市相比，分别比西安、深圳、杭州（2013 年数据）和北京（2013 年数据）低 0.57、1.22、1.22 和 2.32 个百分点②。由此看来，长沙市财政资金对文化创意产业发展的支持力度还是太小，且有放缓趋势。

其次，从文化创意产业的金融支持结构上看，金融支持的领域主要集中在现代传媒、广播电视、出版发行等传统文化领域，而文娱演艺、数字媒体和出版、动漫游戏和影视等新兴业态急切需要资金却得不到满足。据初步调查数据显示，湖南文化创意产业贷款总额的 80% 左右集中在广播影视为核心的传统文化创意产业内。而金融支持的对象则集中在大型企业集团，"垒大户"现象比较严重，而对于支持新型文化创意

① 湖南省文化厅文化产业处：《湖南"十二五"文化和创意产业发展情况分析》，2016 年 10 月，湖南省文化厅网站。

② 长沙统计信息网：《长沙文化产业发展报告》，2015 年 11 月。

产业小微企业则普遍较为谨慎，贷款满足率较低。由于文化创意企业自身的特点，能够符合传统信贷政策的企业占少数，而符合条件的企业又面临贷款手续复杂、审批时间较长、成本较高等问题。

最后，金融支持方式单一。从湖南省文化创意产业的融资结构看，融资方式单一，多元化投融资机制尚未健全。除了政府投资，其余资金来源高度依赖于银行的信贷投放，间接融资占总融资比例较高，直接融资渠道狭窄，未充分发挥资本市场的作用。在直接融资方面，截至2016年年底，湖南省共有5家上市文化企业，占境内上市文化企业总数的14.3%左右。以湖南省4家上市的文化企业（2000年上市的电广传媒）、2008年上市的拓维信息为例，2010年上市的天舟文化和中南传媒，当时4家文化企业首次公开发行募股筹资总额分别为4.59亿元、3.074亿元、4.1572亿元和42.4268亿元，其中天舟文化在2013年连续两次增资扩股，融资额分别为2.5亿元和8.918亿元；电广传媒在2012年和2013年两次增资扩股，筹资额为14.106亿元和52.972亿元。直接融资手段都是股票融资，4家上市企业都没有进行债券融资。再从这4家上市文化企业近几年披露的财务报表来看，2009—2012年，4家企业从金融机构借款取得的现金分别为电广传媒92.6533亿元、拓维信息3.1亿元、天舟文化0元和中南传媒9.075亿元，间接融资比例较大①。那么，湖南省除了这几家上市的文化企业的其他文化创意企业，没有股权融资，而且发行债券受规模、资质、连续利润等发债条件限制，靠债券融资方式获得资金来源的难度更大。因此，湖南省整个文化创意产业的资金来源结构较为单一：整体股权融资低，债券融资也低，剩下的绝大部分均为银行融资。

（二）政府投入占比较高，民间资本少

文化产业从根本上说是一种经济活动，市场在配置文化产业资源过程中存在一定的盲目性和滞后性，因此要加强政府对文化市场的干预力度。湖南文化产业多以中小企业为主，整体发展规模较小，发债和上市融资的难度较大。而且其资产多数以知识产权、名誉、声望等无形资产为主，固定资产较少，该类资产评估难，银行信贷规模同样受到很大限制。加上湖南省人口总量大，财政底子薄弱，尽管"十二五"以来，

---

① 电广传媒、拓维信息、天舟文化、中南传媒企业对外公布信息。

湖南省各级政府加大了对文化产业的资金投入，特别是近几年来，强力推进"文化强省"建设，但从各种数据来看，政府对建设的公共文化产业以及大中型文化产业投入仍然较低。

另外，湖南省地方政府在推动国有文化企业改革、重组方面，多以行政手段为主，较大的干预文化企业的经营和改革，长此以往，严重阻碍了湖南文化产业的发展，使文化企业脱离市场造成垄断。我国的文化资源被高度垄断，政府直接或间接掌握大部分文化资源。垄断会造成效用的损失和效率的低下。政府把持文化资源，导致国有文化企业难以真正摆脱传统体制束缚，政企不分，经营机制僵化，制度不健全，产权不清晰，文化企业只要能参与到该类高度垄断性资源的运作中，自然会受到政府的扶持，即该企业仅向政府服务就能够保证其生存，企业过度依赖政府，制约了企业融资，其经营水平自然低下。而金融在支持文化产业发展方面，都是以文化资源和企业的质量和项目发展前景为参考对象，经营效率低的文化企业自然成不了金融企业支持和发展的对象。改革方向的不明确也一度造成长沙市文化产业发展的举步维艰。

文化产业具有周期长、见效慢等特点，文化产业的投入和产出具有一定的时间差。这与湖南各区县追求经济增长目标的需求相矛盾。为了迎合湖南省提出的"文化强省"发展战略，各区县纷纷招商引资，在不了解当地文化资源的情况下发展文化产业，缺乏实际可操作性。在这种情况下，各地金融机构也对文化产业的投融资失去信心。

（三）税收支持政策力度不够

第一，税收负担仍然较重。例如我国目前出版行业所涉及的图书销售的增值税税率，其相较于文化产业比较发达的国家而言，中国13%的图书销售增值税的税率明显高于其他国家。而且，鉴于文化产品具有特殊性，对于图书、影视、音乐制品常被退回的特殊性，没有能给予应有的重视，这些导致文化企业发生较为常见的缴税再退税现象。这也导致文化企业的部分周转资金被税收支出部分长期或者暂时占用，加重了文化企业现有资金的流动性压力。

第二，重复征税的现象还比较明显。当前，中国对于在境内所销售的文化产品，一律征收增值税。然而，文化产业及其产品在很大程度上依靠知识开发和智力创意，文化资产大多表现为知识产权、人力资源和品牌价值这些无形资产。在这些文化无形资产的开发及交易过程中，智力投资占了文化产品成本比例相当高，但这些智力投资，企业在申报税收收入时并不能申请对其抵扣。如出版业中的版权购买支出成本及作者稿费、广告业中的广告筹划创意成本、影视节目制作业中的剧本制作和创作成本、艺术品市场中的购买艺术品的支出成本、动漫产业中的动漫作品创作及购买的支出成本、演艺表演业中的编剧创作成本、报刊发售业中的刊载稿酬支出成本等等均不能进行增值税进项税额抵扣。

第三，对正在发展中的中小型文化企业税收优惠程度还不够。相对大型企业而言，中小型企业其市场适应能力比较强、经营机制相对灵活、一般极具创新精神等特点。在解决就业问题、维护社会稳定等方面发挥着不可缺少的作用。在目前的文化市场中，许多富有生机、表现出很强市场活力的文化企业都是以小型企业纳税人的身份出现的，而他们也一般被认定为小规模纳税人。这种企业身份使得它们在购进固定资产时，无法享受"增值税转型"所带来的税收实惠，造成中小型文化企业税负更重。

第四，缺少促进高端文化产业发展的税收政策。湖南目前尚比较缺乏体现不同行业针对性的税收政策优惠。特别是在数字技术、会展、动漫以及新媒体等目前前景较好的文化产业，税收优惠政策明显缺失，这将影响湖南高端文化产业的有效发展及湖南文化产业的国际化发展。

二　文化产业资本价值不确定，融合发展缺少动力

首先，中小企业占文化创意产业中的主体，规模小，信用缺失。文化创意产业的大企业在融资方面相对于中小企业具有明显优势，但是，大企业在文化创意产业中占比极少，市场中的主体是融资条件先天不足的中小企业。这些中小企业资产规模小，产权结构不清晰，管理方式落后，信用缺失，有关文化企业的信用信息很难在市场上获取，信用风险较大，其有形资产大多采取租借形式，固定资产比重很小，无法以有效的有形资产作抵押向银行申请贷款。而金融业传统的信贷模式要求文化企业申请方能够提供抵消金融风险的固定资产等有形资产作为抵押，这在很大程度上限制了银行金融机构的信贷投放力度。加上财务制度不健全，现代化企业改革不深入等，使得银行很难对这些文化企业进行有效的监督。虽然湖南和全国其他各地一样成立了文化创意产业发展专项资金，但多数的文化创意产业发展资金投向了国有企业，这使得缺乏资金但又有发展前景的中小企业或民营企业错失良机，失去做大产业、发展

成为大型文化创意企业的最佳机会。

其次，缺乏有效的文化创意产品的价值评估体系。文化产业的核心生产要素和市场价值是商标、著作权、核心技术等无形资产。由于缺乏统一的价值认识，我国目前还无法形成一套客观有效的价值评估体系，在产品投放市场以前，难以客观公正评估其价值。同时，银行等金融机构对有关文化产业的无形资产进行的评估，手续烦琐，评估难，有关文化产业市场发展尚不健全等特点严重制约了文化产业在金融市场的有效融资。

再次，文化产业政策风险大，市场不确定性强。在我国，出版传媒业曾被认为是传播意识形态的工具，行业的政策性壁垒严密，准入限制异常严格。改革开放以来，随着产业性质定位的转变，国家政策环境也在逐渐向适应世界经济和我国经济特色的方向调整。但是，目前我国出版、传媒产业运作的法制环境仍待规范，一大批靠行政手段组建的集团更像是一个事业单位，行政等微妙的非市场因素在影响而且还将继续影响这类企业的经营战略。文化创意产业不仅受政策管制较严，而且其盈利能力受作品风格、流派、审美观、价值观、受众偏好等复杂因素共同决定，销售收入的波动性较大。银行等金融机构因为信息不对称、未来收益难以预期、投资风险大等一系列问题。出现"惧贷""惜贷"的现象，造成地方文化产业的发展困难。

三 金融支撑不强，融合发展缺少推力

与金融发达地区如北京、上海等地相比较，湖南金融机构种类偏少，且集中分布在银行业金融机构，而证券公司、期货公司、基金公司、保险公司数量占比较低。受经济总量和金融环境影响，地方性法人金融机构发展也欠发达。湖南金融面临着全国性金融机构在湘分支机构发展势头迅猛和本地区域金融机构发展相对滞后的矛盾。

（一）金融业态滞后

据统计（如表3-1），2012年，湖南省银行业金融机构（大型商业银行、政策性银行、股份制商业银行、小型农村金融机构、新型农村金融机构、邮政储蓄银行、外资银行等）个数为9164家，其中包括2家地方性法人机构的城市商业银行；7家证券类（证券、基金和期货公司）机构和44家保险类分支机构。多层级的金融机构发展规模不均衡。与发达省份广东省比较而言，在金融机构的数量、规模还有层级类别上

相距甚远：2012 年广东省银行类金融机构总数为 15762 家，高出湖南省近 6600 家，其中湖南省的股份制商业银行机构数不到广东省的 1/8，外资银行机构数量不到广东省的 1/45；另外还有 67 家证券类（证券、基金和期货公司）机构和 82 家保险类分支机构。与同属中部地区的河南省和湖北省相比较，在机构数量相当的情况下，层级类别发展较均衡，同时城市商业银行、新型农村金融机构包括村镇银行、贷款公司和农村资金互助社三类机构以及保险公司分支机构数量略优于湖南省。

表 3－1　　　　　　　2012 年各省市主要金融机构数量　　　　　单位：家

	湖南省	北京市	上海市	广东省	湖北省	河南省
银行类机构	9164	3775	3561	15762	7035	11948
证券类机构	7	53	87	67	4	4
保险类机构	44	91	79	82	62	58

资料来源：罗双双：《湖南省文化创意产业的金融支持研究》，硕士学位论文，湖南大学，2014 年，第 27 页。

金融服务体系构建离不开各类金融机构的蓬勃发展。现代金融业的发展使得金融市场业务被细分从而日益呈现多样化的金融机构，其提供不同金融产品和服务发挥的不同的金融功能因而形成特定的金融业态。实践层面上，主要的金融业态包括银行、证券、保险、信托租赁以及其他"类金融"金融机构。从数据可看出湖南省金融业态发展不均衡：小型农村金融机构占全部金融机构的 44.28% 之多，大型商业银行和邮政储蓄银行机构数占比也高于 20%，相较于其他金融业态高出很大一部分比例。非银行类金融机构发展规模不够。金融机构体系的不健全，必然导致金融供给无法满足多层次的文化金融需求。

（二）金融服务不完善

金融体系的完善是需要一定的时间去探索，我们的金融企业支持文化产业发展除去创造利益外，很大一部分是受政府政策的引导。商业银行作为经营货币的企业，商业银行在创造价值之前首先要控制风险。从理论上说，合理的风险评估和信贷需求方提供合格的抵押品或者有效的担保是银行发放贷款的前提。而我们的相关评估和担保机构等职能发挥不够、机制不健全，导致银行资金投入的风险性。

第一，从观念意识分析，金融部门对文化产业的支持主要是受政府政策引导，在对文化产业的产品特征和营运特点还不熟悉的情况下所表现的热情，难免有迎合政策需要的成分，这直接导致针对服务不足的改善工作缺少力度和深度，一些根本性的问题得不到解决。

第二，配套设施及中介服务等部门发展缓慢，职能发挥不够。担保机构的风险分担机制不健全，严重制约文化产业信用贷款；知识产权法律保护不够造成无形资产流转方面作用发挥受限，此外银行作为规模最大的金融机构，受分业经营的法律限制，不能同保险、证券、评估等部门形成有效合力，无法激发金融机构内在创新动力。

（三）商业金融机构信贷投放不足

从商业性金融机构对文化创意产业的信贷投放量来看，2011—2013年，全省文化创意产业贷款分别为30.13亿元、59.99亿元和70.34亿元，分别占同期贷款总量的0.2238%、0.3834%和0.3877%，远低于文化创意产业增加值在湖南省生产总值的比重5.2%、5.2%和5.3%。如果用每单位增加值所配比的贷款额来比较的话，湖南省2010—2012年，每单位GDP配比贷款余额（贷款余额/GDP）分别为68.56%、70.63%和74.04%，而每单位文化创意产业增加值配比贷款余额（文化创意产业贷款余额/文化创意产业增加值）分别只有0.22%、0.38%和0.39%[①]，数据表明，相对于文化创意产业对经济增长的贡献而言，商业性金融机构对文化创意产业的信贷投放严重不足，对文化创意产业的贡献度非常小。

第三节　加快平台创新，健全投融资体系

湖南省文化产业与金融业的融合发展要在结合自身实际的基础上，加大融资步伐，创新文化体制，其主要推动经营性文化产业的发展。借鉴国内外文化产业发展的先进经验，结合湖南省自身实际的情况，湖南省文化产业的发展应在"文化＋金融"融合发展模式下，通过宏观的

---

① 罗双双：《湖南省文化创意产业的金融支持研究》，硕士学位论文，湖南大学，2014年，第28—29页。

政策指引和微观的金融服务，按照市场化条件参与市场融资。从政府、金融机构、文化产业自身等各个方面加以完善，不断提高文化产业发展的金融支持体系。

一　强化扶持力度，集成产业支持政策

金融支持不足是湖南省中小企业和民营企业面临的主要问题。文化、财政、税务、社保等政府部门应根据实际需要，不断贯彻落实有利于金融支持文化创意产业发展的协调配套体系，并有针对性地研究、制定更具深度、广度、力度、宽度和可操作性的配套政策措施，切实解决文化强国过程中文化创意产业面临的政策瓶颈，要加强规划，通过货币政策如利率优惠、信贷配给等手段，财政政策如税收优惠、资金补贴等手段来推动文化创意产业的发展和升级。

（一）提高金融支持文化产业的投入比例

目前，湖南省文化产业的发展正由主要依靠政府财政投入到依靠市场融通资金方向发展。尽管如此，也要确保文化产业财政投入的逐年增长，注重发挥财政资金的杠杆作用，通过贷款贴息、项目补贴、补充资本金等方式，对符合产业发展规划、具有龙头带动作用的文化企业或项目给予大力支持；对新增文化产业贷款或担保代偿损失给予补偿，鼓励金融机构增加对文化产业的贷款投入；另外，要进一步突出财政预算的投入重点，加大对文化集聚区的资金投入，并通过文化基础设施和公共服务平台建设，形成文化产业发展的规模效应。在财政专项资金的使用上，有关部门要统筹规划，明确投资方向，避免重复建设，以发挥财政专项资金的最大效用。

（二）建立健全相关体制和制度

为了进一步支持和配合金融支持文化产业发展的要求，在湖南省委省政府的领导下，建立包括绩效考核制度、文化产业统计制度、文化资产管理制度等各项相关制度，全面提高和完善文化体制改革和文化产业发展的考核体制。另外，全面提升文化产业投融资的中介服务功能。建立文化产业融资担保制，明确相关抵质押登记机关及操作程序，完善相关制度和流程。成立专门知识产权专利评估机构，为银行信贷、无形资产入股、转让等提供专业咨询；建立有效的市场准入机制，培育多元化的市场主体。多年来，湖南省文化产业发展的投资主体较为单一，这就导致投资资金较少，投资意愿受到限制等一系列问题，建立多元化的市场主体，就能从根本上解决文化产业发展的金融支持不足问题，要培育多元化的市场主体就要建立有效的市场准入机制，这就为民间资本进入文化产业敞开了大门。

（三）深化文化体制改革

湖南省文化产业的整体规模不大，大多以中小企业为主，这主要是受传统观念和体制的制约。发展湖南省文化产业最大的障碍就是解除原有体制的束缚，让政府在发展湖南省文化产业发展方面承担起间接性的引导作用。让文化产业在开放的金融市场条件下接受全面的调查和评估。"有调查才有发言权"，让文化产业适应真正的市场经济体制。鼓励文化企业到金融市场进行融资，树立文化的品牌价值进而参与湖南省文化产业的建设。因此加快推进湖南省文化产业管理体制改革进程，引导文化企业建立和完善现代企业和财务制度，有利于湖南省文化企业整合文化资源，推动企业兼并重组，规划和建设一批有规模、有竞争力、有特色的文化产业基地。

二　创新信贷产品，加强金融服务

湖南省文化产业发展的资金主要来源于银行的信贷，其融资方式较为单一。所以湖南省地方文化产业应在结合自身实际发展的情况下，优化服务体系，创新金融产品。除了银行方面开发多种渠道进行融资外，湖南省文化企业应在证券、保险、基金等方面加以开发和创新，满足文化企业发展的多元化融资需求。

（一）积极开发适合文化产业特点的信贷产品

对于处于产业市场中的中小型的文化企业，要进一步探究适应的文化项目及文化产业的多品种的贷款产品，要鼓励银行探究联保、联贷等有效方式来提供金融支持。要支持商业银行，信贷银团贷款，贷款给企业和大型文化项目提供更多的支持。为了减轻个别金融机构的信贷风险，探索银行贷款的风险分担机制，积极开展对文化企业上游和下游企业资金供应链融资，鼓励企业运用并购、换股等金融手段进行有效融资，来促进文化企业整个产业链的整合。通过建立文化企业无形资产的价值评估体系，来为银行评估处理文化企业的文化类的无形资产提供制度层面上的保障。

①银行方面：改变授信方式，严格控制风险。各地方银行应根据湖南省应有的文化产业特点，开发出一批多层次、多元化的文化产品。并

根据文化企业的需求选择不同的贷款模式。例如，对不同的文化企业可用质押贷款、银团贷款和担保贷款等。严格贷款审批程序，走规范化流程。并对文化产业贷款五级分类，定期跟踪调查，做好文化产品的信用评估。在金融服务方面，可设置金融服务中心，对有特色的文化产业设置咨询、分析、评估、理财等金融服务。

②证券方面：湖南省文化产业发展自有资金较少，因此要加大在资本市场的融资。推动文化企业在证券市场上的债券市场融资和企业上市融资，使湖南省文化市场更好地"走出去"，充分利用好国际国内"两种资源"，"两种市场"，积极探索多样化的融资方式。充分利用创业板市场对中小企业的积极推动作用，放宽企业的市场准入原则。

③保险机构方面：创新保险业务品种，推动业务创新，并注重与其他金融机的合作，针对不同文化产业、文化市场开发不同保险品种。如推行信用担保制度和担保保险，提高保险在湖南省文化产业的渗透率和覆盖率。

④基金方面：为了从根本上解决文化市场和金融市场上的信息不对称问题，湖南省文化企业应努力推进改革，建立现代企业制度，改善治理结构，降低设定门槛，广泛利用社会闲散资金。例如，2015 年，湖南省在财政部门引导下，创立湖南文化旅游产业投资基金。成为撬动湖南省文化旅游产业腾飞的杠杆。中南传媒于 2015 年出资 4.5 亿元成立文化产业投资基金泊富基鑫公司。该基金公司重点投资于与中南传媒经营业务有协同效应的领域，主要涵盖数字媒体产业链，出版发行产业链，影视、音乐、动漫等内容产业链，文体教育产业链，新媒体产业链等。拟经营的范围将包括创业投资，资产及受托资产管理，投资管理，投资策划与咨询、重组策划与咨询等。

（二）加强和改进对文化产业的金融服务

一是建立业务考评体系以及科学的信用评级制度。各金融机构在设计内部评级指标体系、评级模型和计分标准，确定内部评级要素的过程中，需要充分考虑文化企业的个性特征，建立起科学合理的信用评级、评分机制。不断改进和完善业务考评方法和程序，建立专门针对文化企业融资服务的考评制度。把强化信贷风险管理与促进文化企业发展结合起来，建立良好的激励机制。通过详细的外部评级报告，建立起金融机构内外部评级相结合的评级体系。对中小文化企业的贷款项目，在落实工作责任和考核整体质量及综合回报的基础上，根据实际情况和有关规定追究或免除有关责任人的相应责任。

二是建立可靠的贷款利率定价机制，科学确定贷款利率及期限。金融机构应根据风险可控、商业可持续等原则，依据不同类型文化企业的具体情况，建立更为灵活的符合监管要求、有差别化的定价机制。针对部分文化产业项目周期特点及风险特征，银行等金融机构可以根据其周期性的资金需求及现金流分布状况，合理地确定对其贷款的期限。而对于列入国家规划的重点文化产业项目，金融机构在有效防范风险的基础上可适当延长贷款期限。

三是逐步提高对文化企业的金融服务水平。鼓励金融机构建立专门的专家团队和服务部门，向文化企业提供有针对性的优质的金融服务。针对政府重点扶持的文化项目和文化企业，要简化贷款审批流程，提高贷款审批效率。在达到银行授信客户准入标准的基础上，可以通过举办培训，对接受培训的企业予以信贷支持。银行金融机构与非银行金融机构可以通过加强合作，协调利用多品种的金融业务和产品，制定信托、信贷、基金、债券、保险等多种产品相结合的一揽子金融服务，做好文化企业从孵化期到成熟期各个发展阶段的融资方式衔接。

四是积极开发文化消费信贷产品，为文化消费提供便利的支付结算服务。各金融机构应积极培育文化产业消费信贷市场，通过消费信贷产品创新，不断满足文化产业多层次信贷消费的需求。建议通过制定分期付款的消费信贷产品，扩大对艺术品和工艺品、演艺娱乐、数字产品、会展旅游、动漫游戏、电子出版物、图书、报刊、音像制品、网络出版、印刷、数字出版等产品的发行与服务，增加对高清电视、移动多媒体广播电视、付费广播电视、电影产品等消费型信贷需求的投放。强化网上银行业务推广，提高软件、网络及计算机服务，设计服务和休闲娱乐等行业的网络支付应用水平。进一步发挥人民银行支付清算和征信系统的作用，加快完善银行卡刷卡环境，推动文化娱乐、广播影视、新闻出版、旅游广告、艺术品交易等行业的刷卡消费，促进文化市场的繁荣发展。

五是继续完善文化企业外汇管理，提高文化产业贸易投资便利程度。便利文化企业的跨境投资，满足文化企业对外贸易、跨境融资和投资等合理用汇需求，提高外汇管理效率，简化优化外汇管理业务流程，促进文化企业提高外汇资金使用效率，降低财务成本，提高中国文化企业核心竞争力。

三　创新融资模式，构建多元化融资平台

作为文化创意产业金融支持的大头和未来的必然发展趋势，商业性金融支持对文化创意产业的发展起着无可替代的关键性作用。由产业生命周期理论，任何产业发展的任何一个阶段都离不开商业性金融支持，只是支持的方式和手段有所区别。结合湖南省的文化资源特点，构建健康的商业性金融体，首先要强化已有的商业银行金融支持，在此基础上与政策性金融联合共建多元化融资渠道体系。

（一）创新银行版权质押融资模式

目前商业银行支持文化创意产业的版权质押融资模式，基本上是版权质押配合法人代表的个人无限连带责任共同担保的融资模式，即商业银行与评估机构、法律咨询机构等合作，以贷款企业合法有效的版权进行质押作为主要担保方式，另外追加法人代表个人的无限连带责任作补充担保。然而这种普遍的融资模式建立在文化和创意企业或者项目具有高成长和高收益率的基础之上。因此，湖南商业银行可以在结合本土实际情况，设计更适合当地的版权质押融资模式。在构建好政策性金融支持的组织体系基础上，筹建湖南省文化创意产业领导小组，小组成员有文化创意产业领导小组办公室、贷款企业、评估机构、信托担保机构和商业银行为模式的五大主体。由领导小组办公室成立文化创意产业发展专项基金，委托给其直属机构文化创意产业促进中心运作，专项基金委托信托机构运作，用于文化和创意企业的贷款担保资金。

运作时，首先，文化创意企业进行版权质押融资时，以合法有效的版权向信托担保机构申请借款担保。其次，信托担保机构自收到申请后，将委托专业的评估机构对提交的版权进行法律方面和价值方面的评估。也就是说，专业的评估机构从所有权的归属状态和产权的收益性、风险性等综合价值两方面提供评估报告并承担法律责任。再次，信托担保机构依据此评估报告自行作出是否提供有偿质押担保服务的决策，同时依据评估结果对质押担保服务进行定价。最后，商业银行认可信托担保机构的担保，向申请贷款企业放款，同时信托担保机构对贷款企业或者贷款项目进行监督检查，以降低商业银行的贷款风险。

（二）构建多元化融资平台

文化产业投资涉及的面非常宽泛，既涉及对文化产业的高新技术的开发，又有对公共文化基础设施的建设；既有对文化产业人才的培养，也有对经营性文化项目的建设，因此包括政府投资、企业投资、私人投资等在内的不同的利益主体，出于对投资回报率的考虑，所倾向的投资重点也不一而同。基于这一点，湖南省对文化创意产业的金融支持要不断积极探索新的多样化的融资渠道。如创新设立文化信用征信中心、版权价值评估中心、版权资产托管中心、文化信用担保公司、版权权益投资基金、文化小额贷款公司等一系列增值增信服务平台，进一步支持文化金融创新，为更广大的文化创意企业接受金融服务创造条件。由于产业有生命周期，文化和创意产业发展的不同时期，金融支持的方式侧重点有所区别，为了弥补商业银行的金融支持的局限性，打造服务于不同发展阶段的文化创意企业的三大平台，利用平台的信息对称优势和渠道优势，加强对文化创意产业的金融支持。因此，湖南省发展商业性金融对文化创意产业的支持方式不能仅局限于商业银行的放贷，应该积极拓展多元化的融资渠道，使得不同资产规模或不同发展阶段的文化创意企业的融资需求都能得到满足。

一是打造线上线下债券交易平台，适用于处于成长期的文化创意企业。平台通过发布个人债权和企业债权的信息，实现文化创意企业如银行借贷、非银行金融机构如小额贷款公司贷款、发行债券等多种方式的债权融资。符合条件的文化企业可通过发行企业债、集合债和公司债等方式融资。同时该债权交易平台也是债权的交易转让和不良资产处置平台。

二是打造线上线下版权交易平台，让无形资产拥有可衡量的价值。对于任何一个中小文化创意企业，共同特点是轻资产重无形的版权资产，因而不论处于哪种生命阶段的文化创意企业，任何融资渠道都依赖版权价值的实现，而版权价值的形成和流转则是通过版权交易平台实现的。版权交易平台以聚集全版权产业资源，构建涵盖文学艺术、广播音乐影视、设计、动漫游戏、广告、软件等版权产业全领域的版权交易服务，为版权持有方和版权需求方搭建一个公开化专业化的版权交易平台，首先，进行版权登记和评估鉴定，实现版权价值。其次，汇聚交易各方，促进版权的交易流通和转让。使版权买卖双方在专业机构充分参与的情况下，实现信息对称、充分竞价、诚信、法律保障的公开市场买卖。最后，一旦企业经营不利，版权持有者可通过交易平台将其处置变现，充分盘活版权的经济价值。这样一个版权交易平台可以深度挖掘版权价值，形成版权的多种形式转换，使版权人获得经济与社会价值的最大化。

三是打造线上线下的股权交易平台。在产业生命周期理论中，股权融资方式适用于成熟期的企业。一方面，该平台可以通过专业化服务，实现成熟期的文化创意企业，实现主板上市、创业板上市、新三板上市和中小企业板股权转让、私募股权融资以及引进战略投资者等方式的股权融资。已上市的文化企业还可通过公开增发、定向增发等再融资方式进行并购和重组。另一方面，湖南省打造这样一个区域性的地方股权交易平台，要更多针对非上市的文化创意企业，通过发布企业融资需求信息，无论是自然人还是法人，都可以对出让的股权进行投资。平台引导风险投资基金、私募股权基金等风险偏好型投资者积极进入处于初创阶段、市场前景广阔的新兴文化业态。如此一来，该股权交易平台同样涵盖了初创期、成长期、成熟期的文化创意企业。

四是促进保险机构联合任何交易平台推出相关的交易安全、确权责任等保证产品，根据平台交易产品的特点不断开发适合的保险产品，建立文化金融产品的风险补偿机制，实现多方共赢。

五是信托担保公司从信用评级、风险分散层面，优化文化金融创新。通过信托担保机构开发专业的适合评价中小型文化创意企业的经营情况、市场资信以及财务状况等的信用评级体系，针对不同信用等级实行差别化的信托担保费用，从而加大对文化创意企业的融资担保。如文化创意企业将版权信托给信托公司，后者将版权质押协助贷款。若放贷资金出现问题，信托公司对信托资产有全权处置权，如此一来既降低了银行的风险，也降低了企业贷款的门槛。

六是湖南省文化创意产业发展基金对开发保险机构的保险产品以及信托担保机构的担保行为设置一个再担保。国内现阶段的政策性产业发展基金基本上以两种方式运作，一种是直接作奖励资助、贷款贴息以及担保补贴资金，另一种则是上一节介绍的作金融机构支持文化创意企业发展的担保资金。随着多样化融资渠道的发展，政府设置的政策性的文化创意产业发展基金应该"退居二线"，通过再担保发挥其资金杠杆作用，如此一来，不仅能够进一步推动发展商业性金融机构支持文化创意产业发展的积极性，引导和带动多元化融资渠道的资金，而且也能避免政府在市场经济上的过多干预。综合上述设想，打造湖南省文化创意产业科学合理、系统完善的多融资渠道体系，需要通过不同交易平台开发围绕版权交易的投融资工具和融资产品。通过平台的建设，连接文化创意企业这个资金需求方与商业银行、非银行金融机构以及个人投资者等资金持有方，引进其他如评估、法律、拍卖等机构，为文化创意企业或项目提供金融支持，实现文化与金融的无缝对接，为金融扶持文化创意产业发展起到了非常重要的作用。

第四章 文化强省战略下湖南文化与科技 协同创新与融合发展研究

推进文化强省建设要把运用高新技术作为提高文化创新能力和传播能力的新引擎，加快推进文化和科技的融合，提高文化企业装备水平和文化产品的科技含量，增强文化产品的艺术感染力，培育新的文化业态；建立健全以企业为主体、市场为导向、产学研相结合的文化创新体系，掌握一批具有自主知识产权的核心技术和关键共性技术，为文化发展提供有力的技术支撑和创新动力。推广芜湖方特的经验，以省内已具有一定基础的文化产业园区为依托，打造一批有示范作用和国际影响力的文化创意企业集群和文化科技业态，优先发展动漫、网络游戏、网络视听、数字出版、移动互联网、下一代互联网和电子商务等产业集群，推进影视、高清电视、文化装备制造等新兴产业发展。培育一批具有引领作用的龙头企业，推进网络视听、游戏等领域建设企业联盟，形成以龙头企业为核心的产学研合作体系，提升文化发展创造力。

党的十八大报告提出的"促进文化和科技融合，发展新型文化业态，提高文化产业规模化、集约化、专业化水平"，文化产业与科技融合，主要的途径就是通过在文化产业领域注入科技元素，为文化腾飞插上科技的翅膀。推进科技与文化的融合，建立科技文化协调创新体系是加快"要素驱动"向"创新驱动"转变的必然要求，与湖南打造文化强省宏伟愿景相一致。湖南文化产业近年来着力科技与文化的融合，加快推进新型文化产业发展，促进动漫、游戏、数字文化服务等新型文化业态发展，不断提升新型文化业态的比重；通过发挥科技项目的支撑引领作用，依托各大工业园区和示范基地，引进了一批知名文化科技企业签约入湘，建设了一批高端创意设计融合平台，提高了文化生产和传播的科技装备水平，提升了文化产品和服务的"科技含量"。

第一节 科技与文化融合的步伐持续加大

在信息社会，科技创新与文化产业的双向推动已经汇合成一股强大的历史洪流，推动文化产业螺旋式上升。随着世界多极化、经济全球化进程的加快和科学技术的飞速发展，文化产业已成为当今知识经济的重要组成部分，在经济增长中发挥着极其重要的作用。科学技术为文化产业发展提供了强大的技术支撑，为其开拓了无限空间，使得文化产品的制作方式、传播渠道、经营模式等和人们的娱乐方式发生了巨大的变化。文化与科技产业一样，都是需要技术和创意的聚集，产业园区就有这样的优势，能够将产业要素有效地融合在一定的区域，形成完整的产业链，打造成优势产业集群，因此，产业园区是文化与科技两大产业融合优良港口。依托各大产业园区，湖南科技文化产业的发展出现了质的飞跃（见表 4－1）。目前，湖南省共有国家级文化产业园区和基地 13家，省级示范基地和重点园区 13 家，市级示范基地和重点园区 14 家。已建立 2 个动漫基地，分别为国家数字媒体技术产业化基地、湖南国家动漫游戏产业振兴基地。建成文化创意产业集群发展的"六基地"，即麓谷动漫产业基地、湘绣产业基地、长沙黄花印刷科技产业基地、浏阳河旅游文化产业基地、雨花创意产业基地、长沙晚报网络科技基地。其中长沙天心文化产业园为中部唯一的国家级文化产业示范园区，中南国家数字出版基地为继上海、重庆和杭州之后的第四个国家级数字出版基地，长沙天心广告创意产业园为首批"国家广告产业园区"。一个个园区、基地形成一个个项目聚集洼地，一个个文化产业项目在此落地生根，开出创新之花，结出创意之果。如今，长沙市已成为国家级文化和科技融合示范基地，基地建设立足长沙，辐射株洲、湘潭、益阳、衡阳、岳阳五市，促进全省文化科技的不断融合，推动文化与科技融合事业发展。

一 动漫产业持续发力，推动与科技融合

放眼全球，动漫是文化与科技融合最为广泛的载体之一。建立在网络数字技术基础上的现代动漫产业，涉及移动内容、互联网、游戏、动画影视、影音、数字出版和数字化教育培训等多个领域。在文化科技的产业链条中，动漫成为创造性最强、对高科技的依存度最高、对日常生

活渗透最直接、对相关产业带动最广、增长最快、发展潜力最大的部分。经过多年的发展，动漫不仅仅只是电视荧屏上那些可爱的动画形象，更逐步融入到人们的日常生活之中。这种融合不是简单的科学技术的应用，而是与改变人类历史的科技一样，动漫产业以及形成的文化影响力，是可以触摸，可以感知，可以潜移默化地影响和改变普通民众的生活观念、生活方式，乃至去引导人们的生活。湖南动漫产业也同样影响着湖南乃至全国的百姓生活，曾几何时，一个个鲜活的动漫形象在人们生活中出现，动漫节目输出的价值观也实实在在地影响了一代人的成长之路。可以说，湖南的动漫产业起点高，很早就形成全国影响力，是文化与科技融合的先头兵。

表4－1　　　《湖南省"十三五"科技创新规划》五大科技与
文化产业融合发展领域①

发挥湖湘文化特色、挖掘湖湘文化精髓，促进文化创意和科技融合，研发智能虚拟环境、智能感知、数字内容生成方向等关键技术，加强非物质文化遗产数字化保护，建设主题型科技与文化融合科技示范工程和民间文化传承与发展协同创新中心，发展新型文化业态，实现文化与旅游产业提质发展。	
数字媒体	研发广播影视、移动多媒体、网络新媒体等下一代广播电视网（NGB）关键支撑技术，研发移动阅读、移动社交和移动电子商务服务等技术。
虚拟现实	研发虚拟现实关键智能部件、设备及中间件、软件工具、软件系统，虚拟现实的数字内容生产与制作等技术。建立传统建筑、传统技艺与手工艺制品、民艺民俗文化等分类体系、文化内涵、技术标准等数据库和数字化虚拟展示中心。
数字出版	数字印刷、绿色环保印刷技术、数字版权保护关键技术研发等，建立开放式国家数字教育出版资源库（知识库）。
文化旅游	以物联网、云计算等信息技术集成和应用为中心，建设智慧旅游公共服务平台，提升文化旅游资源保护、旅游大数据分析、人工智能应用技术水平。开展"智慧旅游城市""智慧旅游景区""智慧旅游乡村"等科技示范，实现旅游服务、管理、营销、体验的智能化。
创意设计	建立轨道交通、工程装备、服装服饰、工艺美术、印刷包装、日用陶瓷、烟花等创意设计技术体系。建立产品创新设计、品牌形象设计、智能交互设计、环境艺术设计、展示设计等新型设计服务模式。

———————

① 《湖南省"十三五"科技创新规划》，湖南省人民政府网，2016年12月。

　　湖南动漫产业发展亮点主要体现在园区的聚力效应，国家动漫游戏产业振兴基地于 2006 年由国家文化部等十个部委正式批复和授牌，位于长沙国家高新技术开发区内。聚集动漫游戏、数字媒体、数字内容应用等领域的企业 60 余家，从业人员突破 4 万人。在国家三部委首批认定的 18 家重点动漫企业中，长沙高新区 4 家；在全国第一批认定的 35 个重点动漫产品中，长沙高新区 7 个，占全国总数的 20%，涵盖动画、网络动漫、手机动漫、动漫软件等产业类别。园区产业形态丰富，涵盖动漫设计、原创制作、产品研发、图书出版、移动终端等环节，成功培育"蓝猫""虹猫""山猫"等一批知名动漫企业和动漫品牌。通过近十年的发展，湖南国家动漫游戏产业振兴基地形成以动漫游戏、动漫外包、研发设计、衍生品开发为主体的文化创意产业体系。在湖南动漫产业园区里，产生了中国第一个民族卡通品牌，创作生产数量长期居全国前列，动漫图书制作及蓝猫、虹猫、蓝兔、山猫等动漫衍生品销售额持续增长，基本形成了从动画原创、制作、出版、发行，到衍生产品生产、动画教育等较为完整的动漫产业体系。

　　湖南国家动漫游戏产业振兴基地深耕科技与文化融合的沃土，培育出多种形态的动漫企业，形成了多点开花的动漫产业集群。长沙高新区拥有中国（湖南）动漫公共技术服务平台和中国（湖南）手机动漫公共技术服务平台，面向全区动漫游戏企业提供公益服务。建立微软技术支持中心等四大核心动漫游戏技术研发中心和 16 个应用创新中心，三维动画技术处于国内领先水平。成功构建以"六库十二平台"为核心的公共技术服务平台体系，为动漫企业的研发创新提供有力的技术保障。开发建设创新孵化平台，为动漫企业提供人才、资金、技术、政策、知识产权、创业辅导等全方位孵化服务。基地孵化培育了一批以动漫游戏为主业的文化创意产业领军企业，已聚集动漫游戏企业近 60 家，其中有 10 家动漫游戏企业获得全国首批重点动漫企业认证，占全国总数的 1/10；有 13 部动漫作品成为全国第一批认定的重点动漫产品，占全国总数的 1/5，产品涵盖了动画、网络动漫、手机动漫、动漫软件等不同领域。

　　经过多年的积累与发展，湖南动漫产业形成了明显的产业优势。拓维信息已连续 8 年承办了中国原创手机动漫游戏大赛。该公司从 2011 年开始转型，手机游戏和移动教育成为新增长点。3 年来，该公司已在中国市场代理多款在全球具有超高人气的手游，如《植物大战僵尸2》《捣蛋猪》《画个火柴人》等。2014年7月，拓维信息再推代理发行和自主研发的手游共5款，呈现爆发式增长。在技术方面，湖南动漫率先成功引进和革新电脑动漫技术体系，建立网上技术作业平台和动漫渲染高技术公共引擎，实现了网络大规模生产和分散创作的融合。播出方面，金鹰卡通是全国6家专业卡通卫视之一，覆盖人群近2亿，频道收视率一直保持同行之首。《虹猫蓝兔》杂志发行量达35万份，成为湖南省漫画作品传播的平台。动漫衍生品上也取得了新进展，山猫卡通被文化部等五部委认定为"国家文化企业出口重点企业"，产品出口71个国家和地区，动画节目和衍生产品累计出口创汇超过4500万美元。

基地动漫产业中的品牌总量位居全国第一，为湖南赢得了"动漫湘军"的美誉，成就了"蓝猫"这个中国目前唯一的动漫驰名商标，其"中国（湖南）动漫公共技术服务平台"项目取得良好成效，带动了长沙动漫产业整体发展；拓维信息成为"中国动漫第一股"，连续7年举办影响深远的"中国原创手机动漫游戏大赛"，成为由文化部牵头，工信部、教育部、团中央、湖南省政府、中国移动、中国电信、中国联通等共同主办的国家级赛事。基地涌现了一批数字媒体企业，其中新企业、新品牌不断突起，成为行业领域里新的生力军，湖南锦绣神州文化传媒公司尤为突出，陆续推出了《锦绣神州之奇游迹》第二、三季，《姓氏王国》第一季，该公司以动漫内容为支撑，涵盖动画原创、制作、漫画、游戏、新媒体、动漫消费品的营销全产业链已经形成，预计动漫版权与衍生产品销售额今年将达到1.2亿元。此外，九天星、映山红文化、浩丰文化、三原动漫等一批动漫新秀也快速成长，这些企业创意新、技术强，一方面不断挖掘本土原创动漫题材，另一方面不断拓展动漫衍生产品。其中，九天星以中国传统戏曲内容为原创题材打造了13项戏曲动漫作品，并被教育部纳入中小学生教材内容；映山红文化推出了12款少儿英语动漫教材，市场畅销；还有三原动漫创作的《正义小兔警》以及浩丰文化创作的Q版《后宫甄嬛传》漫画均成为国内优秀的动漫作品。

动漫产业的真正成功，在于其产业链的整体策划、合理布局以及协同调配。同时，动漫产业必须突破单向的产业发展形式，在全产业链环境下整合内容制作、媒介、渠道等多方面资源，把自己创造的动漫形象产品化、实物化，品牌价值才能得到充分延伸，也就是说，从一个"赢利点"拓展到一个"产业链"的收益。通过传媒、娱乐业的广泛传播，通过形象和知识产权方面的使用和授权，让动漫衍生产品和服务覆盖玩具、服装、食品、广告、主题公园等诸多领域，形成一个完整的动漫产业生态系统。据统计，2016年全省动漫游戏总收入超过140亿元（不含影视和互联网收益），比2015年增长21.43%；全省以童书类动漫、卡通图书为主的动漫图书销售达299.5万余册，比上年增长18.4%；全省动漫游戏及相关类知识产权申请数为960项，比上年增长33%。湖南动漫产业以"文化+科技"为基准，成为产业融合的最佳范本。

首先，动漫成为推动科学技术和知识传播的优良载体。湖南永熙动漫科技股份有限公司与中国航天员中心《航天员》杂志运营方在第十二届深圳文博会成功签约。双方以中国航天科技题材为基础，围绕"中国梦、飞天梦、强国梦"主题，打造中国航天动漫第一品牌的动漫艺术作品《星空》；湖南华视坐标传媒动画有限公司紧跟科技前沿，专注VR内容生产，其作品《扩意·中国》荣获"迅雷第二届全景视频大赛"特别奖。除了传播科学知识，动漫也是教育产业所青睐的传播媒介。湖南映山红文化传媒有限公司旗下作品灵犀少儿国际英语和灵犀国际幼儿英语配套动画，寓教于乐，趣益结合，目前是湖南省最大的外语、音乐、教辅专业特色图书批发零售商；湖南银河动漫传媒有限公司连锁教育培训机构"玉骐麟课室"全程植入了玉骐麟IP，打造属于湖南的动漫教育王国；桃果教育科技有限公司专注于研发幼儿园美术教材、少儿创意美术绘本、少儿创意美术DIY手工以及与少儿教育相关的创意美术产品。

其次，动漫触网成为科技推动动漫产业的又一有效途径。湖南省漫秀动漫推出泛娱乐动画、行业垂直、社交定制的线上数字社交动漫平台，将湖南乃至中国500万动漫从业者与7亿网民连接，打造全民参与大众娱乐的社交动漫平台；湖南欣之凯信息技术公司专注于新媒体平台正版数字内容运营业务，通过移动互联网将高质量动漫、文学、音乐产品面向全球用户进行无线渠道的发行销售。湖南聚梦网络技术有限公司产品覆盖手机动漫、手机阅读、手机游戏、手机应用开发等方面，努力为客户提供高品质的无线文化、娱乐产品。金鹰卡通开发快乐家APP，将金鹰卡通 9 亿粉丝以及 IP 的消费人群形成基于"电视 + 手机"亲子家庭互动平台,以家庭影像记录为核心,成为 1 + 6 的家庭活跃共享体系,分享亲子时光,再通过社交分享形成亲子旅游、亲子产品等社交型电子商务。金鹰卡通通过将热门综艺节目巧妙地转换成动画片《爸爸去哪儿》,开创了综艺动画化的先河,孵化了"哪鹅"品牌,形成了综艺 IP 的长尾效应;《一起来看流星雨》以湖南卫视同名青春偶像电视剧为蓝本制作成动画片,形成青少年 IP。湖南善禧文化股份有限公司与《微微一笑很倾城》《旋风少女》等热门影视剧深度合作,为其专门设计推出数字衍生品和实体衍生品,成为一家专注于新媒体原创品牌形象创作、互联网全平台推广及 IP 授权运营的新媒体文化创意企业。

此外,动漫发展到线下,与现代科技融合,成为触手可及的现实动漫世界,成为孩子们的乐园、市民放松的乐土。金鹰卡通以动漫 + 电视为核心,实现中国第一个电视动漫乐园落地,不仅将动漫 IP 实现线下娱乐化,也将电视节目的体验落地到乐园,带给孩子们常变常新的亲子体验方式。2016 年麦咭乐园落地了 2 家,2017 年将以"自营 + 整店输出"的模式在全国落地 36 家。奇想酷乐文化传播有限公司旗下"橘洲·奇想酷乐园"是全国首家公共艺术与儿童游乐体验相结合的高端乐园,旨在打造一个全新概念的地标性儿童体验中心,添置了参与性公共艺术雕塑、创想者的滑滑梯、妙方体、奇想波波池等融入动漫元素的新奇设施,融入动漫元素,打造属于孩子们的游乐王国。

最后,对于制造业来说,"动漫 + 科技"为他们带来了新的商机。湖南酷贝拉欢乐城管理有限公司线上"酷贝城"商城与线下酷贝拉乐园结合,打造湖南动漫衍生产品的交易展示平台;湖南锦绣神州影视文化传媒"锦绣世界商城"以锦绣神州原创动漫内容品牌为核心,商品涵盖动漫衍生品、图书、玩具、服装、日化用品、美容彩妆、食品酒类、母婴用品、家居生活等国内外各大品牌,创造性地推出连接世界与中国的移动电商平台。湖南创爱网络科技有限公司推出的"甜甜圈"卡通形象,一经面市就"俘获"了大批忠粉,并以自营生产的纸尿片和纸尿裤为发展初期依托、多元化互联网经营模式为载体,打造"时尚、科技、高贵"为主的高端母婴系列产品,搭建企业与用户之间爱的桥梁;湖南漫联卡通文化传媒有限公司将《虹猫蓝兔》系列动画与传统服装行业携手，推出《虹猫蓝兔》系列服饰，开启了虹猫蓝兔品牌的新产业化之路。

二 出版印刷产业升级，科技助力文化传播

科技之于文化恰如双翼之于鸟，借助科技的力量，文化就能飞得更高更远。要积极探索将数字、网络、移动等各类先进通信技术充分应用到文化传播领域的办法，构建覆盖更广泛、传输更快捷、互联互通的现代文化传播网络体系和无处不在的文化传媒平台，使人们更方便更快捷地接受文化服务和享受文化大餐。

与动漫产业相似，湖南印刷以科技创新发力，以园区聚力，发展迅猛，成为文化与科技产业融合的又一重镇。湖南出版业也建立了产业园区，长沙市新闻出版局、长沙市印刷行业协会和长沙黄花产业基地于2003年6月共同创建了长沙黄花印刷科技产业园，于2004年9月由湖南省新闻出版局批准成立，更是科技文化融合的力作。该园区位于省会长沙市东郊的国家级长沙经济技术开发区黄花产业基地，距市区20公里，远期规划面积6平方公里，已建面积1.8平方公里，园区目前已有72家企业入驻。其中主导产业——印刷类企业（含印刷、包装装潢、制版等）有33家，占园区企业的46%，有从业人员2359人，占园区企业职工总人数（6311人）的37%；通过做大做强主导产业，目前园区有规模以上工业企业23家，其中包括长沙鸿发印务实业有限公司、湖南凌华印务有限责任公司、湖南华商文化商务有限公司、长沙利德印务有限公司、湖南省邮电印务有限责任公司、湖南和林印务有限公司、长沙市蔡伦印务有限公司、长沙创毅彩印包装有限公司、湖南利美印务有限公司9家规模以上印刷包装企业。近年新引入了蓝天绿色印刷、维克奇纸杯、利美印务、人民今典印务、双江包装、翔达印务、宝典印务、锦泰包装、轩博纸业等印刷包装企业。

依托黄花镇为中国中部地区重要交通枢纽的独特优势，以低成本承接东部印刷产业转移，逐步形成了中部明显的印刷产业隆起带，其辐射带动效应日益凸显。经过十多年发展，形成了以印刷包装为主导，以汽车配件、机械加工、新型建材、仓储物流等为支柱的产业格局，2015年，园区工业总产值达到69.4亿元，上缴税金2.5亿元，其中23家规模以上工业企业（包含9家印刷包装企业），完成工业总产值38.7亿

元，上缴税金7878万元。①

强化创新驱动，把立足点放在科技创新与企业发展加速融合上，各类企业加强工业技改投入进行转型升级，印刷复制业的领域不断扩大，印刷品的品种不断增加，印刷质量不断提高，以电脑直接制版和采用中高速商业轮转机为标志的新一轮印刷企业技术改造在园区迅速展开，手工制版已完全被电脑制版取代，数码打印、远程传输印刷、生产流程数字化、营销管理信息化成为现代印刷的崭新模式，批量小、周期短、高档多色、环保、保密、资源节约成为印刷发展的主流。湖南天闻新华印务有限公司在数码印刷的生产技术和生产工艺上，着手实施防伪印刷技术与包装印刷的整合项目，旨在创新实现技术上的融合利用，为市场提供最经济、有效的商品防伪技术服务。黄花印刷产业园整体上呈现出从印刷大园区向印刷强园区转变的趋势，形成了传统产业脱胎换骨、新兴产业强势突破的良好态势。同时，园区扩大招商引资，坚持高端招商，形成了建设一批、储备一批、跟踪一批的产业招商态势。

随着科学技术的发展，书籍开始从纸本形态转移到数字的形态，如果说印刷业的科技创新是对旧有产业的改造，那么数字图书资源库的建设和开发，就是新产业的开拓。湖南的企业在这一方面，又走到了前列，涌现了湖南出版投资控股集团、天舟文化、青苹果数据中心等一批数字出版发行的优质企业。

湖南出版投资控股集团有限公司，前身为2000年6月组建的湖南出版集团；2004年9月整体转制为省管国有大一类文化企业；2008年启动改制上市，设立中南出版传媒集团股份有限公司（简称"中南传媒"）。2010年10月中南传媒在上海证券交易所挂牌上市，成为第一支全产业链整体上市的出版龙头股，创造的文化体制改革发展模式受到中央领导肯定和业界推崇。集团成立以来，锐意改革，开拓创新，出版传媒、文化地产、金融投资、资产和物业管理等业务板块竞相发展，其中出版传媒主营业务涵盖图书、报纸、期刊、音像、电子、网络、动漫、手机报、数字报、地铁媒体、移动媒体、电视媒体等多种媒介，集编、印、发、供各环节于一体。2015年完成营业收入189.3亿元、利润

---

① 长沙县黄花镇人民政府：《科技引领打造绿色生态印刷产业——长沙黄花印刷科技产业园发展报告》，2016年4月。

18.77亿元；合并口径营收首次突破百亿元，达106亿元。中南传媒实现营收100.87亿元，利润总额18.07亿元。集团进入全球媒体集团500强，位居中国区第6位，入选第七届全国文化企业30强，位列前三；中南传媒入列全球出版企业前10强，位居第7位，稳居中国出版传媒上市公司龙头地位。

首先，从集团成立开始，旗下的中南传媒也启动了数字出版战略，确立"全链介入、全员进入、平台推进、资源整合"的发展原则。对内整合全产业链的数字资源，形成数字资源库；对外整合技术提供商、渠道运营商的优势资源，通过强强联合和跨界合作打造具有自身特色的数字平台。它们打造了以天闻数媒为主体的大众阅读、数字教育和政企学习平台。中南传媒与华为共同出资3.2亿元重组中南传媒旗下天闻数媒科技公司，充分整合双方在内容、技术、渠道、市场、品牌等方面的优势，打造大众阅读、数字教育和政企学习平台。在大众阅读方面，已聚集数字内容资源10多万种，电子书运营在中国移动阅读基地出版社类MCP（内容整合商）收入排名第一，与中国联通合作成为联通悦读基地内容提供商。在数字教育方面，Aischool数字教育产品在10多个省市200余所学校使用，并进入乌兹别克斯坦、南苏丹等国家，成为公认的比较成熟的数字化教育解决方案。在政务学习方面，与文化部公共文化服务中心合作，共同推进文化共享工程项目；天闻安全PAD产品通过军用信息安全产品C+认证。其次，它们建立了以红网为核心的新闻资源聚合平台。中南传媒旗下的红网位列全国地方新闻网站第一、综合新闻网站第八，是全国唯一一家连续三年蝉联中国新闻奖一等奖的网络媒体。红网在全国率先将舆论引导触角延伸到基层，建立县级分站，搭建省、市、县三级的"树型"网络平台，与中国移动合作在全国率先推出县级手机报，建立覆盖湖南全部县市的移动新媒体，旗下的红网传媒公司是湖南第一的框架媒体，在楼宇媒体行业中率先打造了政府公共资讯互动框架显示屏网络。

天舟文化以传统图书业起家，其前身最早可上溯到20世纪80年代初期在中国四大书市之一的黄泥街所从事的图书经营业务。2010年，天舟文化在深圳证券交易所创业板上市，是中国民营出版传媒行业的第一家上市企业。目前，公司以传统图书出版服务为主业，涉及教育资源与服务、移动互联网娱乐、优秀传统文化的传承与传播三大领域，经营多元、业态多元、投资多元，已发展成为全国规模、实力均位居前列的大型民营文化传媒企业之一。2015 年上半年，仅移动网络游戏部分就实现营业收入 12137.68 万元，增长近 3 倍，占营业收入总额的 53.07%。天舟文化由一家上市前的传统图书企业，到上市时的综合性出版传媒企业，再次升级为传统媒体业态和新媒体业态相结合的新型出版文化传媒企业，公司积极推进业务转型，一是做实做强传统业务板块，二是做强做大数字出版（新媒体）业务板块。除投资并购北京神奇时代网络有限公司外，2014 年公司与德同资本共同发起成立德天基金，先后参股了从事网络视频广告业务的北京影谱互动传媒科技有限公司、从事在线教育的江苏麦可在线教育科技有限公司等项目；2014 年 9 月，公司通过香港子公司投资 120 万美元间接持有了主要从事游戏的开发与运营的日本游戏企业 KEYROUTE CO. LTD 25% 的股权。

成立于 1992 年的青苹果数据中心，在技术投入上不遗余力，在数字内容制作、存储和发布领域都取得了一系列成果，登记了近百项技术专利和软件著作权，获得了"高新技术企业"资质和国家科技部颁发的"国家现代服务业创新发展示范企业"称号。现在公司年生产能力达到 300 亿汉字和 250 万版电子报刊，是当之无愧的主流数字内容制作商和出版商。公司开发的众多技术成果被业内广泛应用：青苹果全文检索数据库系统已被《人民日报》《深圳特区报》《广西日报》《天津日报》《新华日报》《中国日报》、香港《文汇报》等 40 余种电子报刊作为网络发布的数据库平台，其中《人民日报》《深圳特区报》《广西日报》《天津日报》曾先后获得"王选新闻技术奖"和"北京市优秀电子出版物奖"；青苹果电子报纸发布平台被我国唯一的对外英文日报《中国日报》电子版作为对外宣传服务平台，并获得"王选新闻技术奖"；青苹果移动电子书阅读平台被湖南、天津、黑龙江、河北、西藏等多地政府作为促进全民阅读的重要载体。另外，公司开发的中英文语料库，被东芝、微软和百度长期采购使用。此外，数字内容制作服务外包，一直是青苹果重要的业务之一，也是支撑公司大规模投入技术研发、产品研发稳定的收入来源。青苹果数据中心完成了国内外数以百计的大型数字化制作服务外包项目，包括国内的"国家大剧院艺术资源数字化制作项目""中国共产党理论资源数字化制作项目"以及众多报纸数字化加工项目；海外的微软、东芝、亚马逊、NHN 等公司众多数字化制作工程，以及参与了新加坡"记忆工程"。公司也因此获得了"中国服务外包企业 100 强""湖南省服务外包重点企业""长沙市服务外包十强企业"等一系列荣誉称号。近三年来，公司一方面积极参与国内大型数字化项目的招标，一方面积极参与诸如法兰克福书展、香港书展等行业展会，积极拓展海外客户，每年均签署数字化制作服务外包合同5000 万—10000 万元。在数字出版物开发与销售方面，青苹果数据中心已拥有 10 余万种电子图书资源以及 40 多个海量数据库产品。近三年来，公司的开发重点包括：世界经典名著、各行业专业图书、珍稀历史文献、少数民族文学作品以及历史报刊文献资源，并专门在新疆乌鲁木齐建立了维吾尔文、哈萨克文、蒙古文和藏文电子图书生产基地，在山东日照建立了日文、韩文电子图书生产基地，在湖南益阳建立了英文电子图书及电子报纸生产基地，使公司每年新增电子图书超过 5000 种，新增电子报纸不少于 5 种。

在国内，公司建立了长期、稳定的销售渠道，与众多图书馆、企事业单位签署了数字内容供应合同；同时也在亚马逊、京东、淘宝等电子图书阅读平台建立了"青苹果电子图书专区"，面向个人用户销售；为拓展海外市场，公司在香港成立了香港青苹果媒体有限公司，负责开拓港澳台和其他亚洲市场，在美国和欧洲分别与大型数字出版企业建立了合作关系，代理青苹果产品在欧美市场的销售。通过销售渠道的完善，公司近三年来数字出版物销售额均有 30% 以上的增长。

打造数字出版物网络销售平台。2010 年，青苹果数据中心开发并上线了"华文库"电子报纸发布平台，利用该平台发布公司拥有数字版权或发行权的电子报纸，面向全球用户提供检索、阅读和下载服务。经过 5 年的推广和发展，目前该平台在全球报界和图书馆界拥有了一定的知名度和影响力，平均年销售额达到 100 万美元。

2014 年，青苹果数据中心进一步推出了"书猫"移动电子书阅读平台，该平台适用于各种型号的智能手机、平板电脑，同时兼容安卓系统和苹果系统，是集成了当下数字阅读最新技术的一款电子图书阅读软件。"书猫"已上架 2 万种优质中文电子图书，以及 2000 种维吾尔文、哈萨克文和藏文电子图书，用户可免费阅读和下载；同时上架了多个专业类电子图书数据库，供用户付费下载，目前，"书猫"APP 累计下载量已达到 100 万人次。2014 年 7 月，青苹果数据中心组建了专门的

"书猫信息科技有限公司"，负责运营"书猫"移动电子书阅读平台。

三　老树添新芽，传统文化借助科技发力

湖南加强传统文化产品创作与科学技术创新的对接，不断开发基于先进技术的具有不同传播、接收、显示特点的新型文化产品，并通过数字影像、声光多媒体、LED 显示、数字三维虚拟展示等诸多高新技术来提质传统演艺、会展、电影、电视、新闻出版等行业，不断丰富表现形式，切实增强感染力，使文化作品的展示更加丰富多彩。湖南科技融合文化产业中，不仅有动漫、出版印刷等现代文化产业业态，还融合了陶瓷、烟花、湘绣等代表湖南地域特色的传统文化产品。

重视科技创新成为醴陵瓷器发展的首要驱动力，在十多年前，陶瓷大红颜料不耐高温还是一项世界性难题，烧制大红色瓷器是很多制陶人不可企及的梦想。中国红瓷器发明人、湖南高新技术企业——长沙大红陶瓷董事长尹彦征历经 15 年的科研攻关，攻克了这一难题，开创了中国工艺美术一个全新的品类——中国红瓷器。技术的突破，带来了一个崭新的文化产业。"追梦中国红"的大红陶瓷 2011 年跻身"中国文化品牌价值排行榜"文化创意品牌分榜前十。尝到了科技力量的甜头，使得醴陵陶瓷企业更加舍得投入研发，有 6 个技术创新公共服务平台，23 家企业成立产品研发中心，其中，华联瓷业被认定为国家级企业技术中心，省陶研所、泰鑫等 7 家企业被认定为省级企业技术中心，并与清华大学材料学院、上海硅酸盐研究所、中南大学等高校和科研院所密切合作；21 家企业与景德镇学院等 10 所省内外科研院校组建了醴陵陶瓷产业和先进陶瓷技术创新战略联盟。近三年来，全市陶瓷企业的专利申请量超过 1500 件，其中已有 80% 实现产业化，有 M—C 高性能耐磨陶瓷等 10 个项目通过省级科技成果鉴定。全市拥有 4 位中国工艺美术大师、13 位国家级陶瓷艺术大师及其他各类省级大师 146 名。发展到现在，醴陵有陶瓷企业 665 家，其中规模以上企业 196 家，陶瓷企业工业总产值占全市规模工业的比重达 54.9%。醴陵陶瓷产量占到湖南省近 95%，拥有全国最大的炻瓷生产企业——湖南华联瓷业股份有限公司、全国最大的电瓷套管类企业——醴陵市华鑫电瓷科技股份有限公司、全国最大的棒型支柱电瓷类企业——醴陵市阳东电瓷电器有限公司和中南地区最大的陶瓷酒瓶生产企业——湖南新世纪陶瓷有限公司等一批龙头企业。

　　中国著名工艺美术大师黎仲畦曾说："花炮不仅关于化学，更是文化和艺术。花炮制作者是特殊的画家，将天空作为画纸，将五彩缤纷的烟花作为颜料，用技巧作为画笔，这就是烟花的魅力。"一场由科技引导的花炮产业"工业革命"也引导了烟花的"艺术升级"，使浏阳从单纯的花炮原产地，一跃成为全球最大的烟花爆竹生产与贸易基地，烟花文化品位傲视业界。第十二届中国（浏阳）国际花炮文化节中的巨大网幕动态焰火《一带一路》通过焰火照亮浏阳河畔、点亮相关城市标志，勾勒了一幅雄伟壮阔的发展景象，给观众留下了超视距的震撼感。此外，第十六届上海国际音乐烟花节、香港新年和国庆烟火汇演、"美丽之冠绿卡暨第65届世界小姐"总决赛、美国独立日、纽约新年焰火、澳门第27届国际烟花汇演、莫斯科国际烟花节等国内外重要活动均有浏阳花炮的身影。通过电脑设计编排出火花情景剧《春江花月夜》《梁祝》、"奥运五环脚印""笑脸"等一系列创下国际烟花界多项世界纪录的特效烟花，均包含很多技术成果；华盛烟花新品"彩鹤追月"蝉联"上海国际音乐烟花产品锦标赛"桂冠。此外，烟花发射也从传统的人工点火发射升级为计算机控制发射。新材料技术的进步使烟花产业跨入微烟、无残渣、无异味等环保绿色低碳时代，这是继芯片烟花、自控发射之后，湖南花炮产业成功完成的第三次技术革命，并使我国成为全球在此领域产品系列最丰富、技术水平最高的国家。这都得益于浏阳花炮企业电脑网络技术的燃放点火器、先进的烟花鞭炮自动生产线、自动化组合烟花生产成套设备以及药机、内筒装药机等专业生产设备研发成功。

　　浏阳烟花业积极弘扬科技创新文化，努力凝聚创新智慧力量，高科技让浏阳烟花更亮、更高、更安全。为了引导科技融合，省、市、区县（市）三级陆续出台了《湖南省人民政府办公厅关于加强整顿治理促进烟花爆竹产业安全发展的意见》《长沙市烟花爆竹企业电子监控监测系统建设指导意见》《长沙市烟花爆竹"机械化生产工程"实施方案》《浏阳市人民政府关于加速推进花炮产业发展的意见》等一系列文件，文件从产品研发、加工流程、安全生产、市场开拓等方面均提出了明确意见，其中浏阳市财政每年安排2500万元专项资金用于支持花炮产业兼并重组、机械化研发和转型提质等。从企业自主研发情况看，2015年浏阳规模以上烟花爆竹制造企业中开展 R&D 活动的企业38家，比

2011 年增加 36 家，R&D 活动覆盖面为 10.5%；共投入 R&D 经费内部支出 7090.1 万元，是 2011 年的 157.6 倍，研发投入强度（R&D 经费内部支出占主营业务收入的比重）为 0.16%；投入 R&D 人员 329 人，占全部从业人员数的 0.45%，较 2011 年提高 0.43 个百分点；烟花爆竹业机械化综合普及率达 78%，基本实现涉药工序"人机分离、人药分离"。其中中洲、花冠与千山药机联合研制的组合烟花全自动生产线已进入试生产阶段，金生花炮集团联手中南大学及长泰机器人研发的花炮机器人已进入中试阶段。① 面对日益严峻的环境污染问题，浏阳花炮文化产业园与高等院校和科研院所对接，花炮产业实施"三新五化"②战略，积极推进微烟发射药、微烟引线、环保型鞭炮、无引线连接的环保组合烟花、花炮除味剂和可降解的环保底座组合烟花的研发，一大批安全环保新材料和新产品脱颖而出，推动着花炮产业走向健康可持续的发展道路。

科技不仅仅与传统制造业融合，表演业也插上科技之翼，呈现出夺目的光彩。张家界《魅力湘西》《天门狐仙》为代表的大型音乐剧为例，其将声、光、电、形、影、音等高新技术融为一体，科技为独有的民族风情量身打造，将数字科技成果转化为现实文化艺术创作工具，通过科技展现艺术之美，采用最为先进的激光技术，颠覆了传统的艺术形式，全力突出湘西文化在剧院演出中独具魅力的全新视角，舞美、灯光、视觉艺术全面升级，使得科技成为大湘西地区文化产业融合科技发展的制高点和演艺产业繁荣的催化剂。③

第二节　文化、科技自主创新能力稍显不足

科技是提高产业发展创新能力和竞争力最为重要和直接的手段，湖

---

① 邓细锋：《"中国烟花金三角"之浏阳烟花爆竹业》，湖南省统计局网站，2016 年 5 月。

② "三新"：品牌价值、商业模式、集成网络新的三位一体，五化：市场化改革、专业化整合、资本化运作、国际化开拓、商业化发展。

③ 刘建武、马纯红：《湖南文化与科技融合发展模式与路径研究》，《湖南文化创意产业发展研究报告（2014）》，2015 年 7 月。

南省建设文化强省的战略一直都强调文化科技的产业融合，以期促使文化产业以高起点、高水平在激烈的文化产业竞争中处于领先地位。通过多年的努力，文化、科技产业已经具备了一定的产业基础，政府也积累了一些有益的推动经验。现在，文化科技融合应该进入一个深耕细作，向跨越式发展冲刺的新阶段。新的阶段，也对政府和企业提出了新的挑战，一些问题也渐渐浮出水面，阻碍了文化科技的融合之路。

一　文化、科技融合平台有待完善

科学统筹的体制机制还不健全。长期以来，由于文化与科技管理部门各自相对独立，政府部门对文化、科技是多头管理，各自为政，导致创新要素和资源分散而不能互通共享，信息不畅，部门之间、企业之间、整个社会对文化、科技的协同创新还没有完全激发出来。科技支撑文化产业的促进政策不系统、不配套，政策执行的条块分割现象仍然存在。就湖南省现状来说，问题主要表现在以下三个方面。

首先，文化、科技融合促进体制不健全，管理方式滞后。虽然湖南省非常重视文化科技产业融合，先后出台了一系列扶持文化科技企业的政策措施，然而，政策落地却因为管理体系不顺畅而困难重重。如长沙曾经出台《长沙市文化和科技融合示范企业认定管理暂行办法》，但由于文化科技企业认定标准不明确，而且政策的落实又涉及文化科技产业主管部门、税务局、财政局等众多单位和机构，各管理部门之间缺乏有效的协调管理机制，政策执行的条块分割现象仍然普遍存在，从而导致税收优惠、扶持资金落实等一系列政策措施难以有效地落实，真正能享受到相关政策扶持和优惠的文化科技型企业少之又少。

其次，政府扶持力度还有待加强。就湖南省的现状来说，科技与文化融合的服务机构数量不够；公共技术服务、投融资交易、知识产权保护、品牌培育、人才培训等科技文化融合服务不健全；文化科技创新成果的发布和产权交易渠道不畅。由于科技与文化融合的产业属于智慧型产业，创新性强，研发、推广成本高，固定资产要求不高，因而表现出易于流动，难于抵押贷款，如果没有为科技文化产品作强劲支撑的投资基金，就很难成功。如，湖南蓝猫全网教育公司曾辉煌一时，闻名全国，也创建了一个产业园，但是近几年上海、北京、杭州、深圳、苏州和广州等城市的动漫产业快速发展，蓝猫被喜羊羊等品牌超越，蓝猫产业在省内不再是一个产业群，主体力量已被外省挖走，转移到了浙江、江西、陕西等地，只剩下一个品牌在省内。再以长沙为例，文化产业作为长沙的支柱产业，其政策支撑力度较大，各级部门均出台了一系列文件促进文化产业的发展壮大。然而与同是第一批国家文化和科技融合示范基地的北京、上海、沈阳和西安相比，长沙文化与科技融合政策支持力度相对不足。如与西安 3000 万元、沈阳 4000 万元的文化科技融合发展专项资金相比，长沙只有 1300 多万用于科技与文化融合重大专项。此外，在土地供给、税收优惠等方面还缺乏相宜的激励政策，对外地大型文化企业吸引力不大。

最后，体制改革滞后，缺乏融合的体制保障。在组织职能上，文化和科技是平行管理方式，缺乏互动机制，条块分割，职责不清，难以协调统一，基本上没有工作合力，严重制约了文化和科技的有机融合与互动发展。在市场管理上，行业分割造成了部门保护主义，阻碍了文化资源与科技资源的合理流动和优化配置。

二　文化、科技融合的深度有待加强

近年来，湖南科技型文化企业虽呈现逐年增加的态势，但从整体水平看仍表现出融合不深的现状。主要表现是科技含量不高，融合水平偏低。湖南文化创意产业发展的基础雄厚，但多集中于产业链的低端，产业整体技术水平不高，虽然拥有如湖南广电、中南传媒等一批文化出版行业的强势企业，但是，一直以来，其发展往往依赖于传统的规模优势和比较优势，而在关键技术方面往往受制于人，比如用于标识技术，保护报纸、杂志知识产权的数字版权保护技术和全方位展现旅游景点信息的虚拟现实技术方面，湖南本土企业都缺乏深层次积累和研发，很多时候只是单纯的应用。如，苏绣早已实行机绣，批量生产，质优价廉销路广；湘绣还是手工劳动，效率低、价格高，难以做大做强。长沙沙坪是湘绣基地，基本上是民营企业在进行作坊式生产，科技含量小，难以发展壮大。在文化与科技的融合过程中，简单做加法的现象还比较突出，一些企业停留在文化加科技的概念阶段：在生产领域，还是文化强科技弱，二者深度的融合意识还不到位，文化和科技"双轮创新驱动"的发展模式还没有完全建立。自主创新、二次创新还不足，在技术的原创方面需要加强。以动漫行业为例，电脑绘图技术、渲染技术等关键技术长期被国外厂商垄断，本土应用水平不高，即使有好的创意，也难以通过先进科技手段转化为优质的可视化产品。优质文化科技产品较少，有魅力、广传播、可持续的文化科技项目则更少。

与发达国家文化市场相比，湖南的文化产业市场需求增长较快，但市场结构却仍然相对传统，文化产业新型业态仍处于高风险的"幼稚期"，发展缓慢。因技术发展的制约，湖南文化产品和服务的增加值较低，商业营利模式未稳固，产业国际竞争力不强。从文化商品服务的进出口结构来看，湖南知识技术密集型产品在文化商品出口总量中所占的比重较小，与文化展示技术、产品开发以及传播等相关方面的技术比较落后。湖南出口的文化产品主要集中于资源密集型和劳动力密集型的文化用品和文化专用设备，创意类出口文化商品主要是设计、手工艺品、新媒体及视觉艺术品，高科技附加值的文化产品不多，应用数字、网络等现代信息技术的文化创意、数字出版、移动多媒体、动漫游戏等新兴文化产业占比较小。近年来，尽管网络游戏、数字出版、动漫游戏等出口得到一定程度增长，但多数是从事国际代理、代工生产等较为低端的环节。

三 文化、科技融合人才有待培养

由于我国教育制度的约束，造成培养的人才文理分离，许多文化公司的高管不懂科学技术，尤其对高新科技比较隔膜。在企业投入中，往往忽视科技这一块，造成湖南许多文化公司科技人才缺乏，科技设备短缺，科技难题无法真正得到解决，影响了文化产业的可持续发展，文化科技的复合人才比较缺乏。湖南省文化产业从业人员以加工制造类、设计服务类人员居多，人员结构比例中技术人员呈金字塔形结构排列，技术尖端人才和跨界复合型人才十分缺乏，存在人才结构性需求矛盾。同时由于体制机制限制，文化科技人才培养引进、使用激励等方面还不健全。

更为严重的是，人才培养尚未成气候，人才流失却很严重。沿海大城市凭借其雄厚的经济实力和灵活的经营机制在内地抢挖人才，造成湖南高素质的文化科技人才流失。同时，湖南在对外人才引进方面重视程度还不够，人才保障机制及举措也相对较少。以长沙为例，长沙市2012 年共有从事文化产业活动的单位 59882 个，从业人员 53.7 万人，绝大部分为非正式编制。而上海文化产业从业人员为 63 万人，其中51.5% 为正式编制人员。天津文化产业从业人员为 14 万人，52.3% 为正式编制人员。长沙市文化科技领军人才和创新团队与其他大城市相比存在一定的差距，成为制约文化科技产业发展的瓶颈。

第三节　突破瓶颈制约，加速成果转化

湖南文化产业与科技融合发展现在处于发展的关键期，提升文化创意设计、高端研发、品牌和营销价值链的技术水平和附加值，要改变从事生产制作中贴牌加工、版权引进低附加值的劳动密集生产的现状，就要以政策环境资源、生产要素资源和市场要素资源三个驱动因素为抓手，从优化科技创新政策环境、促进先进生产要素合理配置、构建文化产品和要素市场三个方面，促进湖南文化产业向全球产业价值链高端跃升。

一　优化科技创新政策环境，夯实文化产业结构优化升级的体制基础

湖南文化产业仍存在信息化水平不高，缺乏核心技术、缺乏创新激励机制等问题，这需要建立相应的型框。在政策环境上，政府部门应优化科技创新体制，夯实文化产业结构优化升级的体制基础。应研究实施创新"三轮驱动"发展战略，制定人才引进长效机制，强化科技创新中文化企业的主导地位，实施科技创新工程，出台引导新兴文化产业发展的优惠政策。

一是在科技创新政策决策方面，要尽快制定《文化和科技融合发展的战略规划》和出台《关于加快推进文化和科技融合发展的实施方案及细则》，明确发展目标，部署重点任务，提出保障措施，对湖南文化科技融合工作进行积极指导和强力推进。建立跨界协作的决策机制，促进文化、科技、产业、财政、税收、银行等相关部门协同联动。建立健全文化科技评价指标体系，在推进文化产业与科技融合的过程中，必须建立完善的评价指标体系，其对于推进文化产业与科技的有效融合具有非常重要的导向作用。当前，湖南省政府应联合文化厅、科技厅等部门共同分析湖南文化产业与科技融合的实际情况，并总结国内外成功的经验和做法，制定出完善的、可量化的文化产业与科技融合的评价指标体系。包括以融合环境、融合水平、融合效益等为主要指标的文化产业与科技融合程度评价体系；以产业环境、产业聚集、管理服务、经济绩效、创新活力等指标为评价标准的集聚区评价指标体系；以总量规模、经济效益、发展水平、市场化程度、对 GDP 的贡献等为主要指标的产

业发展评价指标体系；以创新活动投入、专利申请数、专利成果的使用和收入、对外技术依存度等要素为主要指标的企业创新评价指标体系等等。完善的评价指标体系能够为湖南文化产业与科技融合的分类管理、系统管理提供依据，并为促进文化产业与科技融合产生有效的激励和约束作用。

二是在财政方面，进一步强化有助于文化科技创新的财政支持政策，形成多样灵活的财政政策机制，充分运用财政政策手段支持文化企业实施科技创新工程。针对湖南省文化科技企业总体上"小、散、弱"明显，"高、精、尖"不足的特点，以及一些中小企业难以及时有效地获取信息资源的现状，市文化局和市科委可同专业的网络运营商合作，最大限度地集中科技资源和文化资源，形成专门的文化产业与科技融合网络服务平台。平台集国内外行业咨询、产业动态、市场行情等信息于一体，在为文化科技园区、企业和个人提供搜集市场信息、发布企业产品、进行电子商务活动等方面服务的同时，为企业和个人提供专业的咨询、指导和评估，帮助文化科技企业特别是中小企业解答发展过程中遇到的问题、提供解决方案。文化产业与科技融合服务平台能够为相关企业、协会和个人提供信息服务与发展指导，对文化科技企业的健康发展具有巨大的推动作用。

三是建立文化产业与科技融合行业协会。行业协会是推动产业发展的主力军，应加快培育和建设有利于文化产业与科技融合的新型行业协会组织，加快推进管理的民主化、人员的专业化、服务的规范化、组织形式的社会化和运作模式的市场化，不断提升行业协会的服务功能。同时，积极开展行业标准制定、资质审核、业务培训、信用监督和调解纠纷等工作，逐步实现行业自律，加强行业协会同其他中介组织的联系，为文化产业与科技融合提供全方位服务，提高文化科技企业的投融资能力。

二　促进先进生产要素的合理配置，打造文化产业价值链跃升的动力引擎

这里生产要素的合理配置主要指文化资源与人才的合理配置，文化资源的合理利用可以保障整个文化产业价值链的有序跃升。为此，一是通过多种形式整合文化资源，构建公共文化资源服务平台，促进文化资源的共享与开放，使文化资源得到高集约度的利用；二是要认识到科技创新会推动新的主导产业群的形成，有效利用产业集聚带来的创新、外部性、社会资本和规模经济报酬递增等效应，形成更具竞争力的价值联盟，各文化企业要以战略眼光开放各种文化资源，使得产业价值链上的文化资源在联盟中能够得到新的组合与延展；三是要加强企业自身技术研发平台的建设，通过技术研发，不断提升企业的科技创新能力，提高文化产品的技术含量，增强企业在国际上的核心竞争力。

人才是文化产业价值链跃升的重要引擎。在产业人才引进方面，企业应积极引进战略性新兴产业以及传统优势产业高层次技术人才，提高文化内容创意与产品附加值，从而提高文化产业的经济效益；引进大数据和新媒体营销人才，延伸文化产业的价值链，拓展高端业务和新型服务，引进既懂技术、有创意，又善于产业的经营管理，集文化型、产业型、研究型和技术型等多种特质于一体的文化和科技融合综合型人才，提高文化产业的综合生产力和经济效益。在人才培养方面，通过加大人才培养创新力度，进而完善人才载体建设，通过定向培养、人才交流等模式，增强企业自身的人才造血功能，保障人才资源在文化产业转型升级方面发挥积极作用。

除了人才的培育和吸引，还要打造文化科技融合团队，建立文化产业与学术和科研协同机制创新。一是培育多类型的产学研创意创新主体。充分利用湖南省内各大高等院校资源，鼓励社会各界，尤其是大学生、研究人员利用版权和创意等方式进行创业、就业，并提供基础的公共服务以及版权、专利服务，建立健全高水平创意创新人才自由流动机制和灵活使用机制。二是构建文化产业技术和服务平台。通过动漫产业的战略联盟以及一些专门的共性技术研究机构，建设共性技术研发和服务平台，同时支持和鼓励配音、音乐、译制、版权等共性服务企业进驻。三是发展文化产业创意和技术中介组织。搭建创意和技术中介服务机构与高校、科研院所之间的交流平台，建立优秀中介服务机构的政府推荐制。建立和完善创意创新资源开放共享的平台，构建第三方开放式创意创新平台，举办相关的产业论坛、与传媒大学合作邀请国际相关协会进行交流等，强化、培育相关的中介组织。

三　构建文化要素市场，建立文化产业向价值链高端延伸的产业平台

湖南省文化与科技融合充分发挥市场对文化要素的配置作用，通过政府的引导向高端的文化产业发展。因此，要建构文化要素市场，打造文化科技产业平台。首先，创新文化科技平台管理机制，要大力推动服务平台商业服务模式创新，集成和优化各类资源，促进企业之间的技术交流与业务合作；完善基础性和公益性平台绩效评估、运行保障滚动支持机制，确保公共资源的开放共享；积极引进国内外知名的技术专利代理、投资咨询、财务、法律、猎头等中介服务机构。

其次，建立完善的现代文化市场体制，强化市场机制在产业结构优化升级中的作用。一是以文化资源的合理开发和产业化能力提升为重点，在发展传统文化产品市场载体平台的同时，加快建设依托新媒体服务平台、产品交易与中介平台、外包交易平台、版权交易平台、大数据信息服务平台、云服务平台、产业技术与信息公共服务平台，使得文化产品与科技资源的信息流通顺畅，构建面向不同受众群体的分众化消费市场，拓展文化产品传播分销渠道，降低交易双方的信息不对称风险与交易成本。二是要建设多层次文化要素市场，加强人才、资本、技术成果、软件著作权、专利和文化品牌等文化生产要素市场建设，依托科技创新，有效提升文化生产要素市场运行的规范化和集约化利用程度。三是要完善新兴文化市场准入和退出机制，助推新兴文化市场主体发展，利用科技创新成果，加强新兴文化市场监管，引导创新资源向产业链上下游企业集聚，将集群建设与经济发展产业形成良性互动。

再次，创新文化业态，从创新产品技术、延伸产业链以及创造新兴产业三个方面实施产业结构的升级，培育和发展融合创意设计、营销推广和增值服务的新兴文化业态。首先，要主动迎合新经济条件下消费者新的或个性化的需求，不断加强技术应用、升级和服务创新，开发和提供新产品和新服务，培育新型文化业态的利润增长点。其次，要鼓励有新想法、新创意、新技术的创业者或团队大胆突破，通过互联网金融等新型金融模式，推动满足新经济条件下消费者需求的新兴文化业态脱颖而出。再次，要立足实际，加快发展数字典藏、数字艺术与设计业、数字广告与增值服务业等新兴文化产业。大力发展基于互联网及无线网络为传播媒体的新媒体产业，用数字技术改造传统文化业，扶持数字广电业、数字出版业和数字演艺娱乐业等的发展。此外，政府部门要明确产业结构优化升级的发展重点、降低新业态创业准入门槛，在部分领域放宽监管力度。实施龙头示范战略，重点培育新兴文化业态品牌企业、科技创新龙头企业，加强对新兴文化业态发展情况的研究、评估和预测，并进行追踪与监管。

最后，创建具有国际影响力的文化科技品牌。当文化产业与科技融合发展到一定阶段，就需要追求品牌效应，走出国门提高国际影响力。随着国际化进程的不断加快，湖南省政府和龙头企业应积极牵头开展国际交流与合作，建立文化产业与科技融合的国际交流与推广机制，参与国际竞争，坚持"引进来与走出去"相结合，促进文化产业与科技融合向国际化方向发展。一方面，应建立完善的海外市场服务体系，扩大具有自主知识产权的产品和技术出口，提高企业及其产品在国际市场上的影响力和竞争力。另一方面，鼓励文化科技跨国公司和各类国际机构在北京设立总部、分支机构和创意研发中心等，促进国际之间的交流与合作。同时，还应积极与联合国教科文组织、知识产权组织、全球创意产业联盟等国际机构和组织，以及英、美、日、韩、中国香港等文化产业与科技融合较成熟的国家和地区建立长期的合作关系，积极开展和参加国际性的文化产业与科技融合活动，鼓励和支持优秀作品参加国际知名设计大赛，打造国际交流平台，提升湖南文化产业与科技融合的国际知名度和影响力。

第五章　湖南文化产业与科技融合的
公共服务平台建设研究

文化强省建设需要文化与科技的深度融合，而文化产业与科技融合发展离不开公共服务平台的建设，建设文化产业与科技融合的公共服务平台对推动文化产业发展有着重要的作用。欧美发达国家文化产业的快速发展，都离不开一套行之有效、合理匹配的公共服务平台。我国文化产业发展落后与文化产业和科技融合不够，与文化与科技融合公共服务平台落后密切相关。因此，《文化部"十二五"文化科技发展规划》对文化和科技融合发展以及文化装备与系统平台建设作出了部署。加快推进文化和科技融合是促进湖南文化大发展大繁荣的迫切需要，是湖南建设文化强省的战略选择。省委十届九次全会通过的《中共湖南省委贯彻落实〈中共中央关于全面深化改革若干重大问题的决定〉的实施意见》明确提出了"推进文化体制机制创新，加快建设文化强省"的战略任务。而建设文化产业和科技融合公共服务平台是促进文化产业与科技深度融合、建设文化强省的重要途径。

第一节　公共服务平台的内涵及其
建设目的和意义

文化产业与科技融合公共服务平台是文化科技创新体系的重要组成部分，是服务于全社会科技进步与创新的基础支撑体系，主要由科学仪器设备和研究实验基地、文化资源保存和利用体系、科学数据和文献资源共享服务网络、科技成果转化公共服务系统、网络科技环境等物质与信息保障系统，以及以共享为核心的制度体系和专业化技术人才队伍组成，是服务于全社会科技创新的数字化、网络化、智能化的基础性支撑体系。

一　内涵与特征

"平台（platform）"一词是从计算机技术术语引用进来的，是指基本硬、软件的集合。"平台"一般包含三层意思：一是具有基础性技术支撑体系；二是各种相关软硬件的集合；三是由互联网形成全球综合性网络体系。它不仅包括硬件，而且包括软件，是硬件和软件的有机集成。平台的构成主要包括三个方面：作为上层建筑的平台的制度体系，是平台的内核和赖以存在的灵魂；作为依托的外在表现形式的物质与信息保障系统，是平台的物质基础；作为技术支持和管理支持的专业化人才队伍体系，是平台能够正常发挥效能的智力保证。构成平台的三个方面的内容相互联系，有机融合。公共服务（public service）是21世纪公共行政和政府改革的核心理念，包括加强城乡公共设施建设，发展教育、科技、文化、卫生、体育等公共事业，为社会公众参与社会经济、政治、文化活动等提供保障。公共服务以合作为基础，强调政府的服务性，强调公民的权利。公共服务提供公共物品，满足公共需要，服务社会公众。

结合平台与公共服务等概念，文化产业与科技融合公共服务平台可以概括为：以资源共享和文化产业服务为核心，集聚和整合政府、企业、科研院所及高校的文化创意条件资源，运用信息、网络等现代科学技术，形成物质与信息服务系统，通过建立共享机制和运营管理组织，为文化创意产业发展提供公共便利、开放公共设施、共享服务网络、体系或设施。

文化产业与科技融合公共服务平台内涵可以从不同角度进行分析。从本质上看，文化产业与科技融合公共服务平台实质上是一定区域内的一组制度性安排，具有共享性，是一组共有结构；从服务对象上看，文化创意产业公共服务平台主要服务于各类文化创意企业，特别是处于发展初期的中小企业；从服务内容上看，文化创意产业为文化创意提供资金、技术、人才和信息等产业化条件，沟通各方的联系，推进文化创意成果的转化；从服务主体上看，既包括政府、园区管理机构，也包括文化创意产业领域的科研机构、高等院校，还包括创意企业自身及其他产业的相关企业；从平台构成上看，是由各类公共机构、私有机构以及非营利组织所组成的网络。

文化产业与科技融合公共服务平台的重要特征是"公共性"和"服务性"。其中，"公共性"体现在平台使用资格上的"非排他性"，即无论是否是平台组织内部成员，有既定需求的文化科技企业都可以使用平台资源。但是在具体操作时，平台内的企业成员不需支付使用费，而平台外的企业一般需以会员费等形式缴纳一定的平台资源使用费。"服务性"体现在平台资源并不直接参与生产，而是以技术创新支撑、投融资服务支撑等手段服务文化科技企业的生产活动。

二　目的与意义

文化产业与科技融合公共服务平台是为文化科技企业提供技术创新支撑、投融资支持、信息共享、产品展示交易等共性服务的网络、体系和设施。平台的建设不仅可以明确服务体系在文化产业发展战略中的价值，还可以实现服务功能的优化、服务资源的共享、服务手段的创新、促进创意产业科学、合理的发展，推动区域创意产业的合作与一体化建设，提升文化产业竞争力。直接服务于文化产业或文化科技企业的各类服务平台对于丰富产品表现形式、提高产品科技含量、增加产品附加值、占据产业链高端环节方面发挥了重要作用。文化产业与科技融合公共服务平台能兼顾服务的公益性与有偿性，为文化科技企业提供非营利性的低标准收费服务，实现共同发展。平台以文化企业，尤其是众多文化科技企业的共同需求为目标，通过"架桥"使行业中不同企业和组织各方之间的优势资源，在发挥资源"二次配置"作用的基础上，实现优势资源之间的"协同优化"，从而帮助各方利益主体之间相互协调、互通有无，实现"1 + 1 > 2"的效果。

（一）鼓励技术创新，实现产业提档升级

文化、科技融合公共服务平台将直接服务于新兴文化产业发展，在整合各方优势资源的基础上，强化技术创新水平和深度，通过信息技术、数字技术、通信技术以及网络技术等高新技术创新及其适时运用，实现对文化旅游、工艺美术、娱乐演艺等传统文化产业行业的改造与提升，并进一步加强对创意设计、数字动漫、网络游戏、数字出版等新兴文化产业的创新驱动。

（二）增强产业融合，优化资源配置

文化科技融合公共服务平台的构建，是当前产业体系分工进一步深化的结果，它的有效运营离不开文化、科技、金融、保险、信息等诸多产业的支持，它也为上述产业之间的融合发展提供了一个桥梁。此外，当前占行业多数的文化小企业"嗷嗷待哺"，占行业少数的文化大企业

"油水过剩"，产业资源优化配置还存在较大空间。文化科技企业服务平台的构建能够有效整合各方资源，给文化企业尤其是文化科技企业提供其自身无法获取的资源，大大提升其科研创新、信息共享等诸多活动的风险抵御能力，拓展这些企业可持续发展的空间。

（三）提升产业价值链，增强产业赢利水平

创意、内容、传播这三个环节是新兴文化产业价值链上关键的利润增值点。文化科技企业服务平台的构建能大大整合并进一步挖掘分散在不同新兴文化企业的未尽资源，借助技术创新服务、投融资服务、整合营销服务等手段，丰富创意设计、内容生产与表现以及传播营销手段，提高上述三个关键环节的价值增值能力，从而提升新兴文化产业整体赢利水平。

（四）促进政府职能转变，提高行政管理效率

文化科技融合公共服务平台的构建，有利于政府及时掌握新兴文化产业发展新动态，并利用行政之便进行资源的二次有效分配，提高资源配置的有效性。此外，如果配以合适的反馈机制，政府有关部门能够依据平台运行状况以及政策执行效果对现有产业政策进行及时修正，从而提高行政管理的效率与效果。

（五）打造区域产业品牌，提高资本集聚水平

文化科技融合公共服务平台先天具有高技术、高知识、高成长的良好外部形象，加之配以完善的基础设施服务体系，势必将成为区域新兴文化产业发展的品牌之一。在品牌效应之下，文化资本、人力资本、物力资本、金融资本、社会资本等元素都将集聚于此，在良性竞争机制的激励下，平台的资本集聚水平将会不断提高。

第二节　公共服务平台建设的基本情况与主要瓶颈

湖南文化产业与科技融合的公共服务平台包括了技术研发服务平台、信息服务平台、认证与检测服务平台、金融支持服务平台四大类。四大平台组织实行实体组织模式，通过建立实体机构，按照企业化运作的组织方式，实现了资源的合理配置，又具有较强的自我积累、自我发

展能力。但同时，平台建设也存在着政府管理缺位、缺乏顶层设计、资金来源渠道单一等问题与不足。

一　平台建设基本情况

（一）技术研发服务平台情况

科技的发展为传统产业带来了无限的生机和活力，文化产业与电子、信息、通信、互联网等产业发展的关联度在日益增强，它带动了产业结构的调整与变化。科技文化资源共享平台的建成，传统文化产业得到的改造提升，使湖南涌现了一批技术研发服务平台。

2011 年长沙成为全国首批国家级文化和科技融合示范基地，长沙文化产业在深入与科技、与旅游、与金融的对接中，以"规模化""集约化""专业化"的态势集群化发展。湖南卡通产业年产值达到 20 亿元，占国产卡通动画总量的 45%①，湖南需要一个卡通产业公共技术平台。2005 年由湖南省科技厅列项支持的湖南数字卡通动画公共技术与服务平台成立，该平台已基本形成了从支持动画原创、制作、出版、发行，到衍生产品生产、动画教育、媒体播出等较为完整的动画产业体系发展的强大支撑。

2014 年是全面推进三网融合的新阶段，湖南有线网络经过若干年的发展，通过资本整合的手段，完成了全省有线网络股权重组，历史性地构建起了全程全网、互联互通、体制机制符合现代企业特征的网络新格局，形成"有线电视、互联网、数字电视广告、通信、综合信息服务、融合型业务"六大业态，逐步建设围绕云电视全业务平台的研发中心，实现跨越式发展。

（二）信息服务平台情况

当今时代，信息技术成为推动文化事业和文化产业发展的新引擎，为文化发展提供了强大动力。"企业科协科技信息服务推广应用平台"建设项目主要是向各省企业，特别是中小企业推广、应用专利信息，通过专利科技信息服务推广平台，多渠道整合国外的信息资源，积极为各类企业提供服务，有效促进各类创新资源的开放和共享，提高科技创新资源的使用效率，大大缩短企业创新研发周期，降低企业创新的成本与风险，提升研究开发和产业化的能级和水平，促进企业的产业升级和结

---

① 湖南省科技厅：《湖南省科技平台建设情况报告》，2012 年 7 月。

构优化，为企业的创新发展搭建一个良好的服务平台。

近几年省科技厅通过对湖南科技信息服务主干网的建设，构建了"湖南省科技信息和科学数据共享平台"。同时建立了科研网站（"湖南省科技基础条件网""湖南实验动物网""湖南省科技文献资源网""湖南省科技信息'户'联网"）等七个网站，并积累了大量的视频资料。建成了规范的湖南省科技档案加工体系。科技档案管理系统收藏的科技档案纸件材料、湖南自然科技优秀学术论文纸件逐年提高，同时还完成了湖南省科技成果及奖励项目数据库，建立了技术研发数据库、产业政策数据库，使广大企业在创新过程中，可以及时查阅数据、掌握大量信息，合理地吸收和借鉴他人的科研成果和经验，减少不必要的重复劳动。从 2005 年全省科技信息和数据库局域网正式运营以来，总点击量已超过 40 万次，期刊全文数据库文献下载量近 70 万篇。

（三）认证、检测服务平台情况

认证检测服务平台的建立，将进一步加强科技文化信息资源的集成与共享，合理合法地借鉴和利用国外科技信息资源，全面提升湖南自主创新能力，加快创新型湖南建设。

2012 年 2 月，湖南省知识产权局与湘潭大学共建的"湖南省专利分析与评估中心"挂牌成立。这标志着湖南省应对涉外专利纠纷、实施专利应急和预警机制又向前迈出了重要的一步。该评估中心主要面向湖南省战略性新兴产业的培育和发展，全面整合湖南省研究力量和优质教育资源。中心确立了建设为国家级专利分析与评估中心、分步建成湖南省七大战略性新兴产业专利数据库、建设成为全国优秀专利分析人才高地三大目标。构建战略性新兴产业专利分析与评估体系，探索有效的专利分析、评估与预警服务模式，将成为该中心的建设重点。

（四）金融支持服务平台情况

为落实中共十七届六中全会明确提出的"办好重点文化产权交易所，规范文化资产和艺术品交易"，构建规范、诚信、高效、有序的版权交易市场，并综合利用信贷、信托、基金、保险等金融工具，建设多层次的文化产业资本市场，湖南省近几年打造了一系列金融支持服务平台。

2011 年 3 月由湖南省文化厅批准的湖南文化艺术品产权交易所注册成立。它是依托全国文化资源，集文化产权交易、文化投融资服务、文化产业信息发布为一体的专业化综合性服务平台。

　　2012 年第七届"中博会——湖南艺术品收藏与投资研讨会和湖湘收藏精品展"系列活动和第四届湖南艺术节湖湘收藏艺术名品交易展会反响强烈，艺术品交易额达到 1.2 亿元。省文物商店举办春秋两季全国文物艺术品交流会，交流会成交额达 1.5 亿元。由艺术品防伪鉴定、价值评估、交易平台组成的艺术品市场体系基本建成，自此，湖南省画廊协会宣告成立。

　　2014 年 10 月湖南文化艺术品产权交易所结合湖南文化、金融、互联网及移动客户端四要素的文化互联网金融的新模式，打造成具有广泛影响力的文化产业投融资平台。它与银行、保险、租赁、典当、担保和基金等机构合作，打造文化与资本对接、与科技融合的综合服务平台，为文化企业投融资提供服务。通过其集成化的运营体系，为文化艺术产权交易市场构建专业化的市场平台。即将隆重推出的资产证券化交易系统及钱币邮票交易系统也必将为湖南及全国的文化金融业发展注入新的活力。

　　二　四大平台的组织形式

　　四大平台组织形式实行实体组织模式，它是指完全建立在产权关系基础之上，通过建立实体机构，按照企业化运作的组织方式。这是一种高度市场化的模式，能实现资源的合理配置，又具有较强的自我积累、自我发展能力。平台一般采用核心层股份制，共建独立实体运作；紧密层合同制，优势互补，利益共享；联盟层（或服务层）会员制，开放服务（如图 5 - 1）。

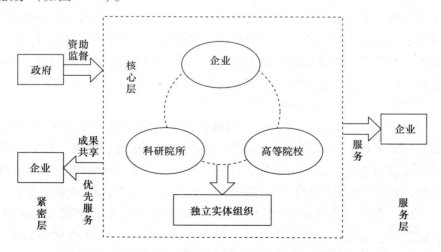

图 5 - 1　文化产业与科技融合的公共服务平台实体组织模式

该模式下的平台是一个实体组织，成员彼此间相互作用的程度深，合作紧密，并严格地以股权为合作基础，有明确的合同与协议，以法律形式规定各方的利益分配和风险分担。实体组织模式与国外合资研发企业（RTV）的性质类似，它属于股权形式合作研发（是相对于非股权合作研发（COD）而言）。股份制合资企业形式涉及双方一定程度的组织和资本承诺，其建立要经过合作双方相当长时间的协商过程。该合作研发组织也可能只是一个联合实验室，合作项目就在其中进行，每个成员企业都可以通过向股份合作制合资企业提供激励，来影响或部分影响整个研发项目进程，其特点有：

（1）结构明晰。四大平台的组织形式在本质上属于科层级组织，合作各方责、权、利关系明确。在投入上，企业以资金、场地、设备、营销等入股，而高校、科研院所用科技成果、实验室及其设备、技术或部分资金入股，体现风险共担；在成果分配上，若由合作各方共同研究开发的成果则由合作各方共有。高校、科研院所研究开发的成果，权益则由高校或是科研院所享有。因此，它是以资金或技术为纽带，将企业、高校和科研院所结合成紧密联系的利益共同体，有效地解决了风险分担和各方权益分配机制问题。

（2）公司化经营运作。公司化经营运作的管理基本上参照合资企业、股份制企业的组织与管理模式，如平台通过组建董事会，制订与之相适应的管理规章制度；在董事会下采取经理制或所长负责制。所以，这种模式组织稳定性强，合作各方技术、资源条件上相互信赖与互补，且多伴有教学或科研方面的长期合作关系。企业化的场所为成员合作研发提供便利，合作双方共同承担研发成本，分享研发成果，使各个研发力量能在统一场所内进行合作，有利于技术知识的学习和反馈，有效抑制机会主义行为。

（3）目标高度统一。实体组织模式下，各方有共同发展目标和利益趋向。企业的发展离不开科学技术，而高校、科研院所在人才、科学技术方面的优势恰是企业所需。同时，高校、科研院所的优势和特色的形成与发展，科技水平的提高，也有赖于企业的经济实力。由于是根据股份制形式组建，其产权明晰、利益与经营风险按照合作方所占股份多少合理分配，有着共同的利益趋向，提高了合作主体共同发展，追求技术创新的内在动力。

综上所述,四大平台组织形式的类型是:公共科技服务平台的实体组织模式是以产权为纽带,共建实体组织,并在组织内部进行创新研发,对外提供技术服务,根据股权分配收益。因此,它是成员之间实体联合、实体运行。根据组建实体的性质不同将其分类:共建事业单位实体平台;共建民办非营利性单位实体平台;共建企业性质实体平台等。

三 模式主要功能

文化产业和科技融合公共服务平台采取"政府扶持、市场运作、企业支撑、社会参与、国际合作"的模式,能积极推进文化产业和科技融合公共服务平台建设,为湖南文化产业发展提供便捷高效的专业服务。

(1)促进四大文化科技平台之间的融合。通过搭建文化资源数字化技术、文化旅游服务、演艺文化传播服务、文化艺术品交易服务、数字内容服务、数字版权交易服务等平台,加速它们的融合,孵化、催生一批创意水平高、技术含量高、市场潜力大的文化产业项目,聚集、扶植符合湖南省区域产业发展方向的文化企业,培育新的经济增长点。

(2)完善文化产品产权评估、定价标准体系。构建基于网络的文化艺术品及版权交易、文化科技信息交流服务平台,为文化科技创新成果的信息发布和产权交易提供便捷、高效的服务,促进文化产品市场的健康发展。

(3)积极引进国内外知名的技术专利代理、投资咨询、财务、法律、猎头等中介服务机构。发挥上述机构在融资服务、技术咨询、技术转让、知识产权代理、专利申报、人才引进等方面的专长,为文化企业提供专业化服务。充分发挥行业协会的组织牵头与产业引导作用,支持文化企业在境外开展宣传、推介和参展活动,积极开拓国际市场。

(4)促进校企合作,支持文化企业和培训机构与高校联合建立人才培训基地。打造国内领先的文化产业人才交流服务平台,提供档案保管、职称评定、劳动保险以及专业培训等服务,促进文化产业急需人才的良性互动、双向交流。推动服务平台商业服务模式创新,集成和优化各类资源,促进企业之间的技术交流与业务合作,推动技术进步和成果转化,为中小文化企业创新活动提供相应支撑。

四 主要问题

(一)政府在打造文化科技服务平台上存在缺位现象

文化产业与科技融合已经成为湖南省文化企业界的热点,但公共服务平台研究受到的关注却不多。虽然在政策文件、媒体报道、行业论坛中，关于平台的提法很多，政府也明确表示，更多的财政投入应该放在产业公共服务体系建设上，但是对于"什么是公共服务平台、什么样的平台才能够认定为文化创意产业的公共服务平台"缺乏明确的界定标准。由于缺乏明确的界定和考核标准，因此对于"究竟有多少平台真正为文化科技创新类企业和创新项目提供服务，服务质量和水平如何？""有多少平台实现了规划建设前的初衷，是否实现了预期的经济效益和社会效益？"等问题都没有明确的判断依据。没有准确把握"内容为王"与创新驱动的关系，"小日子"还过得下去，缺乏推进融合的紧迫感，这种情况致使平台建设还比较滞后。如湖南省有诸多文化门户网站：湖南文化网、湖南文化艺术网、湖南企业文化网、湖南彭祖文化网、湖湘摄影文化网、湖南文化产业网等等，但与兄弟省市相关网站如广东文化网等比较而言，很多网站质量不高，表现为网页内容简单、形式呆板、更新滞后、缺乏吸引力的缺点。

（二）平台建设多头管理，缺乏顶层的整体规划和统一布局

受行政管理体制制约，目前平台建设涉及教育、科技、文化、经贸广电、新闻出版等多个部门，各部门都有平台建设职能，导致投资分散，使用效率不高，协同创新不够，还不同程度地存在重复建设现象。湖南省虽然成立文化体制改革和文化产业发展领导小组，但是毕竟是协调机构，文化产业与科技融合的公用服务平台建设仍然缺乏完善和长远的规划，如《湖南省十二五文化发展规划》等对文化平台内容有所涉及，但并不完善，特别是文化产业与科技融合的文化公共服务平台提及较少。湖南省一些地市和单位包括文化企业，对文化产业与科技融合发展的认识不到位，缺乏强强联合的意识，文化和科技"双轮创新驱动"的发展模式还没有完全建立。各产业聚集区和各单位存在各自为政、区域封闭、单位所有和低水平重复建设的问题。从各产业聚集区公共服务平台的建设规划看，还有问题仍未得到解决，一方面在动漫网游及新媒体领域的公共服务平台存在同质同构、重复投资和共享不足问题，另一方面又缺乏文化旅游和会展广告等领域的公共服务项目。产业聚集同质化以及园区之间的资源争夺，不利于文化创意产业的整体协调发展，只有公共服务平台才是企业集群的真正纽带。因此有必要对湖南省文化产业与科技融合公共服务平台建设目标、建设内容以及近远期重点支持项

目做出明确的规划，进行统筹安排。

（三）平台建设资金来源渠道单一，后续运行经费无着落

平台建设资金主要来源于省委宣传部的文化创意产业专项资金和湖南省文化产业引导资金，平台后续运行的费用必须通过平台经营加以解决。湖南省文化产业引导资金补助额度原则上不超过项目投资总额的20%，对单个项目的年度补助原则上不超过500万元，特殊重点项目年度补助原则上不超过1000万元。但是，各个产业聚集区和企事业单位在申报公共服务平台项目时，未充分论证其营利模式的可行性，往往通过夸大未来的经营收益和社会效益来获取政府支持。公共服务平台本身就是保本微利，其主要目的是满足行业的公共需求，特别是满足创新型企业的需求以及创意人才的创业需求。若服务价格高，用户承担不了，会导致平台资源闲置；如果服务价格低了，又不能维持日常的运营支出。因此，仅依靠政府投资，平台的长效机制难以形成。平台还需走市场化道路，通过创新寻找合适的经营模式，变"政府输血"为"自身造血"。

（四）公共服务平台尚未成为产业聚集的核心

科技自主创新型文化类企业的聚集，依靠的是园区优惠政策、便利的交通条件和优良的周边环境以及入驻旗舰企业的磁铁效应。这些条件是吸引企业入驻的次要因素，而不是主要因素。吸引产业聚集的主要因素应该是园区的公共服务。湖南各个产业聚集区基本都具备次要因素，但公共服务明显不足。共享的会议室、物业服务、商务中心等基本的公共服务已不为科技创新型企业所看重，它们看重的是聚集区能否提供产品研发服务、市场拓展服务、投融资服务、技术服务、人才服务、产业信息服务等与企业发展直接相关的增值服务。如湖南虽然是文化大省，被称为中国动漫产业的先行者和主力军，"动漫湘军"享誉全国。2012年，长沙动漫产业总产值超20亿元，规模以上动漫企业总产值约7.9亿元，占比约40%。全国3个知名动漫品牌中，"蓝猫""虹猫蓝兔"就是"长沙制造"①。但是，中国动漫作品版权服务平台南方中心却落户无锡。"南方中心"成为无锡市政府发展动漫产业公共服务平台的重

---

① 《"动漫之都"成长沙烫金名片》，凤凰网，http://news.ifeng.com/gundong/detail_2013_03/09/22903268_0、shtml，2013年3月。

要组成部分，它的成立对于进一步优化无锡市动漫产业发展环境，为国内外特别是南方广大地区的原创动漫作品提供版权登记、版权管理、版权检索、版权保护、版权合作、版权交易等线上及线下服务提供了极大的便利，在一定程度上影响了长沙动漫产业的提高和发展。

第三节　推进公共服务平台建设的主要任务

湖南文化产业与科技融合公共服务平台建设需结合湖湘文化特色，发挥"文化湘军""广电湘军""出版湘军""动漫湘军""电商湘军"等优势，推动建立湖南省与内地兄弟省市、港澳台及国外先进文化科技公共服务平台在文化科技领域的合作机制，深化双边、多边和区域文化科技交流合作，运用行政、经济、法律与机制等手段促进建立完善且适合湖南省实际的文化产业与科技融合的以网络、体系或设施为内容的公共服务平台，推进文化产业领域内公共服务的创新。当前，平台建设的主要任务是建立完善以下四大平台。

一　技术研发服务平台建设任务

技术研发服务平台建设任务主要包括研发基地、实验室、研发中心、技术装备、相关决策支撑系统、服务系统和相关工程的建设。

（1）建设重点实验室、研究开发中心和文创产业孵化基地。围绕湖南文化科技发展战略需要，聚集国家国内业内文化创意精英，在文化企业、高校和科研院所中资助建设发展演艺业、娱乐业、动漫业、游戏业、文化旅游业、艺术品业、工艺美术业、文化会展业、创意设计业、网络文化业、数字文化服务业等重点产业的省、市级重点专业实验室甚至国家重点实验室（分室）、研究开发中心和文创产业孵化基地，组成产品开发系统。并建立资源共享、激励机制，促进文化实验室、研发中心和文创产业孵化基地逐步形成规模，并逐步加强与国内特别是国际孵化器合作，促进资源共享和技术交流与合作，提高湖南省文化产业自主创新能力和核心竞争力。争取获得"国家知识产权试点城市"，以致努力向"国家知识产权示范城市"行列迈进。

（2）建设先进文化技术装备平台。加快发展文化装备制造业，以先进技术支撑文化装备、软件、系统研制和自主发展。提高演艺业、娱乐业、动漫业、游戏业、文化旅游业、艺术品业、工艺美术业、文化会展业、创意设计业、网络文化业、数字文化服务业等重点产业的技术装备水平与系统软件国产化水平；发展面向公共文化服务与传播渠道建设的文化资源处理装备、展演展映展播展览装备和流动服务装备与系统平台；研发面向网络文化的内容制作、传输、消费和监管的模块化单元产品等重大关键技术，提升数字文化技术装备水平。开发工艺品与工艺美术辅助设计、舞台虚拟创作与演出彩排、数字内容生产等重大系统平台。发展专业化仪器设施协作服务中心，与国内外先进文化产业研发中心联手共建共享科学仪器协作共用服务平台。

（3）启动探索文化资源、基地协作与管理决策支撑系统。围绕文化创意基地需要建设文化资源公共服务平台。建立文化科技资源信息共享系统、文化科技资源保障中心。构建基地间网络协同工作环境，探索成立以任务为导向的试验基地协作创新联盟，并推进研发基地协同研究的公共支撑系统。与兄弟省份联合建设试验基地协作研究网络。建设支持管理决策的资源管理信息系统和专家决策咨询系统。

（4）整合健全技术提升、检测、转化服务系统。整合公共技术、计量检测、技术转化平台资源并形成完善的服务链；根据湖南文化产业发展需要，布局建设一批先进的共性技术平台、计量检测技术平台；建立技术服务、检测资源、技术交易与成果转化的信息共享与服务网络平台并构建相应的协同服务网。

（5）推进若干试点工程。以推动湖南文化创新发展的重大应用项目为载体，推动科技资源集成服务、科技成果转化、共享平台管理与服务运行机制、中介服务、人才培育基地等试点工程。目前，要重点引进文化创意项目和教育培训，同时引进国内外文化创意人才、技术、资金、管理和丰富的国际营销经验等产业发展要素，争取国家有关主管部门在湖南省实行合资相关文化产业国民待遇试点，在有关项目审批权限、生产经营许可、产品进出口报关、减免税收优惠政策等方面提供先行先试的做法，将湖南省建设成为推进先进广电文化交流和产业对接的"文化特区"，以此强化湖南省在推进广电文化交流和产业对接中的龙头地位和平台作用。

二 信息服务平台建设任务

信息服务平台主要包括网络服务平台和图书馆（室）、文献信息情报中心。

（1）建设完善网络服务平台。包括建设先进的网络基础设施、完善网上应用服务系统、构建网络协同工作环境等，为平台承载和优化研发公共服务提供信息网络和技术支撑。其中，主要加强文化市场门户网站建设，发展并形成分工有序的文化产业科技情报服务网。主要包括建立完善数据、文献和科学仪器共享系统。启动湖南文化科技文献协作服务网建设，进一步扩充科学数据共享系统、科技文献服务系统、科学仪器共用系统；建立完善网上"办事大厅"，为各类文化市场主体提供在线申报、备案登记、信息查询、结果反馈、办事指南、培训考试等一站式综合服务，公开市场准入、行政处罚等信息。逐步实现信息公开服务、互动交流服务、事务处理服务和"单一窗口"服务。

（2）建立完善图书馆（室）、文献信息情报中心。高校、科研院所、企业研究机构等文化研究机构建立完善文化图书馆（室）、文献情报中心机构和组织，充实文化创意产业图书资料和电子文献，推进单位间图书馆（室）、文献情报中心的交流与合作，并实现馆际互借，加强信息交流与资源共享。

三　认证检测服务平台建设任务

（1）建立完善认证检测标准。遵循和参照国家电子政务信息化建设标准，结合文化市场管理特点，制订由基本术语、主题词表、标准化指南、标准规范分类体系等组成的总体规范；制订业务需求定义和应用系统开发的业务模型规范；制订指导文化市场各级业务管理数据的构建与应用的数据规范；制订技术支撑与保障的应用开发规范；制订提供全国文化市场技术监管与服务平台建设规范管理手段和措施的管理标准，形成完善的管理标准化体系，为湖南省文化市场应用衔接和信息共享提供技术和环境保障。

（2）建立完善检测监管系统。一是建立完善文化市场技术监管与服务平台，实现业务流程优化和数据定义标准化，逐步建设支撑市场准入、动态监管、综合执法、公共服务等应用的业务数据库和包含文化市场经营单位、管理机构、从业人员、行业协会、法律法规等信息的基础数据库；二是完善12318文化市场举报电话和12318举报网站，构建以12318为标志的文化市场社会监督体系；建立艺术品自我登记系统，加大文化市场知识产权保护力度；三是开发文化市场舆情监测系统，为各级文化行政部门和综合执法机构即时收集、整理和分析相关的市场信息，了解市场经营动态，研判行业发展趋势提供依据；四是完善综合查询、统计报表、主题分析等功能，发掘各市场门类的业务数据，进行综合智能分析，为文化市场管理提供全面、准确和可视化的辅助决策支撑服务；五是完善网吧监管功能和技术防控措施，开发网吧上网时长管理系统；采取网络爬虫、数字水印等数字识别和物联网技术手段，对违法违规的网络游戏、网络音乐、网络动漫等经营行为进行实时动态监测和主动防范；利用音视频及电子标签识别技术，加强对营业性演出活动及电子游戏机型机种监管；六是开发演出票务监管系统；论证并开发网络游戏虚拟道具、虚拟货币监管系统，多方位监管网络游戏运营活动。

（3）建立完善执法系统。一是建立完善文化市场综合执法办公系统，加强湖南省文化市场稽查总队的建设，实现举报处理、日常检查、案件办理、培训考试、执法考评等业务的管理信息化；二是开发移动执法办公系统，探索利用移动互联网、地理信息系统及通信终端设备，现场完成举报核查、日常检查、当场处罚及调查取证等执法办案流程，实现执法数据的实时调用、传送、查询和统计等，为应急指挥、人员调度等提供决策依据；三是建设文化市场应急指挥系统，综合运用地理信息系统和移动办公系统，提高对文化市场突发事件的应急处置能力。

（4）加强文化产业基地和文化产业集聚区认定，加强文化创意产业空间集群。制定出台《湖南省文化产业基地和文化产业集聚区认定办法》，规范湖南省文化产业基地和文化产业集聚区的申报、认定及相关管理工作，引导和促进湖南省文化产业基地和文化产业集聚区的建设。

四 金融支持服务平台建设任务

科技金融服务平台系统以政府文化创新基金为引导，以信息服务平台为基础，以投融资平台为主体，以中介服务平台和信用担保平台为辅助。

（1）信息服务平台——基础平台。信息服务平台以文化科技型企业信用信息库、企业外部信用评级数据库、担保机构外部信用评级数据库以及科技型企业融资网络为核心，将政府部门、金融机构、信用担保机构、资信评级公司与文化企业联系起来，实现各类信息的透明化、共享化，创建更好的文化科技型企业的信息环境，从而为其提供良好的发展环境。

（2）投融资平台——主体平台。主要指商业银行融资平台。商业银行融资平台主要包括商业银行贷款的申请、审核、后续服务等。符合条件的融资企业首先按照平台要求向有关部门提交融资申请书，提供相关证明文件、财务报表等材料，同时向信用担保平台提供担保；投融资平台服务中心会同银行对项目情况进行分析，结合信息服务平台提供的申请公司基本信息及信用情况，决定是否通过审核；对通过审核的项目，融资企业在支付一定比例保证金或提供相应质押品及担保费的基础上，平台为该项融资寻找适合的合作银行，协商贷款事项；对成功融资的项目，平台督促企业按期还款并将还款具体情况记录保存在企业信用信息库中。

此外，风险投资机构融资平台是投融资平台的重要组成部分。风险投资机构融资平台保持与风险投资机构的长期合作关系，在金融支持服务平台网站上定期发布风险投资关注的技术或项目类型，供融资企业参考。融资企业申请某一风险投资机构的股权投资，需提交相关申请资料，并统一由平台管理。平台将初审通过的项目申请材料交由风险投资机构进行审查，风险投资机构会将申请结果统一通知平台，并在网站上公示审核结果。

（3）中介服务平台——辅助平台。包括信托公司、保险公司、会计师事务所、律师事务所等。融资企业在融资前需将本企业的基本材料提交给金融服务平台，并由相应的会计师事务所对融资企业的会计报表和各项统计资料、业务报告进行审核，审核完毕后将结果提交给上级监管部门，并据此决定是否为融资企业提供贷款。

（4）信用担保平台——辅助平台。信用担保平台从信息服务平台内获取各类融资信息，结合中介服务平台的审核结果，决定是否为科技型中小企业与金融机构之间担任担保的角色。信用担保平台作为科技支持金融服务平台的两翼中的重要一翼，对缓解中小企业融资难，促进中小企业发展有着重要作用。

第四节　推进公共服务平台建设的政策建议

建设文化和科技融合公共服务平台能够充分发挥湖南文化科技资源优势，围绕促进文化产业发展形成新的科技创新体制、机制，加速科技资源向文化产业发展渗透，逐步形成技术关联性强、科技含量高和附加值高的新兴业态，拉动科技事业和高新技术产业、科技服务业的发展，进而有效加速区域经济结构调整、产业结构优化、经济发展方式转变，占据产业链的高端环节，提高湖南文化产业的综合竞争力；将有效占据产业链的研发、设计、服务品牌等重要环节，并在技术创新、商业模式创新和产业形态创新等方面表现出强大的竞争力，能够更加提升文化产品的附加值、扩大文化产品的影响力、参与国际竞争与合作，实现经济效益、社会效益的统一和可持续发展。

一　整合多方资源，实现政府引导与市场运作

在湖南省文化体制改革和文化产业发展领导小组的指导下，协调组织各方面专家，研究制定和发布湖南省文化创意产业公共服务平台建设规划。制定公共服务平台的政策、标准体系，指导文化创意产业聚集区公共服务平台的建设；探索建立平台资源共享机制；制定文化和科技融合示范基地建设的招商引资、土地使用、财税支持、人才引进等综合性配套政策，加大财政、税收、金融、用地等方面对文化产业的政策扶持力度，将文化和科技融合重点项目用地纳入土地利用总体规划和年度用地计划，推动建立无形资产质押贷款、联贷联保、第三方担保等工作机制。注意加强部门间的协作，做到统一步调、协同发力。在落实文化产业与科技融合发展任务时，各成员单位都要按照联席会议确定的任务书、路线图、时间表同步推进，特别是在实施相关扶持政策中，部门与部门之间要相互配合、互为补充。鼓励文化企业和社会资本对接，落实、完善文化和科技融合产品和服务出口退税政策，落实鼓励文化产业研发和高新技术发展的税收优惠政策。鼓励和引导非公有制文化企业发展，在投资核准、信用贷款、土地使用、税收优惠、上市融资、发行债券、对外贸易和申请专项资金等方面给予平等支持。建立文化和科技融合的政府采购制度，将文化科技产品和服务纳入政府采购范围，鼓励并

促进湖南省预算管理机关、事业单位和社会团体优先选用湖南省自主创新并拥有自主知识产权的文化科技产品与服务。

二　注重专业人才培养，强化专业服务性指导

文化科技领导人实行的就是基于知识产权保护的象征管理，管理的是意义价值的文化生产，必须"像艺术家一样引领创意、像企业家一样领导变革"。按照"人才优先、高端引领、开拓创新、服务发展"的原则，建立人才培养、交流、引进、储备、激励的长效机制，形成一批懂文化、懂科技、善经营，且有文化和科技融合创新能力的复合型人才队伍。因此，应采取以下措施：一是加强产学研合作，支持示范基地内企业、培训机构与中南大学、湖南大学、省（市）社科院等高校和科研机构合作，建立文化科技人才培训基地。二是建立人才交流机制，鼓励和组织文化科技人才到文化发达地区考察学习，参加文化产业高峰论坛，加强示范基地之间人才交流互动。三是建立人才引进绿色通道，拓宽人才引进渠道，吸引海外高层次人才来湖南创新创业，重视文化科技复合型人才的引进，落实高层次人才在住房、创业基金、子女教育等方面的优惠措施。四是建立中高级人才库，加大文化科技复合型高端人才的储备力度。五是建立健全人才激励与奖励制度，创新用人机制，改革分配制度，对做出突出贡献的杰出人才进行奖励。要紧紧依靠湖南省宣传文化系统"五个一批"人才工程建设，在新闻出版、广播影视、文化艺术等领域，加快培养一批掌握现代科学技术、能够引领文化科技创新的专门人才，培养一批具有较高文化和科技素养、懂经营善管理的复合型人才，使之成为文化产业与科技有效对接的领军力量。要完善相关政策措施，多渠道引进国内外优秀人才，打通体制内与体制外人才进出通道，在职称评定、参与培训、项目申报、表彰奖励等方面做到一视同仁。要坚持尊重劳动、尊重知识、尊重人才、尊重创造，鼓励探索，并探索建立重大文化科技融合项目首席专家制度，吸引更多的创新人才向文化科技领域聚集。

三　加大资金投入，实现多方出力共建共享

湖北省文化产业发展专项资金和省级科技经费每年共计投入 3 亿元，产业园区按比例配套，市区两级政府投入示范基地建设资金总量不低于 1 亿元，主要用于扶持文化和科技融合示范基地（园区、企业）建设、重点项目培育、拥有完全自主知识产权的文化科技产品开发。建立以企业投入为主体，市场融资为手段，政府投入为补充的多元化资金投入机制。引导风险投资资金进入，支持商业银行创新文化和科技融合信贷服务，引导担保机构为文化和科技融合企业提供担保服务，支持保险机构开展文化和科技融合保险服务，鼓励符合条件的文化和科技融合企业上市融资等。按照平等自愿、公平竞争、互惠互利的原则，运用市场经济规律，动员更多的社会力量、民营资本参与和投资到文化建设中来。凡国家法律、法规未明确禁止的领域，凡国有经济退出的领域，凡外商投资可进入的领域，都允许民间资本进入。政府和文化部门要从全局的高度，用统筹的方法，动员全社会的力量共同参与文化建设，在全社会形成重视文化发展的良好环境和氛围，努力形成全社会广泛参与文化建设的发展新格局。强化管理意识，提高财政资金的规范性、安全性和有效性。要高度重视经费管理工作，切实管好用好财政专项资金，提高资金使用效益。会同有关部门加强对经费使用情况的监督检查，及时制止、纠正和惩处各种违反财政财务制度的行为，确保经费使用的规范和安全。要研究建立共享工程专项资金绩效考评制度，将项目事前审核、事中监督和事后考评统一起来，并将考评结果作为经费安排的重要参考。

四 加强规范管理，落实政策保障

文化产业与科技融合发展方兴未艾，迫切需要政策的引导、激励和扶持。要充分利用和不断完善相关扶持政策，加快湖南省文化产业与科技融合的公共服务平台建设。由省文化体制改革和文化产业发展领导小组统筹指导湖南省文化和科技融合工作，负责文化和科技融合战略研究与顶层设计，探索跨部门文化和科技融合的协作机制，解决文化和科技融合示范基地建设中遇到的重大问题。要使这项工作落到实处，需建立由省委宣传部、科技厅、文化厅、新闻出版广电局、高新区管委会等单位参与的示范基地建设协调联席会议制度，定期召开例会，保障决策层面充分沟通，形成推动文化科技创新合力；要按照中央和省、市关于文化和科技融合的精神及有关部署，开展文化和科技融合宣传，指导督促和组织实施文化和科技融合规划和项目开发，建立健全方案实施的考核、监测、评估机制，形成有利于文化和科技融合的工作体系，加快推进湖南省文化大发展大繁荣；要围绕建设首批国家级文化和科技融合示范基地、首批国家广告产业园区，找准工作的切入点和着力点，制定出台有关配套政策，推动文化强省和自主创新两大战略的融合，推动文化创意和高新技术两大支柱性产业的融合，推动科技园区与文化创意产业园区两个发展平台的融合，从而把湖南的文化科技产业区建设成为我国文化产业与科技融合发展的重要示范区。

第六章 湖南特色文化产业统计
指标体系建设研究

第一节 文化产业统计工作发展概况及
构建特色文化产业统计指标
体系的必要性

文化产业具有收入弹性高、增值幅度大、辐射力强、资源节约、环境友好、劳动密集等特性，因此成为新时期各国战略的重点。第二次世界大战以后，西方文化产业发展较快，到了21世纪则进入高速发展阶段，文化产业已成为支柱产业，随着文化产业的快速发展，相关的统计指标体系建设也提出了新的要求，以适应不断发展变化的文化产业内涵与外延。

一 文化产业统计工作发展情况

伴随着文化产业的快速发展，西方国家文化产业的统计指标体系在一般产业统计指标的基础上，从使用能够测量一般产业的通用财务统计指标，到加进了能够表现文化特征的指标要素。根据各个国家和地区文化发展的不同情况与阶段，分别出现了兰德里创意城市指标体系、"3Ts"欧洲创意指数以及美国 TECH – POLE 指标框架等[①]。

1986 年，联合国教科文组织（UNESCO）集合了 20 多国专家制定了世界上第一个国际性的文化统计框架，此后几年，各国专家对于文化统计框架中部分指标设置进行了反复论证并于 1993 年进行了修改，最

---

① 安奉钧等：《基于区域发展战略的地方文化产业统计指标体系建设思路》，《经济论坛》2015 年第 9 期。

终形成了后来各国家（地区）文化统计工作的指导性文件。但随着科技的进步，尤其是以数字化和互联网为代表的新传媒技术的发展，文化的地位正在逐渐发生变化。因此，为了适应新环境的变化，建立一个涵盖范围更广、内容更完整的文化统计框架，UNESCO 在 2009 年进一步完善了文化统计框架，形成《文化统计框架 2009》（表 6 - 1）。新框架把文化看成社会或社会群体共同认可执行的一整套独特的精神、物质、智力和情感特征，这就表明文化不仅包括文学艺术等表达形式，还包括了不同的生活方式、聚居方式、价值体系等。因而，许多国家都选择采用该定义，或者在此基础上给出了本国对于文化的定义。

表 6 - 1　　　　　　UNESCO 2009 文化统计框架涵盖的领域

文化领域						相关领域	
A. 文化和自然遗产	B. 表演和庆祝活动	C. 视觉艺术和手工艺	D. 书籍和报刊	E. 音像和交互媒体	F. 设计和创意服务	G. 旅游业	H. 体育和娱乐
①博物馆（包括虚拟博物馆）②考古和历史遗迹③文化景观④自然遗产	①表演艺术②节日、展览会、庙会	①美术②摄影③手工艺	①书籍②报纸和杂志③图书馆（包括虚拟图书馆）④图书博览会	①电影和视频②电视和广播（包括互联网直播）③互联网在线播放④电子游戏（包括网络游戏）	①时装设计②平面造型设计③室内设计④园林设计⑤建筑设计⑥广告服务	①包机或包车旅行和旅游服务②食宿招待和住宿	①体育②身体锻炼和健身③游乐园和主题公园④博彩
非物质文化遗产（口头传统和表现形式、仪式、语言、社会实践）						非物质文化遗产	
教育和培训						教育和培训	
存档和保护						存档和保护	
装备和辅助材料						装备和辅助材料	

资料来源：*The 2009 UNESCO Framework for Culture Statistics*。

进入新世纪，我国文化产业的统计工作得到各级政府的重视，基本实现了中央、省、市、县四级统计，统计指标多以财务指标为主，如资产、负债、权益、增长率、利润率等，同时兼顾从业人数、机构数、产出数等社会指标，同时，客观上实行了"事业"与"企业"的双重标准。为明确产业归属，2004 年国家统计局出台了《文化及相关产业的统计分类》，按关联性把文化产业分为文化服务和相关文化两大部分，共九大类，这九大类分属核心层、外围层、相关层或延伸层，从而形成了文化产业的宏观分类标准。2005 年国家统计局制定了《文化及相关产业统计指标体系框架》，按照该框架，文化产业统计指标包括财务状况指标、业务活动指标、从业人员指标及补充指标等四类。其中财务状况指标和业务活动指标是指标体系的主体，用于反映文化产业活动的基本状况；从业人员指标用于反映文化产业从业人员的基本情况；补充指标用于反映政府和居民对文化的投入和需求等外部影响状况。与此同时，有些地方根据当地的特点制定了一些具有地方特色的指标体系，如香港"5C"创意指数、上海综合加权创意指数、南京文化产业新标准（2011 年）等①，这在一定程度上反映了中国文化产业测量指标体系建设的进步。

2012 年 6 月，国家统计局对 2004 年的文化产业分类体系进行了修改，在坚持原来分类方法的基础上，进行了类别结构调整，增加了与文化活动相关的创意、新业态、软件设计服务等内容和行业设计小类，减少了一些不符合文化及相关产业定义的类别。由于新兴文化业态不断涌现，很难区分哪个行业为核心层或相关层，所以新分类把文化产业分为文化产品生产活动、文化产品辅助生产活动、文化用品生产活动和文化专用设备生产活动等四个方面，不再使用"三层制"。其中文化产品的生产活动构成文化及相关产业的主体，其他三个方面则是文化及相关产业的补充。在纵向上，新体系仍然实行"五级制"，第一层包括两大部分（即文化产品生产、文化相关产品生产）；第二层包括 10 个大类；第三层包括 50 个中类；第四层包括 120 个小类；第五层为小类下设置的延伸层，这样就形成了"四横五纵"的分类体系。新的分类反映了我国文化产业发展的新特点，同时能与联合国教科文组织制定的《文化统计框架——2009》更好地衔接。在统计指标方面，2012 年的体系

---

① 安奉钧等：《我国文化产业统计存在的问题及对策思考》，《统计与决策》2016 年第 5 期。

仍然沿用四类指标体系，即财务状况指标、业务活动指标、从业人员指标、补充指标，标准层级是"五级制"即五级指标体系，这样就形成了"四类五级"的指标体系框架。

二 构建特色文化产业统计指标体系的必要性

文化产业统计指标体系不仅仅是一个统计工具，某种意义上也反映了一个国家或区域的文化产业政策，带有很强的导向性。它的建立和完善不仅仅是统计工具和方式的调整，对于区域文化产业发展目标的合理确定、区域文化产业政策的科学化和完善化以及区域文化产业的可持续发展意义重大。

（一）特色文化产业已上升为国家和区域发展战略

特色文化产业具有独特的人文价值和经济价值，发展特色文化产业对深入挖掘和阐发中华优秀传统文化的时代价值、培育和弘扬社会主义核心价值观、优化文化产业布局、推动区域经济社会发展、促进社会和谐、加快经济转型升级和新型城镇化建设具有重要意义。2011 年以来，党的十七届六中全会、《国家"十二五"时期文化改革发展规划纲要》、《文化部"十二五"时期文化产业倍增计划》等文件，都强调要加快发展具有地域特色的文化产业，并明确指出要"发掘城市文化资源，发展特色文化产业，建设特色文化城市"。尤其是 2015 年文化部等部委出台的《关于推动特色文化产业发展的指导意见》，是贯彻落实党和政府相关政策的具体举措和进一步细化，国家再次从战略层面对特色文化产业的发展思路与方向做出了重要思考和重点部署，表明国家对特色文化产业发展极为重视，适应了特色文化产业发展的要求。为深入对接文化部、财政部出台的《关于推动特色文化产业发展的指导意见》精神，2015 年，湖南省文化厅联合湖南省社科院完成了《湖南特色文化产业发展路径及对策研究》年度重点研究课题，课题的智库成果专报得到分管副省长李友志的高度关注和重视，并为此作出重要批示。《湖南省"十三五"时期文化改革发展规划纲要》提出"十三五"期间，全省将构建"一核两圈三板块"的文化产业发展格局，推进四大板块差异化、特色化发展。到 2020 年，力争实现文化创意产业总产值 7500 亿元，增加值突破 3000 亿元，占 GDP 比重达到 7%。这些均为特色文化产业政策制定起到了重要的推动作用。

（二）我国文化产业统计指标体系亟待完善与更新

早在 2004 年，国家统计局和有关部门在相关课题调研的基础上发布了《文化及相关产业分类》，首次从国民经济统计的角度对我国文化产业的分类和统计范围进行了规定。这份分类标准以及随后发布的文化产业年度统计数据，基本摸清了我国文化产业的总规模，为政府和企业的决策提供了基本的数据支持。但是，随着我国文化产业的不断发展，相关的分类标准及统计中存在的问题也日益突出。首先，文化产业统计并没有进入日常统计的序列，因此，有关数据的发布只能等到进行国民经济普查的年份，根据普查数据将已经统计好的其他产业的数据进行归总，再得出文化产业的相关数据，这无法适应文化产业瞬息万变的发展情况。其次，随着文化产业的发展，核心层、外围层、相关层每一层具体包括的产业门类应作出适当的调整，比如原来大多划分在相关层的文化产品制造业，在近年来其产业规模有极大的增长，而且其生产和销售与作为文化产业核心的内容生产有着密不可分的关系，但将其划分在外围层，使得对这部分文化产业门类的认识不到位，对其相关政策支持也长期不到位。三层的提法及其开放性使得有些地方在文化产业统计分类体系中，将软件服务业等均纳入了文化产业的范畴，如此算来，文化产业几乎是刚刚被"发现"就成了支柱性产业。再次，由于并没有进入日常统计的序列，国家统计局的这套分类标准并没有在全国范围内实施，造成全国各省区市都有各自的文化产业分类标准和统计指标体系，并直接造成了多地文化产业统计口径的不统一。

（三）湖南特色文化产业潜力巨大，但相关统计指标体系尚未建立

湖南省拥有丰富的特色文化资源，拥有世界级影响的文化资源 6 项（处），其中世界非物质文化遗产 3 项、文化遗产地和文化遗产地预备名录 3 处；国家级影响的文化资源有 400 项（处），其中，全国重点文物保护单位 183 处、国家大遗址 7 处、国家考古遗址公园 4 处、国家级历史文化名城 3 个、国家级历史文化名镇 5 处、国家级历史文化名村 8 处、中国传统村落 72 个，国家级非物质文化遗产保护项目 118 个①；省级影响的文化资源达 1164 项（处）。工艺美术品产业方面，醴陵作为"中国陶瓷历史文化名城"，2014 年文化产业增加值达到 54 亿元，占

① 湖南省文化厅：《扬帆远航正当时——2015 年湖南特色文化产业发展侧记》，2016 年 2 月。

GDP 比重达到 11.1%，远远高于株洲市和湖南省的平均水平。而陶瓷文化产业作为醴陵特色文化产业在其中占据了半壁江山，是名副其实的支柱产业。湘绣作为湖南省有名的工艺品之一，改革开放以来取得了长足发展。长沙市 1980 年湘绣产业年产值突破 1000 万元人民币，1985 年上升为 1260 万元人民币，后又跃升为 3000 多万元人民币，湘绣产品的外贸出口额也逐年增长，在全国刺绣行业中一枝独秀。"中国烟花之乡"浏阳目前拥有烟花爆竹生产企业 1024 家，产能占全国总量的70%，出口总额占全国的 60%，内销占全国的 50%。2014 年，花炮产业集群实现总产值 280 亿元，创税 10.66 亿元，吸纳就业人口 30 多万，发放社会工资 80 多亿元。"中国银都"永兴县的白银产量占全国四分之一强，全县共有金银首饰、金属工艺品开发生产销售企业 38 家，销售门店 200 余家，生产销售实现增加值 8.9 亿元，占文化产业增加值的51%。文化旅游方面，以演绎湖南少数民族风情的《张家界·魅力湘西》、以展现湖湘经典爱情故事的《天门狐仙·新刘海砍樵》、以展现伟人风采的《中国出了个毛泽东》、以反映湖南湘西美丽爱情故事的《边城》和融汇中西文化彰显湖湘魅力的《红太阳之夜》及《潇湘画卷》等为代表的演艺娱乐业行情看好，常常是一票难求、座无虚席。其中《张家界·魅力湘西》、《天门狐仙·新刘海砍樵》现已成为知名的旅游演艺品牌，年经营收入均过亿元。特色节庆方面，像城步苗族六月六山歌节、绥宁苗族四八姑娘节、通道侗族大戊梁歌会、吉首鼓文化节等为代表的特色节庆越来越呈现出独特的民族文化魅力。其中城步县以六月六山歌节特色节庆活动带动旅游升温，拉动文化旅游消费，启动了县域经济发展的强力引擎。2014 年，全县接待国内外游客 70.8 万人次，实现旅游综合收入 4.68 亿，同比增加 0.84 亿，增幅 21.9%；文化产值实现 1.52 亿元，占 GDP 比重 5%，增幅 36.8%。2015 年 6 至 7月，接待游客 18 万人次，比去年同期增长 9.2%，全年赴城步旅游接近 80 万人次，全年旅游总收入超过 5 亿。这些丰富的文化资源不仅是经济社会发展的物质文化财富，更是特色文化产业发展的坚实基础和创意源泉。2015 年，全省文化和创意产业实现增加值 1707.18 亿元，占GDP 比重达 5.9%，比 2012 年提高 0.6 个百分点，"十二五"期间年均增长 15.6%，连续 3 年进入全国文化产业发展十强。目前全省文化和创意产业法人单位达 4 万多家，其中规模以上文化企业 2502 家，比

2012 年增加 1407 家。

但同时，具有湖南特色的文化产业统计指标体系尚未建立，仍然沿袭 2012 年国家制定的分类标准，这与湖南省作为特色文化资源和产业大省省份"不相匹配"。当前，湖南省文化产业面临着建设支柱性产业的战略目标，又处在"十三五"的关键发展时期，制定最新的统一的文化产业统计标准和分类体系，并使其进入日常统计的序列的任务，已经刻不容缓。唯有如此，湖南省才能够掌握各地区文化产业发展的真实水平，也才能使扶持和推动文化产业发展的决策更为科学，并制定更为科学合理的发展目标。

第二节　特色文化产业统计范畴与
指标体系构建思路

在文化产业统计指标体系设置上，西方国家的基本特征可概括为"产业通用财务指标 + 文化特征指标"，中国的基本特征是"国家指标 + 地方指标"。西方国家的文化产业统计指标体系突出了文化产业的本质和内涵，中国的文化产业统计指标体系则强调了文化产业的类型和特征。相对来说，前者更具科学性，后者更具实用性。本书以西方国家的文化产业统计指标体系为参考，结合我国和湖南实际，探索地方（主要指市级和县级）在文化产业统计指标体系建设中的思路。

一　文化产业基本范畴与统计内容

依据 UNESCO 的《文化统计框架　2009》、国家统计局《文化及相关产业分类（2012）》等权威文件，并根据文化产业的发展原则和主要特点，本书将文化产业分成三大部分：第一部分，以精神消费为直接目的、大多以版权为主要存在方式的行业。包括音乐及表演艺术业、视觉艺术业、动漫及游戏业、手工艺及古董业、数字内容（包括网络文化）。第二部分，为其他行业提供创意服务的行业。包括产品设计（建筑设计、视觉传达设计、时尚品牌设计）、节庆会展、咨询服务。第三部分，与旅游、体育、教育等相关的行业。包括文化旅游、体育休闲、文化设施应用以及其他经相关机构认定的行业等。这个统计指标体系可以概括为"N + 1"体系。其中，"N"为 National Index 的简写，意为国家指标；"1"为最后1项，即地方特色文化产业，希望纳入统计口径，但须经相关机构认定。另外，如果一个传统产品的市场价格有超过40%以上的增加值来自创意、品牌、设计等带来的文化附加值，那么这个传统产品的增加价值部分就可以归类为文化产业收入（比如古典家具）；如果一个传统企业的营业收入超过40%来自文化产品的销售收入，那么这个企业也可以归类为文化企业。

文化产业的统计数据要包括文化产业企业数（不同企业性质数）、营业额（包括总收入，外销收入、内销收入以及具体行业的数据）、附加价值（营业额－生产投入）、GDP增加值、就业人数等，以及一些重要的微观数据、结构数据。文化产业统计指标要在全省范围内强制执行，各地区必须严格按照统计指标体系的范围执行。各县市根据实际情况进行辖区统计时，可以少于国家和省的统计分类，但不能超出国家统计局和省统计局发布的范围。指标体系的研究范围放在与人民群众文化娱乐生活最直接相关的文化艺术、文物博览、娱乐休闲等活动，以及与之有关的文化产品的生产、流通和传播领域。结合我国和湖南省统计体制的现实，考虑实际统计工作的可操作性，我们以上述内容为中心，以现行的部门或行业管理分工为基础，来确定全省文化产业统计范畴及指标体系。对统计上尚无数据来源的部分，如确属必要，也纳入体系之中。当然，随着文化产业的发展和管理模式的变化，目前文化产业统计所界定的内容也将会不断变化和拓展。

二 文化产业统计方法

文化产业统计范围广，涉及面大，现阶段文化产业统计的基础是行业统计，宜采用普查、定期报表、抽样调查、重点调查相结合的统计基本方法。定期报表提供基础数据，主要采用年报的形式，对有条件的行业部门也可根据实际情况建立统计快报制度，提高统计信息的时效性，对难以或无必要实施全面统计调查的项目，可按照一定的程序，通过抽样调查的方法获取；对于一些大中型项目或需定性分析的项目，也可进行重点调查，以获取较为详尽准确的统计资料。

三 特色文化产业统计指标体系构建原则

（1）科学合理原则。科学合理原则是指特色文化产业统计指标应该反映文化产业的本质和特征。科学性体现了指标内容的客观性，合理性是指指标之间的关系或指标体系结构具有科学性，及其能够满足人们需要的程度。西方国家的文化产业指标体系表现了该产业的共性和特性，表现了文化产业的产业性和文化性，是我们进行指标体系建设的重要参考。

（2）方便决策原则。特色文化产业统计指标设置的目的既然是为政府决策服务，那么在指标体系建设上就应该以方便决策为原则。具体而言，就是在内容上要增设一些对政府决策有重要意义的指标项（中项、小项），在形式上要以尽可能简单明了的方式展现出来。

（3）完备性原则。指建立的指标体系要从多角度、多层面、全方位地反映区域文化产业的总貌，能够对文化产业作出完整的划分和全面的覆盖。在空间上要成为一个系统，包括文化产业的各个行业门类；在时间上要作为一个有机整体，对文化产业进行连续动态的描述。

（4）统一性原则。指特色文化产业统计指标的设置和指标的含义应当与国家保持一致，以便统计活动有统一的规模和标准。统计指标既要便于纵向比较，也要便于横向比较；既可用于省内区域之间、其他产业之间、文化企业之间的比较分析，也能同其他省份的文化产业、企业进行对比。

（5）可操作性原则。指所提出的指标体系具有现实性，对其指标值可以进行测量，所要求的数据资料能够及时、完整、准确地取得，计量评价上要简便易行。

（6）前瞻性原则。文化产业是新兴产业，尤其是伴随信息技术的高速发展，文化产业必将发生深刻变化，出现新的产业形态，所以文化产业指标体系要具有开放性和前瞻性，便于衔接与拓展。

四　特色文化产业统计指标体系构建思路与要求

（1）要全面反映文化产业的发展状况。指标体系要立足于客观描述文化产业产品的生产、流通和服务的全过程，反映文化产业的资源现状、总体规模、水平、结构、对国民经济增长的贡献以及文化产业发展和文化体制改革的进程。

（2）要适应湖南省文化产业发展的现实需要。建立文化产业统计指标体系要突出"实用性"、"目的性"和"客观性"。要根据湖南的省情，充分考虑目前文化产业的"公益性"和"事业性"与一般产业的较大差异。所建立的文化产业统计指标体系要有利于湖南省文化的发展，促进湖南省文化产业单位走向市场，参与竞争，加快湖南省文化产业化的进程。

（3）要实行"统一"下的"特殊"制度。地方须遵循国家的统一标准，即2012年文化产业分类标准和"四类"指标体系框架。国家的分类标准是定性的，地方可在此基础上依据自身实际制定科学的定量标准，使分类更具科学性和可操作性。国家的统计指标体系突出了文化的产业性，但对文化性强调不够，地方政府可以在国家统一的体系框架下（四类指标），根据本地的发展需要，适当增加一些指标。变化的指标应在二级以下，具有较强的文化性，并能适应政府部门决策和区域经济发展的需要。但是，地方政府不能制定一套与国家指标体系有重大区别的指标体系，更不能以地方指标体系替代国家指标体系。

（4）按照"两部"指标体系增加"特殊"而"专用"指标。"两部"指标体系即由通用指标和专用指标所构成的统计指标体系。通用指标既可以揭示地方文化产业的共性，又可以对各文化行业进行横向比较，从而为制定一般性的文化产业政策提供参考；专用指标能够揭示不同文化行业的个性特征（行业间的不可比性），便于行业内的纵向比较（历史分析）和个别（特殊）政策的制定，提高行业管理效率。比如，"收视率"就属于电视行业的专用指标，它用于电视行业的收视效果测量。本书建议特色文化产业统计指标体系构建上要按照"通用"和"专用"、"统一"和"特殊"的结构关系着力做好"特殊"而又"专用"指标的构建工作。这些工作应由地方文化管理部门和统计部门根据区域发展战略共同完成。

（5）在统计上要区分文化产业和文化事业。文化事业主要用于满足基本的社会精神需要，主导社会文化的发展方向。在市场经济条件下，一些文化事业单位已经或正在或将要转换成文化企业。一般认为以经营性为主的文化单位适合转化成文化企业，同理，文化事业单位中的经营性成分也应按市场化方法运作，相关的经营性活动也应列入文化产业统计之中。鉴于产出指标中的"社会效应"存在着量化困难问题，本书认为可从就业人数、参与人数、感染力、满意度等方面考虑，这样做有助于政府部门在比较其经济效益的前提下，给予一些社会效益较强的文化企业（如艺术演出等）以一定的政策优惠。

（6）要以收入和增加值为核心，重点反映文化产业的经营规模、运营效益。增加值是国内生产总值（GDP）的同度量指标，将收入和增加值作为湖南省文化产业统计核算的核心指标，这将有助于与国民经济核算体系接轨，以反映文化产业总量规模、发展水平以及对整个国民经济的贡献力，也有助于与其他产业和文化产业内的各行业进行同度量的对比分析。

（7）要增加"文化扶贫"指标项。文化扶贫是扶贫政策的新趋势，这主要源于文化产业环境友好（低能耗、轻微污染或无污染）、进入门槛低（资金、技术、规模等要求较低）、市场潜力大（具有较大的潜在需求）、容纳就业能力强（适用于社会各层人员就业）、产业关联度高（易于向其他产业渗透和扩散）以及收益高、风险小的基本特征。对于湖南省而言，特色文化资源丰富地区基本也是经济发展能力较弱的老少边穷地区和扶贫开发地区，把"文化扶贫"列为统计指标既有助于分析文化扶贫的作用，又能调动地方政府推进文化扶贫的积极性。本书建议在一般统计指标的基础上，增加"政府财政投入"和"贫困人口减少"指标，以展现文化扶贫的效果。

第三节　湖南特色文化产业统计指标体系构建

对文化产业的发展过程进行统计监测，可利用统计指标体系开展以下两方面的工作：一是用一般描述性统计方法得出我国文化产业及行业的总量、规模、速度、结构、效益、行业对比及对国民经济的贡献等多方面的信息，以此来反映我国文化产业状况、揭示文化产业发展趋势和规律。二是用多指标综合评价技术或多元统计分析方法，对我国文化产业整体、行业和产业活动单位进行多角度无量纲综合评估，得出我国文化产业综合发展水平、文化产业竞争能力高低的结果，进行地区、行业和产业单位之比较分析。

一　指标体系编制说明

为全面反映湖南省特色文化产业的情况，指标体系从财务状况、业务活动、就业人员和补充指标等四个方面对特色文化产业进行描述。其中财务状况指标和业务活动指标是指标体系的主体，用于反映文化产业的基本活动特点；就业人员指标用于反映文化产业从业人员的基本情况；补充指标用于反映政府和居民对文化的投入和需求等外部影响状况。

（一）财务状况指标

旨在反映文化产业的资产、收支和经营状况。财务状况指标包括四个部分：（1）文化产品生产企业指标；（2）文化产品流通企业指标；（3）文化服务企业指标；（4）执行行政事业单位会计制度的文化单位指标。财务状况指标按文化产业企业和单位执行的会计制度及其财务状况指标内容设计，以系统反映文化产业经营和收支状况，同时满足增加值核算的需要。

（二）业务活动指标

旨在反映文化产业主要业务活动的状况和规模，是特色文化产业统计指标体系的主体。业务活动指标按《文化及相关产业分类》规定的行业顺序排列，以部门的职责范围和现行统计制度为基础，力求全面反映文化产业活动的全貌，并尽量贴近部门管理工作实际。

（三）就业人员指标

旨在反映文化产业就业人员的数量、素质和结构情况。除就业人员总数外，还反映就业人员的性别、文化程度和专业技术人员状况等。

（四）补充指标

反映政府财政对文化事业支出、文化产业投资和居民文化消费支出情况。同时，结合湖南省特色文化资源分布现状和文化扶贫的现实要求，增加文化扶贫专项指标。

二　湖南省特色文化产业统计指标体系构建

以 UNESCO 的《文化统计框架　2009》、国家统计局《文化及相关产业分类（2012）》等为基础，本书结合理论分析、战略分析及背景调查情况，同时借鉴国内外已有的研究成果，首先从原始指标中筛选出关联性较强指标，然后通过专家咨询、公众参与方式初步确立统计指标，并根据湖南省文化产业发展实际情况补充、调整，最后完善成正式的指标体系。指标体系共包括三个层次，第一层包含四个指标，分别为财务状况指标、业务活动指标、就业人员指标和补充指标；第二层包含 15 个指标，部分二级指标进一步细化为三级和四级指标，部分二级指标直接细化为四级指标；四级指标是指标体系的最后一层，共有 68 个，是上级指标的具体体现（表 6 - 2）。

表 6 - 2 湖南特色文化产业统计指标体系

一级指标	二级指标	三级指标	四级指标
财务状况指标	特色文化产品生产企业	总产值与增加值	总产值
			增加值
		收入及利润	主营业务收入
			营业利润
			利润总额
	特色文化产品流通企业	固定资产	固定资产
		收入及利润	主营业务收入
			营业利润
			利润总额
	特色文化服务企业	固定资产	固定资产
		收入及利润	营业收入
			营业利润
			利润总额
	执行行政事业单位会计制度的文化单位	收入合计	财政补助收入
			事业收入
			经营收入
			其他收入
业务活动指标	文化艺术服务	艺术创作、表演及演出场所	艺术表演团体数
			艺术表演演出场次
			艺术表演观众人次
			艺术表演场馆数
			艺术表演座席数
			艺术场馆演出场次
			艺术场馆观众人次
		文化保护和文化设施服务	少数民族自治县（乡）数
			文物保护单位数
			非物质文化遗产数
			博物馆数
			文物藏品及保管品数
			文物保护单位、博物馆展览次数
			文物保护单位、博物馆参观人次
			烈士纪念建筑物数
			纪念馆数
			纪念馆藏品数
			烈士纪念建筑物、纪念馆参观人次

续表

一级指标	二级指标	三级指标	四级指标
业务活动指标	文化艺术服务	群众文化服务	群众艺术馆数
			文化馆数
			文化站数
			农村集镇文化中心数
			基层文化示范点个数
	文化娱乐休闲服务	旅游文化服务	旅行社数
			自然遗产数
			A 级旅游景点数
			出入境旅游人数
			国内旅游人数
			旅游景点接待游客人次
		娱乐文化服务	游乐园数
			占地面积
			接待游客人次
	其他文化服务	文化艺术商务代理服务	机构单位数
		文化产品出租与拍卖服务	机构单位数
		广告和会展文化服务	专业广告公司数
			会展机构数
			会展场馆数
			可供展览的场馆面积
就业人员指标	年末就业人员数		女性人数
			大专以上文化程度人数
			专业技术人员人数
			具有专业技术任职资格人数
	按年龄分组的就业人员数		按年龄分组的就业人员数
	年平均就业人员数		年平均就业人员数

续表

一级指标	二级指标	三级指标	四级指标
补充指标	文化事业政府财政支出总额		文化事业政府财政支出总额
	社会资本对文化产业的投资总额		社会资本对文化产业的投资总额
	居民文化娱乐消费支出额		居民文化娱乐消费支出额
	居民旅游支出额		居民旅游支出额
	文化扶贫效果		政府文化事业支出中文化扶贫支出额
			文化扶贫收入增加值
			文化扶贫人数

注：特色文化旅游及艺术演出等项目营业收入放入财务状况指标部分，为避免重复，业务活动指标中未体现。

三 湖南省特色文化产业评价指标体系构建

（一）特色文化产业统计指标体系构建

文化产业的发展是多种因素共同作用的结果，因此评价的指标体系也应该是一个全面、准确、科学的多因素多层次系统。本书首先统计了文化产业发展报告、论文中出现的高频指标，然后定性分析湖南省文化资源和文化产业发展的历史、经济、人口等各方面特点，融入了具有湖湘文化属性的评价指标，在前述研究的基础上，构建的湖南文化产业发展综合评价指标体系如表6－3。指标体系从文化产业生产因子、消费因子、环境因子3个层次展开，设置了9个二级评价指标和34个三级评价指标，力求充分体现湖南文化产业发展的地域特色，客观反映湖南文化产业发展状况和水平，体现湖南省文化产业发展的潜力。

表6－3　　　　　湖南省特色文化产业统计指标体系

一级指标	二级指标	三级指标
文化产业生产因子	文化资源	省级以上文物拥有量
		民间艺术、工艺品等知名品牌数
		非物质文化遗产数
		红色文化资源数

续表

一级指标	二级指标	三级指标
文化产业生产因子	产出水平	人均文化产业产值
		人均文化产业增加值
		人均年末固定资产净值
		文化产业机构数
		文化产业从业人员数
	经济效益	资金利税率
		产值利润率
		百元固定资产实现增加值
		增加值增长率
	社会效益	地区经济贡献率
		地区经济拉动率
		第三产业就业贡献率
	可持续发展潜力	文化产业高级职称从业人员每百万人数量
		文化产业 R&D 资金投入效率
		高新技术采用率
		每年国际文化交流次数
文化产业消费因子	需求规模	艺术演出、文物展馆参观人次
		人均文化娱乐用品和服务支出
		人均文化娱乐用品和服务支出占总支出比重
		文化产业投资需求项目数
	市场化程度	图书杂志音像出版、艺术演出营业收入
		城镇居民文化消费比重率
		城乡居民文化产品消费弹性系数
文化产业环境因子	政府行为	文化事业人均财政支出与上级补助
		颁布的与文化产业发展有关的政策法规数
		民营文化产业融资专项资金支持额
	相关产业	文化艺术类大专以上院校数量
		年度旅游收入
		餐饮娱乐业的年产值
		移动电话覆盖率

（二）指标具体含义

表中指标体系从文化产业生产因子、消费因子、环境因子等 3 个层次展开，设置了 9 个二级评价指标，进而细化为 34 个三级评价指标，力求充分体现湖南文化产业发展的地域特色，客观反映湖南文化产业发展状况和水平，体现湖南省文化产业发展的潜力。各一级指标解释如下：

①文化产业生产因子是文化产业发展的基础，下设文化资源、产出水平、经济效益、社会效益、可持续发展潜力 5 个二级指标。湖南省具有丰富的文化资源、深厚的历史底蕴、鲜明的文化特色，其文化遗产、革命纪念地、纪念建筑物、爱国主义教育示范基地等文化资源在湖南文化产业发展过程中是一笔得天独厚的宝贵财富，在指标体系设计中应得到体现。因此指标体系中包括省级以上文物拥有量，民间艺术、工艺品等知名品牌数，非物质文化遗产数量，红色文化资源数等富有湖湘特色的文化资源指标。

产出水平包括人均文化产业总产值、人均文化产业增加值、人均年末固定资产净值、文化产业机构数、文化产业从业人员数等 5 个三级指标。该类指标反映了文化产业发展在人、财、物方面的最基本概况，也是其他大多数指标评价的基础。

文化产业具有经济驱动力和低投入高产出的产业性质，与其他公益性文化事业有着明显差别，这就要求在评价文化产业发展时必须首先考虑其经济效益，用经济效益来监控文化产业生存发展状态和生产运行质量。具体评价指标有：资金利税率、产值利润率、百元固定资产实现增加值、增加值增长率。

文化产业在自身发展的同时，不但该产业产生经济效益，也必然会对整个社会的经济、就业产生影响。而只有对社会发展有利的产业才能持续发展，本书选取了 3 个强度指标：地区经济贡献率、地区经济拉动率、文化产业对第三产业的就业贡献率来衡量文化产业的社会效益。

基于科学发展观的视角，在评价文化产业的发展中还需考虑可持续发展潜力这一因素，具体可通过文化产业高级职称从业人员每百万人数量、文化产业 R&D 资金投入效率、高新技术采用率、每年国际文化交流次数这些指标来评价文化产业可持续发展潜力，借之考察湖南文化产业增长高点，挖掘其后发优势。

②文化产业消费因子是文化产业发展的动力，本书通过需求规模、市场化程度 2 个二级指标来评价根据经济学理论。一定规模的文化消费市场是文化产业生存和发展的核心动力，否则文化产业发展将受到需求限制，前景堪忧。我们从众多指标中选取了艺术演出、文物展馆参观人次，人均文化娱乐用品和服务支出，人均文化娱乐用品和服务支出占总支出的比重，文化产业投资需求项目数。这些指标的动态变化既能反映湖南城乡居民生活的繁荣程度及对文化产品的需求程度，也可以从侧面看出文化产业对推动湖南省社会进步所影响的程度。

文化产业在社会主义市场经济环境中产生并成熟是历史发展的必然选择，市场化程度是衡量文化产业能否长期稳定发展的晴雨表，本书选取图书杂志音像出版、艺术演出营业收入，城镇居民文化消费比重，城乡居民文化产品消费弹性系数作为反映文化产业市场化程度的指标。

③文化产业环境因子是文化产业发展的催化剂，本书具体构建了政府行为、相关产业 2 个二级指标文化事业平均财政与上级补助、颁布的与文化产业发展有关的政策法规数、民营文化产业融资专项基金支持额等体现了政府对文化产业发展的宏观调控力和直接影响力。从事物发展的规律来看，政府对文化产业配套设施发展的财政投入、对民营文化产业的资金援助、制定完善促进引导文化产业发展的政策法规等是文化产业长期发展的重要力量和保障。文化产业的发展既与产业自身的规模素质有关，还与教育、旅游餐饮、信息产业等其他相关产业的发展状况息息相关，因为教育发展为文化产业的发展提供智力支撑和人才保障，旅游餐饮业可为文化产业的发展提供营销渠道和服务，信息产业为文化的传播接收提供媒介基础。只有与相关产业相互合作竞争，形成双赢的产业群，文化产业才能快速发展。所以我们选取了文化艺术类大专以上院校数量、年度旅游收入、餐饮娱乐业的年产值、移动电话覆盖率等可以量化操作的指标来反映相关产业的发展状况。

（三）特色文化产业评价统计指标体系的综合评分方法

为了反映湖南省不同时期、不同区域和不同行业特色文化产业的综合发展水平，就必须计算整个指标体系的综合分值，即特色文化产业综合评价指数。本书采用层次分析法（AHP）和专家打分法相结合的方法构造判断矩阵，进行综合评价，具体详见附件。指标权重的最终结果如表6-4所示：

表6-4　　　　　　　　　指标体系中的指标权重分配表

一级指标	二级指标	三级指标
文化产业生产因子（0.40）	文化资源（0.20）	省级以上文物拥有量（0.25）
		民间艺术、工艺品等知名品牌数（0.30）
		非物质文化遗产数（0.30）
		红色文化资源数（0.15）
	产出水平（0.15）	人均文化产业总产值（0.20）
		人均文化产业增加值（0.20）
		人均年末固定资产净值（0.15）
		文化产业机构数（0.20）
		文化产业从业人员数（0.25）
	经济效益（0.20）	资金利税率（0.25）
		产值利润率（0.25）
		百元固定资产实现增加值（0.25）
		增加值增长率（0.25）
	社会效益（0.20）	地区经济贡献率（0.40）
		地区经济拉动率（0.30）
		第三产业就业贡献率（0.30）
	可持续发展潜力（0.25）	文化产业高级职称从业人员每百万人数量（0.25）
		文化产业R&D资金投入效率（0.30）
		高新技术采用率（0.30）
		每年国际文化交流次数（0.15）
文化产业消费因子（0.40）	需求规模（0.55）	艺术演出、文物展馆参观人次（0.30）
		人均文化娱乐用品和服务支出（0.25）
		人均文化娱乐用品和服务支出占总支出比重（0.15）
		文化产业投资需求项目数（0.30）
	市场化程度（0.45）	图书杂志音像出版、艺术演出营业收入（0.40）
		城镇居民文化消费比重（0.30）
		城乡居民文化产品消费弹性系数（0.30）

续表

一级指标	二级指标	三级指标
文化产业 环境因子 （0.20）	政府行为（0.70）	文化事业财政与上级补助（0.40）
		颁布的与文化产业发展有关的政策法规数（0.20）
		民营文化产业融资专项资金支持额（0.40）
	相关产业（0.30）	文化艺术类大专以上院校数量（0.20）
		年度旅游收入（0.40）
		餐饮娱乐业的年产值（0.20）
		移动电话覆盖率（0.20）

注：指标得分为 10 名专家打分均值，取小数点后两位。

第四节　结论与展望

特色文化产业作为一个新兴产业，已突破单一的文化产业领域，渗透到国民经济的各个层面，影响到生产经营的各个环节，它能助推经济发展方式转变，加快产业升级，推动精准扶贫，提升产业层级，广泛扩大就业、提高地区的核心竞争力。作为我国和湖南省成长中的国民经济重要产业，特色文化产业的发展日益受到普遍关注，而特色文化产业的发展战略、政策和规划，也越来越得到政府部门的高度重视。

本书在前人研究的基础上，以 UNESCO 的《文化统计框架 2009》、国家统计局《文化及相关产业分类（2012）》等文件为基础，结合湖南特色文化资源基础、文化产业的发展现状以及未来发展的趋势，从财务活动指标、业务活动指标、就业人员指标和补充指标四个方面构建了湖南特色文化产业统计指标体系。该统计指标体系的建立，对湖南省政府管理部门和文化产业部门及时、准确地跟踪特色文化产业的发展，进行产业分析与监测，科学准确、积极稳妥地对文化创意产业进行整合、调控，促进其发展，具有重要的参考价值。之后，在前人研究的基础上，结合湖南文化产业发展实际，构建了具有湖南特色的文化产业评价指标体系，利用层次分析法（AHP）和专家打分法相结合的方法确定了指标权重。通过对指标体系的量化评分，可以显示湖南省特色文化创意产业综合发展水平。借助不同区域、不同行业指标体系的综合得分，可以为各级政府管理部门进行区域比较分析和综合考核提供客观依据。

第七章 加快湖南文化服务行业转型发展研究
——以互联网上网服务行业转型升级为例

上网服务行业转型升级，是指互联网上网服务行业根据政府政策、行业发展、社会服务和自身效益等方面的要求，通过调整经营范围、经营模式、管理方式，升级软硬件环境和服务内容等手段，充分发挥其网络文化服务场所的独特功能，进而适应用户不断增加的服务需求，促进行业的健康可持续发展。根据《文化部关于推动互联网上网服务行业转型升级的意见》（文市发〔2014〕42 号），推进互联网上网服务业转型升级主要包括了改善上网场所服务环境、提升上网服务行业管理和服务水平、鼓励上网服务场所丰富经营业态、鼓励上网服务场所参与公共文化服务等方面的内容。

随着个人家用电脑的日益普及以及以手机、掌上电脑等为载体的互联网上网终端的多元化，近年来，上网服务企业的发展空间逐渐受到挤压，生存压力也日益加大，整个行业面临着下一步发展思路的创新，转型升级迫在眉睫。截至 2014 年年底，我国互联网上网服务企业（简称网吧）总量为 13.5 万家，终端台数 1180 万台，用户为 1.19 亿人，互联网上网服务行业市场收入总规模为 520 亿元，同比下降 3.2%[①]。2014 年，湖南省注册的网吧共有 1.29 万家，年产值 35 亿元，其中，长沙有网吧 1600 家，年消费人次逾 2000 万，网吧数量位居全国同级城市第二，转型升级任务艰巨。

2013 年 9 月，我国互联网上网服务行业转型升级试点工作启动，中国互联网上网服务营业场所行业协会发布了《让上网服务营业场所明亮整洁起来》的倡议书，制定并发布《互联网上网服务营业场所服

---

① 中国互联网上网服务行业协会：《2014 中国互联网上网服务行业年度报告》，2015 年 4 月。

务环境规范》，文化部确定了北京、上海、洛阳、长沙4个城市为全国互联网上网服务行业转型升级试点城市，大力支持"网吧"探索新的业态和经营方式。其中，长沙市在完善"建绿网、扫黑网、促连锁"的工作基础上，率先"调政策、转方式、强管理、促发展"，立足于培育文化消费、促进文化产业发展来谋划、定位上网服务行业转型升级工作，上网服务行业转型升级工作走在全国前列。2014年2月，文化部印发了《全国互联网上网服务行业转型升级试点工作方案》；2014年11月，文化部联合工商总局、公安部、工业和信息化部印发了《关于加强执法监督 完善管理政策 促进互联网上网服务行业健康有序发展的通知》，同月，文化部印发了《关于推动互联网上网服务行业转型升级的意见》，标志着政府管理部门对上网服务行业管理思路的调整和转变，开启了上网服务行业转型升级发展的新航程。

上网服务业是诞生于信息化时代、体现科技进步的现代服务业，在缩小城乡信息差距、解决流动人口和低收入群体上网问题、丰富人民群众精神文化生活等方面发挥了积极作用，有力地促进了我国网络文化发展和文化市场建设。上网服务行业为湖南省10多万人提供了就业岗位、为湖南省消费者提供了公共上网空间，上网服务业庞大的设备更新和软件应用需求也促进了相关产业的发展壮大。在互联网日益成为人们的生活方式和社会日常运行必要条件的形势下，上网服务行业仍有广阔的市场需求和创新潜力，特别是在当前经济承受下行压力的环境下，推动上网服务行业转型升级，既是转变行业发展现状、提高行业经营效益、提升行业整体水平、改善行业形象的迫切需要，也是降低政府监管成本、提高监管效能、从根本上解决上网服务行业深层次问题的重要举措；既是延伸上下游产业链条，拓展经营范围，实现多业态经营，培育湖南省文化产业新增长点的需要，也是引导未成年人文明上网，进一步丰富人民群众精神文化生活，实现"文化强省"的需要。

第一节 湖南互联网上网服务行业转型
升级面临的主要问题

湖南省上网服务行业在取得发展成绩的同时，也存在不少问题。行业散小乱差、经营模式单一、营业环境差、管理水平低、无证照网吧屡禁不止、从业人员素质不高、市场定位不准确、公共文化服务参与水平较低、违规接纳未成年人等问题依然存在，行业整体形象仍未明显改观。

一 经营环境较差，活力严重不足

作为上网服务企业重要集聚区，湖南省上网服务行业在发展中缺乏优胜劣汰的竞争环境，经营模式单一，营利水平差，活力严重不足，不少场所营业环境差、管理水平低，无证照场所屡禁不止。互联网上网服务行业散小乱差的市场格局，粗放式的经营模式依然存在，违规接纳未成年人、盗版、侵权等问题仍然比较严重，素质低信誉差的行业形象仍未明显改观，市场供需结构失衡问题突出。

二 政策变化较大，市场波动明显

从 2003 年开始，文化部等部委大力推动网吧产业实施连锁经营，鼓励和支持连锁企业收购、兼并、控股现有网吧，2007 年更是形成了严格的网吧开设标准，即不加入连锁，就不允许网吧变更过户，不允许新设立网吧。这种情况下，单体网吧开设没有了可能性，原有的一些网吧经营手续在转让中被炒成高价。2014 年 11 月 24 日，文化部发布了全面放开网吧审批的信息，即超过 20 平方米的店面就可以开设网吧①，而且可以先领工商执照后办网络文化经营许可证，这对既有的网吧，尤其是对一些高价收购连锁网吧的企业来说无疑是致命的打击，政策的随意变化容易引发市场波动。

三 监管形势严峻，执法难度加大

文市发【2014】41 号文件放开网吧审批，政策松绑、门槛放低将充分激活网吧行业的市场竞争，提升服务实现优胜劣汰。但开设门槛过

---

① 《文化部等四部门联合印发通知：全面放开网吧审批》，人民网，2014 年 11 月，http：//politics. people. com. cn/n/2014/1124/c /00/ – 26081463. html。

低，将导致网吧泛滥，"黑网吧"数量增加的风险加大，违法违规经营情况将成为常态，查处和取缔的工作量和难度更大，尤其部分市、县的执法力量难以满足网吧市场放开审批后的监管要求，监管和执法部门的力量无法肃清无序的市场最终将导致严重的社会恶劣影响，对未成年人的成长环境尤为不利。

四 市场定位不明确，盲目高投入

一些行业经营者为了转型升级，提升经营效益，未进行充分的调研即引进不符合当地市场、用户需求和消费水平的经营项目，盲目拼装修和提升场所硬件设施，过度高端化，从而造成了资金的占用和资源的浪费，加大自身负担，达不到所期望的转型升级和提高经济效益的目标。

五 从业人员素质不高，行业转型艰难

随着行业转型升级的不断推进，部分场所行业经营者和从业人员素质较低的状况逐渐显现，难以满足服务水平和管理效能的进一步提升，加上长期以来形成的"家族式管理"和"小作坊式"经营模式，阻碍了上网服务行业的转型升级。

第二节 湖南互联网上网服务行业转型升级的指导思想、基本原则与发展目标

一 指导思想

深入贯彻落实党的十八届三中全会、四中全会以及国务院、文化部相关文件精神，把握新常态下文化产业发展的机遇，通过整合资源、改善环境、优化服务、引导舆论等提升行业整体形象，推动全行业从单一化、粗放型向多元化、品牌化、主题化、集约化的转型升级，把互联网上网服务营业场所逐步改造成为适合不同人群，兼具上网服务、社交休闲、电子竞技、电子课堂、远程服务等功能，在文化消费中起积极引领作用的社区教育信息服务平台和多功能文化休闲场所，促进互联网上网服务行业更加健康有序发展。

二 基本原则

按照"突出引导、分类指导、整合资源、重点推进"的基本原则，突出政府政策的引导扶持作用，充分发挥市场的资源配置功能，科学规

划合理布局，放宽准入强化监管，实现行业的可持续发展。

（1）政府引导，市场主导。既要发挥政府政策的引导作用，也要充分发挥市场在资源配置中的决定性作用，充分发挥连锁企业在促进业态多样化、推动行业转型升级中的示范引领作用。通过政府指导、行业参与，推动上网服务企业转型升级，以点带面，实现全省上网服务行业整体形象彻底改观。

（2）科学规划，合理布局。依据经济社会发展状况、市场需求、互联网上网服务营业场所分布等多方面因素，科学规划，分类布局。将湖南省上网服务营业场所划分为中心城区、城乡接合部地区和乡村地区，实现多模式发展和分区域管控。

（3）放宽准入，强化监管。取消网吧总量控制，放开单体审批，降低准入门槛；放宽住所登记条件，调低计算机台数和经营面积；取消网吧连锁企业认定注册资本最低限额规定。进一步取消和下放行政审批事项，加强事中事后监管，健全内容审查制度，规范市场秩序，激发市场活力。

（4）先照后证，承前启后。申请营业场所先办理营业执照，再办理相关许可。保持互联网上网服务政策的连续性，进一步鼓励连锁公司收购、兼并、控股单体网吧；逐步缩减和放开互联网上网服务营业场所分类控制区；完善未成年人绿色上网场所管理制度，探索"绿色网吧"经营模式。

三　发展目标

从 2015 年至 2018 年的 3 年时间内，湖南省以"转型升级、提升形象"为目标，通过互联网上网服务行业转型升级工作，力争全省互联网上网服务营业场所环境明显改善，服务品质大幅提升，市场结构进一步优化，经营业态更加丰富，行业整体形象明显提升。重点引导培育全省 3000 家左右各项行政审批手续齐全、敞亮整洁、守法经营、有一定规模、经营收入中"机时费"与多业态经营收入比例在 6：4 以上上网服务企业转型升级为重点示范企业。市州城市每年培植 5 家、县（市）城市培植 3 家、有条件的乡镇培植 1 家重点示范企业[①]。

---

① 湖南省文化厅：《关于贯彻落实文化部等四部门〈关于加强执法监督、完善管理政策，促进互联网上网服务行业健康有序发展的通知〉的意见》，2015 年 3 月。

第三节　湖南互联网上网服务行业转型升级的可借鉴模式

近年来，为实现行业的转型升级，拓展新的营收增长点，我国很多省市的上网服务企业纷纷进行了有益的尝试，探索出了卓有成效的经验与做法（表7-1）。其中，出现了休闲社交、休闲游戏、创业上网服务场所、电竞馆、电子商务社区、上网服务会所、影视主题等多种富有特色的上网服务场所运营模式。

表7-1　　　　互联网上网服务行业转型升级主要经验与做法

编号	地区	主要经验与做法
1	北京市	拓展经营范围，增加经营内容，改单一经营为多种经营；引进了电子竞技项目、体感游戏和影吧等项目；设立拉卡拉，为顾客提供购买火车票、飞机票、代缴水电和煤气费等便民服务；增设水吧并丰富饮品种类，同时积极探索社区网络服务等。
2	四川省	出台了系列政策，拓展场所功能，实现网吧+X的网吧综合体模式，将电子竞技、体感游戏、影吧、咖啡吧、书吧等项目定为明确的发展方向。着力提升网吧规模和档次，提高服务质量，实施以提供互联网上网服务为主业，兼营演艺、小食品、饮料、快餐、广告、游戏推广等多种业务为支撑的新型经营、营利模式。
3	长沙市	打造网吧品质化环境，重塑行业形象，部分网吧开展多元化经营，打造了上网服务+咖啡、+电子竞技、+餐饮、+电影、+棋牌、+社区服务等模式，扩大文化消费，一些网吧通过开展公益性服务，植入公共文化服务内容。
4	广州市	进一步降低了上网服务场所场地审批条件，将持有出租屋管理中心出具临时商业性质证明的镇街级场所纳入受理范围；市文化娱乐业协会与电信部门协商解决降低上网服务行业光纤费运营成本；在花都区试点引入了搜酷等连锁上网服务场所重组或并购区内落后上网服务场所，以多业态经营模式促进市场竞争。

续表

编号	地区	主要经验与做法
5	深圳市	在试点场所开展质量管理体系认证，对场所管理服务流程、标准、业务规范化管理；同时把上网服务场所转型升级纳入市政府公共服务体系，选取30家合作场所安装了智能宣传终端（LED屏）、数字图书馆系统、文化活动宣传展架，打造公共文化服务新平台。
6	汕头市	将上网服务场所纳入文化产业资金扶持范畴，组织行业协会、上网服务场所业主及管理人员赴北京等地学习参观，鼓励企业利用自身优势发展多业态经营。
7	宁波市	基础良好、硬件设施完善的网吧实施多元化发展，做好咖啡、水吧、书吧等增值业务，发展成"网咖"、"网竞"，向多业态的公共文化场所转型；基础薄弱的场所主要通过场所环境的改造，实现服务的升级。
8	洛阳市	在网吧植入公共文化服务功能，为社区居民提供网购、阅览和多种信息服务；为农民提供农产品信息发布和销售服务；实现多元经营，丰富企业服务内容，扩大了基层公共文化服务范围，使互联网上网服务营业场所纳入社会和公众的监管视线。

一　"休闲游戏上网服务"模式

该模式将上网服务场所分成功能鲜明的电竞区和休闲区，在不同的区域为客户提供不同的服务，使因不同需求进入上网服务场所的客户能够在专门化的服务里得到最大的享受。

典型案例是杰拉网咖。该连锁网咖一般选址在城市核心商圈或高校周边，内部分为多个装修风格不同的专门区域，对战区在硬件配置方面和电竞氛围方面凸显了游戏的乐趣和魅力；吧台区为顾客提供咖啡以及各种特调饮料；休闲区桌上摆放绿色盆栽、顾客主叫服务的提示器，并提供图书阅读。在营销方面，杰拉网咖建立了微信公众账号，实现线上互动、线上活动、信息查询等多种功能。采用自媒体思路，定期推送电竞圈新闻动态、公司新闻动态等内容，增强客户黏性。建有自己的网站，将众多功能融为一体，与多家媒体保持合作关系。此外，杰拉网咖还成立自己的游戏俱乐部，举办多场跨界电竞联赛或活动。

二　"休闲社交上网服务"模式

该模式是一种集上网、咖啡、奶茶于一体的网络休闲场所，以新潮的室内装修、优质的网络服务、高品质的用户体验为客户营造温馨舒适的感觉，多选址在人流量较大的商业区，以吸引休闲消费人群。

典型案例是上海网鱼网络发展有限公司。该公司通过一系列的市场调研，建立了一套严格而科学的开店标准，包括店铺选址、电脑型号、包房比例等，对装修也有精心的设计。门店内设置了休闲区、卡座区、情侣区、对战区、咖啡区等多个区域，以满足不同顾客的需求。公司还在营销模式上进行了创新，建有官方网站，向社会大众推介网鱼网咖品牌；门店店长建立了微信公众账号，通过自编软文来推广门店；依托网鱼网咖鱼泡泡 APP 平台，搭建顾客线上集聚平台等。此种模式适合商业环境相对成熟的一线城市，文化氛围的营造是其成功经营的关键因素。

三 "电竞创业上网服务"模式

该模式分出了功能明确的不同区域，其中还划分出了专门的创业咖啡区域。

典型案例是白夜网咖学院路店。该网吧选址多在高校周边，整体风格是以电子竞技为核心，内嵌古朴悠闲的咖啡休闲区。在网咖分区设置上，分别设置了网游大厅、双人休闲区、情侣区、苹果 iMac 一体机体验区，还有可以举行小型视频会议的多功能包房，此外，还按照最主流游戏场景设计了电子竞技专区。休闲区的顾客可以喝茶聊天，读书上网，还特别安装了网络电视，对网咖内的人气有所提高。在运营中，白夜网咖提供除上网服务外更丰富的服务内容，还成立了硬件发烧友俱乐部，把喜欢计算机硬件的学生聚到一起交流学习，并邀请硬件厂商过来做培训。此外，还成立了大学生创业沙龙，给有好创意的大学生和做投资的金融机构搭建了平台。

四 "电竞馆"模式

电竞馆是专注电子竞技的经营模式，从目标用户、装修风格、运营服务等方面围绕电子竞技单一核心，将电竞概念做到极致。

典型案例是青岛朗通网咖四海风店。该店地处青岛大麦岛饮食与金融一条街和青岛大学圈，竞技区以超前的配置吸引了大批高端玩家，让这里成为学生竞技群体和社会竞技爱好者的聚集地。朗通电子竞技联盟（LEL）成立后，这里成为常规赛的举办地点，活动内容包括个人赛和团体赛。

五　"电子商务社区"模式

该模式是高端上网服务场所的典型运营模式，主要针对中高端的商务人群、固定居民，随着商圈的逐步完善，后续发展空间较大。

典型案例是北京松柏网咖。松柏网咖分为电竞和休闲两部分，电竞区分为休闲电竞、高端电竞和电竞秀场；休闲区分为商务卡座、松柏书房、情侣包厢及贵宾房。基于商务人士的需要，配备了商务沙发、大屏显示器。为配合社区的阅读需要，准备了书屋，让用户可以进行实体和在线阅读。同时，松柏和拉卡拉合作，为社区提供便民服务项目，在方便社区用户水、电、煤气缴费的同时，还提供火车票、飞机票等的销售服务。针对社区的留守老人还提供有针对性的上门团购服务，大件商品送货上门。

六　"上网服务会所"模式

该模式将上网服务与大型会所相结合，将上网服务场所转化为综合性的文化娱乐场所。

典型案例是长沙藩城美式网络生活馆。藩城美式网络生活馆地处交通要道，流动人口多，商住楼人群密集。生活馆内部设有风格卡座电脑区、包厢区和豪华影视休息厅，供顾客自由选择，其中包厢区分为双人卡座上网包厢和多功能上网棋牌休闲包厢。会员聚会豪华影视休息厅是一个小型的电影院，顾客可在淋浴后躺在按摩椅上，观看自己想看的电影。上网服务场所内全部选用 AOC32 英寸显示器，键鼠和耳机也是知名品牌，经营效益在转型升级工作开展以来得到明显提升。

七　"公共文化上网服务"模式

该模式的定位是提供公共服务，主要建于乡村地区，为电脑和手机尚未普及的人群提供上网服务。

典型案例是洛阳星河超越网咖。该网咖位于洛阳市汝阳县付店镇，在中部农村地区具有代表性，当地群众对提升公共文化服务的需求愿望强。网咖设置有图书阅览室、电子阅览室、"3D 小影院"、棋牌室等功能区，可提供图书借阅服务，电子阅览室的读者可以免费访问国家公共文化服务中心和省、市图书馆的数字文化资源。对不良内容、大型网络游戏进行处理后，中小学生可以利用电子阅览室开展学习活动。3D 影厅可为上网消费者和周边居民提供影视戏曲的观赏服务。"电子集市"为当地群众提供网络购物、车票代购、手机费用代缴等服务。建立专门的监控服务器，接受周边商户、居民有关平安居家的相关监控服务。

八 "社区便民惠民服务"模式

该模式以便民、亲民、惠民作为经营的亮点，服务于居民大众，尤其适用于乡镇网吧的转型升级。

典型案例是绵阳英雄网吧。英雄网吧位于绵阳市游仙区小枧沟镇新华社区，该网吧着重加强空气置换系统的建设，及时排烟，空气清新。网吧提供的服务有：便民服务，包括引入 7 - Eleven 连锁便利店的模式，设立多种便民服务，其中包括快递投放、电费水费充值、网上代购、24 小时便民小超市等。惠民服务，包括设立用于"社区网络学堂"的远程教育和在线学习，针对本镇居民的受教育情况，开设包括远程学历教育、远程技能教育等网络教学服务。亲民服务包括棋牌、简餐、饮品、电子竞技、免费电子阅读等内容。

九 "都市时尚场所"模式

该模式多选址在人口密集、交通便捷的商业区，从装修、运营等皆充分结合当下时尚流行热潮。

典型案例是深圳棒棒堂网咖。棒棒堂网咖坐落在深圳松岗喜港城中心，商业气氛浓烈、交通便捷、人口密集，以时尚、休闲、舒适的装修风格为主，分成休闲区、情侣卡座、比赛区等。网咖建立了公司微信公众账号，可以让顾客在第一时间了解到棒棒堂网咖的最新动态。微信平台还介绍了各分店特色、活动等，可以让顾客在睡前就决定好第二天的活动安排。在餐饮方面，将小超市、各类饮料、食品种类分别做成食品单、饮料单等，方便顾客随时点单。同时，每年公司都会有集体会员活动，各分店的各种活动也持续开展，比如与各电竞游戏合作、与各游戏玩家开展联盟游戏等。

十 "微咖"模式

微咖是以简餐、水吧、书吧等为主的综合型休闲场所，重点融入简餐、无线网络等服务，还可以加入桌球等项目。

典型案例是信阳市晓鱼微咖网络服务有限公司。晓鱼微咖不再强化有线网络功能，微咖的网络包房全部采用五人制游戏战包房，网络包房中强化了"装备"的重要性，电脑配置一流。把无线网络完全融入场地，所有的无线将高速、无上限提供。更注重文化品位建设，会推荐一些优秀的书籍，以免费查阅、有偿借阅为主。适当结合相关休闲运动项

目及附属服务，会增加桌球、桌游等项目，以及提供擦鞋、美甲等附属
服务。微咖的大厅以休闲吧桌椅、无线 WiFi 及其他移动终端可无限时
长免费提供。游戏对战包房有包时收费、按时计费、套餐式消费三种方
式。微咖以众筹方式来筹集资金，主要面向具有开放性思维、有创新思
想的创业者。

第四节　湖南互联网上网服务行业转型
升级的对策建议和保障措施

推进互联网上网服务行业转型升级，需要以政府为指导，以市场为
引导，充分发挥市场在配置资源中的决定性作用，着力改善上网服务环
境、适当放宽市场准入标准、提高行业服务管理水平、不断借鉴和创新
服务业态、持续推进转型试点建设。同时，也要在政策、资金、人才、
舆论宣传、行业协会建设等方面加大对互联网上网服务行业的支持力
度，形成推进转型升级的强大动力。

一　对策建议

推动上网服务行业转型升级，要坚持以市场为导向，充分发挥市场
在资源配置中的重要作用，着力解决市场体系不完善的问题；鼓励上网
服务企业改造上网环境、探索多元化经营、开展社区教育培训和网络代
购、远程咨询等服务、引入公共文化服务和先进管理理念及运行规范，
提升管理和服务水平；坚持监管与服务并重的原则，实现有效监管，主
动服务，良性互动；注重激发企业提高经营服务水平的内生动力，注重
维护企业合法权益，鼓励创新，促进发展。

（一）改善上网服务场所环境

灯光昏暗、环境脏乱是上网服务场所以往带有普遍性的问题，既损
害消费者身心健康，也存在安全隐患，严重影响行业形象。要把改善上
网服务场所环境作为推动行业转型升级的重要内容，引导和支持上网服
务场所改造上网环境，使之成为敞亮、开放、整洁的公众文化场所。各
级文化行政部门和文化市场综合执法机构要提高认识，积极会同有关部
门，建立营业环境脏乱差的上网服务场所名单，督导环境整治，确保上
网服务场所敞亮、开放、整洁。要商请有关部门，主动将上网服务场所

环境卫生情况纳入地方文明创建考核评价体系。公安部门要加强对上网服务场所违规用火用电、消防通道堆放杂物等安全问题的巡查，依法查处消防安全违法行为；对未悬挂禁烟标志或者发现吸烟不予制止等行为的，依照《互联网上网服务营业场所管理条例》的规定予以查处。

（二）适当调整市场准入政策

①适时调整布局规划。要做好农村地区、外来务工人员聚集区、年轻人聚集区、流动人口密集区上网服务企业的布局规划。推进部分经营困难的上网服务企业和新设立上网服务企业向远离中心城镇的新建开发区、经济区、高新区、工业园区等流动和倾斜，与劳动力密集型企业、大型厂矿企业开展合作或共建，实现社会效益和经济效益多方共赢。各地文化行政部门在制定网吧总量布局规划时，要优先考虑省级网吧连锁企业门店布点工作，经省文化厅认定的省级网吧连锁企业设立的网吧连锁直营门店（网吧连锁企业独资或控股 51% 以上），可以不占各地网吧总量控制指标，不受终端台数等限制。

②合理降低准入门槛。合理确定准入标准，取消各级文化行政部门对上网服务场所的总量和布局要求；取消对上网服务场所计算机数量的限制；场所最低营业面积调整为不低于 20 平方米，计算机单机面积不低于 2 平方米。凡是符合设立条件的申请，县级以上文化行政部门应当依法受理、审批。根据文化部在长沙市转型升级试点经验，在全省统一开展上网服务场所管理长效机制试点工作，不对上网服务场所营业时间做统一规定；上网服务场所距中学、小学校园出入口最低交通行走距离不低于 200 米；允许上网服务场所经营非网络游戏；允许试点地区将上网服务场所不得在居民住宅楼（院）内设立，调整为不得在居民住宅楼内设立；农村地区依法取得消防安全手续的合法用房可以设立。

③鼓励规模经营。逐步淘汰散、小、差、乱网吧，新设立的单体网吧的计算机台数，地级市城区不得少于 150 台、县（市、区）城区不得少于 100 台、农村乡镇不得少于 50 台，单机占地面积不得少于 2 平方米（不含办公室、洗手间、小卖部、外走廊等附属用途建筑物的占地面积），并符合当地网吧总量控制和布局规划要求。

（三）提高上网服务管理水平

①注入现代企业制度。实行企业化运作模式管理上网服务经营场所，建立健全先进的企业管理制度，采取经营权和所有权相对分离的精

细化管理模式，实行店长负责制，员工股权激励制，培育企业文化，激发管理团队的责任性和积极性，做精、做实上网场所企业。推动上网服务企业与知名网络文化企业开展多种形式合作，引入先进管理理念和运行规范。要发挥品牌示范效应，树立品牌企业良好的管理服务形象，增强品牌企业的影响力和辐射力，带动上网服务行业提升管理和服务水平。

②开展星级量化管理。随着简政放权和商事登记制度改革的进一步推进，日益增长的大市场和小队伍之间的矛盾将会进一步凸显，探索、完善事中事后监管的有效途径迫在眉睫。为此，要开展互联网上网服务行业星级量化管理工作，把对上网服务企业监管的内容进一步细化，各自赋予一定分值，结合日常监管与定期现场综合考核以及年度行业评议，对企业进行评分，分数越高，星级越高。在日常监管中，对星级较高的企业可以自律为主，减少检查频次；对星级较低的则加强监管，为转型升级创造良好环境。

③强化政府监管。各级管理部门按照"属地管理"的原则，对无证擅自从事经营、违规接纳未成年人、营业场所昏暗脏乱存在安全隐患等问题，特别是对农村上网服务场所，要进行重点整治。各地管理部门要积极创新行业监管激励机制，对属地上网服务行业实行分类分级监管模式，加强事中事后监管，有效促进市场规范。同时，扩大文化市场义务监督员、公共安全协管员、信息员及文化志愿者队伍，建立定点监督、日常巡查、信息反馈等相关制度，延伸监管手臂，构建群防群治的社会监管网络体系。各地文化行政部门和文化市场综合执法机构也要根据市场状况，层层公布重点督办地区名单，直到乡镇一级。对市场秩序混乱、监管不力的地区，文化部将通报批评；对市场秩序严重混乱的地区要限期整改，必要时约谈有关部门主要负责人。

（四）鼓励上网服务场所丰富经营业态

①鼓励连锁经营。充分发挥市场在资源配置中的决定性作用，鼓励、支持互联网上网服务企业与连锁企业的连锁整合和连锁经营行为。鼓励网吧连锁经营企业通过收购、兼并、参股、控股现有合法网吧，鼓励现有合法网吧联合、重组，扩大经营规模，压缩网吧总量，改造和提升现有网吧产业。综合运用多种手段引导连锁企业发展，充分发挥连锁企业在促进互联网上网服务业态多样化，推动行业转型升级中的示范带

动作用和骨干引领作用，利用连锁企业规模优势，构建连锁经营的多元业务平台和共生多赢的产业增值发展平台。取消各级文化行政部门对连锁企业设立的认定，连锁规模、连锁方式由上网服务场所自主决定。凡符合《网吧连锁企业认定管理办法》等文件认定标准的，各级文化行政管理部门和文化市场综合执法机构要引导网吧经营者创造条件申报成为全省或者全国网吧连锁企业，扩大湖南省在全国的文化影响力。

②鼓励业态创新。鼓励上网服务企业拓展经营范围，丰富场所功能，改变以机时费收入为主的单一营利模式，探索开展以上网服务＋休闲类、上网服务＋电子竞技类、上网服务＋网络课堂类、上网服务＋远程网络服务类、上网服务＋乡村网络服务等新型服务模式。鼓励互联网上网服务场所积极与银行、超市、物流、酒吧、广告等行业合作，利用互联网上网服务场所开展饮料食品、图书、动漫、IT产品、工艺品等销售，开展票务代理、网络代购、打印复印、教育培训等增值服务。通过跨界、混业、创新、整合等形式，与纵向、横向关联产业进行融合，开展多元化经营。

③推进行业融合发展。鼓励上网服务企业拓展经营范围、兼营其他服务项目，鼓励有条件的企业积极向移动互联网等信息技术服务业转型升级，形成与其他产业的相互渗透和融合发展。各级文化、工商、公安、消防、通信、税务等相关行政管理部门，要积极帮助上网服务企业开展多业态经营，在其办照、办证时，要简化审批流程，做好服务，从简、从优、从快办理相关行政许可或备案事项。对照省发改委《关于公布政府定价政府指导价行政许可（审批）前置服务收费目录清单和涉企服务收费目录清单的通知》的规定，规范收费行为，降低企业运营成本，加强市场监管，营造上网服务行业公平竞争环境。

（五）鼓励上网服务场所参与公共文化服务

上网服务场所参与基层公共服务、电子商务、社区培训、远程教育等领域将会越来越广泛、越来越深入，与农村书屋、农村互联网上网服务营业场所和社区上网服务场所将成为新增长点，与其他产业业态的有效融合将不断加强。鼓励农村地区有一定经营管理水平的上网服务场所参与农村公共文化服务，设立并逐步增加公共文化服务项目和内容，将上网服务场所纳入社会公众和基层组织的监管视线。鼓励社区、上网服务企业采用多种模式建设公共网络文化服务中心、文化及技术服务等平台，使上网服务场所成为社区居民上网、阅览、娱乐、休闲和服务中心，积极开展社区电子课堂、网络代购、远程健康咨询等便民服务，参与文化下乡、科技下乡等活动。鼓励农村地区有一定经营管理水平的上网服务场所参与农村公共文化服务，设立并逐步增加公共文化服务项目和内容。凡参与社区和农村公共文化服务的上网服务企业场所，由省级文化行政主管部门统一授予社区网络综合文化服务中心称号并授予牌匾，属于购买公共文化服务的项目，应依法实行政府采购。

（六）持续推进转型升级试点

为了有效指导全国互联网上网服务行业全面转型升级，文化部制定了《全国互联网上网服务行业转型升级试点工作方案》，在对全国城乡上网服务场所深入调研的基础上，选择部分不同类型、各具代表性的上网服务场所作为转型升级的试点单位。长沙市 2013 年 9 月被选定为全国互联网上网服务行业转型升级试点城市，从 2013 年 12 月起，长沙选定 5 家试点场所启动以"多业态发展、多模式创新、多元化服务"为主的转型升级工作，告别营业环境脏、乱、差，探索网络＋社区服务、网络＋酒吧、网络＋学堂等形式多样的内在经营结构升级，推动网吧往高品质、多功能的文化休闲场所方向发展，实现经济效益与社会效益的统一。通过试点调整和改进管理政策，鼓励上网服务企业探索多种经营业态和管理方式，改善环境，优化服务，提升行业形象。为加快培植互联网上网服务行业骨干龙头企业，在未来三年时间内，湖南省各市州、县（市）要按照互联网上网场所数量选取 10%、20% 进行孵化，先行推进，充分发挥示范带头作用。各地在培植过程中，要因地制宜，多从市场形势和政策上指导，充分发挥企业的创造性和积极性，不可进行行政干预。对培植出来的骨干龙头企业，重点推广其经验和发展模式。

二　保障措施

（一）强化政策保障

各级文化行政部门要协同多方力量，主动作为，积极作为，通过示范引导、现场观摩、论坛交流、行业培训、发布案例、推广经验、行政奖励等多种方式，鼓励、支持和推动上网服务行业转型升级。把互联网上网服务企业纳入支持小微文化企业发展的工作范围，积极利用各类产业扶持政策和资金，推动上网服务企业规范经营、做大做强；推动银企合作，为企业融资发展提供服务和支持，为上网服务行业转型升级创造良好环境。税务部门要积极支持上网服务连锁企业、转型升级示范企业在新产品、新服务、新商业运行模式的推广应用，不断优化纳税服务和征管措施。上网服务企业自主开发、生产动漫产品或从事移动互联网等信息技术服务，符合国家政策条件的，可申请享受国家鼓励软件产业发展的有关增值税优惠政策；上网服务企业为开发动漫产品提供的动漫脚本编撰、形象设计等服务，以及在境内转让动漫版权，可根据营改增相关政策规定选择按照简易计税办法计算缴纳增值税；对符合小微企业条件的上网服务企业，按规定享受现行企业所得税优惠政策。

（二）强化资金扶持

通过发挥各级有关专项资金的扶持引导作用，采取政府采购、项目补助、贷款贴息等措施，实现财政政策、产业政策与企业需求的有机对接，着力改善上网服务企业发展环境，培育重点示范企业。各地应结合本地区实际，制定和实施上网服务企业转型升级孵化计划，积极培育一批具有发展潜力的上网服务行业转型升级重点示范企业。通过重点示范企业的带头示范作用，推动湖南省上网服务行业转型升级发展。将上网服务企业纳入各级文化产业引导资金扶持范围，在资金安排上，向转型升级重点示范企业倾斜。对符合条件并积极参与公共文化服务的上网服务企业，纳入各级公共文化项目采购范畴。对符合省级文化产业示范基地和国家文化产业示范基地申报条件的重点示范企业予以优先申报。

巩固和深化文化行政部门、中小企业主管部门与金融机构的合作，鼓励、引导金融机构支持上网服务企业发展，鼓励金融机构加大对上网服务企业的信贷投放力度，鼓励创业投资机构和产业投资基金投资上网服务产业项目，支持信用担保机构对上网服务企业提供贷款担保。企业所在地政府投资设立的中小企业信用担保机构要加大对上网服务行业转型升级重点示范企业贷款担保力度。企业所在地政府可以参照《湖南省人民政府办公厅转发省财政厅等部门〈关于鼓励移动互联网产业发展的若干政策〉的通知》对转型升级重点示范企业给予贴息补贴。

（三）强化舆论宣传

加强对上网服务行业转型升级、提升形象工作的舆论宣传工作，为政策调整、转型升级营造良好社会环境。鼓励各地邀请当地主要新闻媒体对转型升级工作进行跟踪报道、专题报道；定期召开新闻通气会，通报转型升级工作进展。建立转型升级试点场所工作档案，利用典型试点场所的新旧变化进行宣传、示范引导。大力宣讲政策，通过联系经营户活动、日常执法检查和主动上门沟通等形式，大力宣传文化部、湖南省鼓励转型升级的政策意见，真正让广大经营者认清形势，抓住机遇，更新观念，主动进行转型升级。

（四）强化人才供给

加强对上网服务行业从业人员的培训，提高从业人员经营管理水平。各级文化行政部门、行业协会要制定行业培训规划，明确年度培训任务，承担培训的主体责任，以现场授课、远程教育等多种形式，力争通过三年时间，基本对全省上网服务企业主要负责人培训一轮。全省每年统一组织两次上网服务行业的研修班，定期开展湖南省上网服务行业重点示范企业的评选活动，奖励转型升级中涌现的先进企业管理团队和个人。

（五）强化协会服务

推动各地行业协会落实中国互联网上网服务营业场所行业协会发布的《让上网服务营业场所明亮整洁起来》倡议书和《互联网上网服务营业场所服务环境规范》，优化行业服务环境。积极发挥行业协会的引导和服务功能，规范各地行业协会组织机构建设，支持行业协会制定行业发展规划、开展场所服务环境星级评定、互联网上网服务行业产业链软硬件产品技术检测、新型人才培训、产业政策调研、政策咨询与法律维权等配套服务工作，支持行业协会组织企业参与社会公益活动和社区建设，提升行业形象。

第八章　湖南加快建设文化强省的推进路径与保障措施

　　自从湖南省第九次党代会以来，省委高度重视文化建设，率先提出和大力实施文化强省战略，全省人民的精神面貌发生深刻变化，攻坚克难、昂扬向上、奋勇争先的精气神充分展现，现代文明素质明显提高，聚精会神搞建设、一心一意谋发展的氛围日益浓厚。省第十次党代会着眼于开创科学发展富民强省新局面、谱写湖南省人民幸福美好生活新篇章，明确了全面推进"四化两型"、实现"两个加快"的总战略和总任务，作出了深入贯彻党的十七届六中全会精神，推动文化大发展大繁荣，加快建设文化强省的重大决策。

　　时任省委书记、省人大常委会主任的杜家毫在省第十一次党代会提出，要牢固树立文化自信，依托湖南文源深、文脉广、文气足的优势，打响湖湘文化品牌，加快建设文化强省，提升文化的市场竞争力和国际影响力。2017 年 1 月 18 日，省委副书记、省长许达哲主持召开省政府参事、省文史研究馆馆员座谈会，提出要围绕加快文化强省建设主动作为，创造更多具有湖湘特色的优秀作品和研究成果，着力强化"四个自信"。

　　随着文化强省战略的实施和阶段性目标的达成，如何继续发挥湖南省文化资源禀赋较高、文化产业规模较大等发展优势和提升公共文化投入不足等发展短板，如何借鉴发达国家和地区的文化发展经验，在新形势下推动文化产业转型升级和文化事业大发展大繁荣，努力在文化强省建设中走在全国前列，已经成为湖南政府部门、文化界和学界亟须破解的重要课题。

第一节　湖南加快推进文化强省
建设的战略目标

推进文化强省发展，建设文化强省升级版，湖南有着自身独有的基础和优势，同时，"一带一路"建设、"五化同步"战略、"互联网＋文化"、文化体制改革以及各级领导的高度重视都为湖南文化的快速发展带来了机遇。在此基础上，湖南也制定了总体和文化产业、文化事业、文化体制改革的"三步走"发展目标。

一　主要机遇

（1）"一带一部"与长江经济带建设的推进以及"一带一部"定位有利于拓展文化发展空间。"一带一部"与长江经济带建设的深入推进以及"一带一部"战略定位，有利于湖南省依托丰富的文化资源，在更大范围、更深层次、更宽领域进行文化资源整合、参与国际国内文化合作；有利于文化企业强化"内联外引"，进一步开拓境外市场，引进利用国内外资金和先进技术，提高湖南文化的国际化水平。这必将进一步扩大湖湘文化在国际国内的影响力，进一步强化文化产业在国民经济中的支柱地位，进一步推进文化事业大发展大繁荣。

（2）"五化同步"与"五大发展理念"战略目标有利于提升文化发展地位。"五化同步""五大发展理念"是我国和湖南省经济社会发展的重大战略目标，着力打造湖南文化发展升级版与这两大战略目标的发展要求高度契合。依托"五化同步"发展战略，必将加快推进文化产业转型升级、创新驱动、科学跨越发展。按照"五大发展理念"战略目标，强化创新引领，做大文化产业总量与人均数量；强化共建共享，将文化事业作为丰富人民群众精神文化生活的重要保障，强化对外开放，扩大文化"走出去"与"引进来"，有利于实现文化发展的"创新、协调、绿色、开放、共享"，全面提升在湖南发展战略中的地位。

（3）供给侧结构性改革与"互联网＋"行动有利于助推文化创新与融合。加快推进文化产业供给侧结构性改革，提升文艺精品在文化供给中的比重，着力提高文化产业综合效益和竞争力，实现文化产业大省向文化产业强省的转变，是当前和今后一个时期湖南省文化产业改革发展的主要方向。着力实施"互联网＋"行动计划有利于丰富文化内容创作和生产传播途径，将有效拓展文化发展合作载体，促进文化市场主体、经营销售主体与消费者之间互动，为文化消费便利化提供技术支撑，推动形成文化发展新业态。

（4）推进文化改革发展，破除诸多体制机制障碍，有利于文化生产力进一步解放。针对湖南省当前文化发展存在的管办不分、建管失衡、发展欠活力等制度困境，破解体制机制障碍，进一步增强文化发展活力，有利于不断壮大文化创意产业的规模和影响力，有利于加快培育国际国内知名的文化企业和文化品牌，有利于不断加强文化基础设施建设和逐步完善公共文化服务体系，有利于文化领军人才和文化从业人员快速增长，将会更加丰富人民群众的精神文化生活，不断增强文化对湖南省经济社会发展的促进作用。

（5）各级领导的高度重视，将会为湖南省和各县市文化发展带来更多政策红利，有利于文化强省（市）的加快建设。湖南省是文化资源大省和文化发展大省，文化创意产业已经成为经济发展的支柱性产业，文化发展的主要指标与发达地区相比尚有一定差距，但在中部地区却处于引领地位。省市各级领导也非常重视文化强省建设，在政策、资金、基础设施建设和体制机制等方面为促进文化行业的进一步发展，提供了强有力的支持。未来一段时间尤其是"十三五"期间将会为湖南省和各县市文化发展带来更多政策红利，有利于湖南省从文化发展大省向文化发展强省转变，着力打造文化强省升级版。

二　发展目标

（1）总体目标。持续推进文化强省建设，着力打造湖南文化发展升级版，通过深化改革和加大投入，显著提高文化发展水平和质量。经过五年左右的时间，确保社会主义核心价值观深入人心，文化体制改革各项重点任务全面完成，文化事业进一步繁荣，现代公共文化服务体系和现代文化市场体系基本建立，人民群众基本文化权益得到保障，文化对经济社会发展的牵引力、带动力、辐射力持续增强，"湘字号"文化品牌的影响力不断扩大，主要文化指标在全国领先，文化综合实力位居全国前列，将湖南打造成为精神气质鲜明突出、文化创新引领潮流、文艺创作精品迭出、文化活动丰富多彩、文化设施功能完备、文化服务普惠优质、文化产业充满活力、文化形象开放时尚、文化人才群英荟萃的文化强省。

为便于实施推进，湖南省确立了"三步走"目标，分一年、三年、五年三个阶段设置相应目标，分步落实：

第一步目标（2017年）：全省14个省级现代公共文化服务示范区验收通过；文化和创意产业增加值突破2000亿元；新创3至5台精品剧目，力争有一台戏入选五个一工程奖，有2台戏进入国家精品剧目重点扶持剧目。创作适合惠民演出的大小型剧（节）目不少于60部（个）。复排、移植10台经典传统剧目。

第二步目标（2018—2019年）：到2018年年底全省以县为单位达到基本公共文化服务实施标准要求；实现文化和创意产业增加值超过2300亿元；组织一批精品剧目冲刺2018年第六届湖南艺术节、2019年第十二届中国艺术节，取得优异成绩。

第三步目标（2020—2021年）：（一）文化服务和剧种发展目标。到2020年全面完成文化小康建设各项任务，全省基本建成覆盖城乡、便捷高效、保基本、促公平的现代公共文化服务体系；实现文化和创意产业总产值达7560亿元，增加值突破3000亿元，年均增速12%左右，占GDP比重7%以上，综合实力和主要指标名列全国前茅，实现湖南文化产业发展升级版；推出15—20个重点剧目可供加工打磨，3—5个剧目进入国家级大奖行列，3—5人获得文华单项奖或梅花奖，包括美术在内的各门类艺术创作在全国性各艺术评选中名列前茅，湘剧、花鼓戏、祁剧、常德汉剧、巴陵戏等地方剧种实现全面振兴，京剧、湘昆、木偶皮影、歌剧、舞剧等剧种实现创新突破。

（2）文化产业发展目标。加强现代文化产业体系建设，构建湖南省文化产业发展"一核两圈三板块"的总体空间布局，加快发展县域文化产业，形成多点支撑格局。加快文化产业集聚区建设，重点扶持小微文化企业创新创意基地建设，努力打造国家级文化产业园区和国家级文化产业示范基地，逐步形成湖湘特色鲜明、创新能力强劲的湖南特色文化产业集群。壮大骨干文化企业，重点扶持知名企业，打造一批具有国际影响力的湖南文化产业品牌，搭建一批具有较强辐射力的国际文化贸易平台，文化产品与服务出口稳步增长，对外文化贸易规模进入全国前列。

（3）文化事业发展目标。社会主义核心价值观认同度显著提高，全民思想文化道德素质明显提高。构建具有国际视野、湖南特色的社会科学创新体系和新型智库体系，推出一批在全国有影响的研究成果。以构建现代公共文化服务体系示范县市区为标杆，基本建成现代公共文化服务体系。做大做强传统主流媒体，有效整合新媒体资源，充分发挥"互联网＋"效应，促进传统媒体与新媒体融合发展。全面振兴湘剧、花鼓戏等地方剧种，带动京剧、木偶皮影等剧种创新突破。完成革命文物类重点文物保护单位的规划工程、本体修缮工程、展示利用工程与环境整治工程。完善四级名录体系及保护机制，建设非遗项目库、专题数据库等数据库群。打造文化对外交流重点项目，鼓励支持在境外举办大型文化交流活动。

（4）文化体制改革目标。深化文化管理体制改革，进一步完善管人管事管资产管导向相统一的国有文化资产监管体制，建立健全充满活力、富有效率的文化生产经营机制，推动国有文化企业把社会效益放在首位、实现社会效益和经济效益相统一的评价考核机制。厘清各文化产业的业务边界，促进各产业良性竞争，实现新闻、影视、出版三大文化产业集团三足鼎立、优势互补、差异化运行的有序发展格局。提高文化市场监管的法治化和数字化水平，基本实现湖南省文化市场技术监管与服务平台上线应用。

第二节　湖南加快推进文化强省建设的主要路径

深入贯彻湖南省第十一次党代会和省领导的重要讲话精神，针对湖南省当前建设文化强省的短板和不足，以发达省份文化建设的成效为目标，结合文化强省建设的相关规划文件，从思想道德引领工程、文化产业壮大工程、文化事业繁荣工程、文化资源保护工程、文艺精品创作工程、优秀文化传承工程、文化宣传交流工程、文化人才提升工程、文化体制改革工程、文化发展考评工程十个方面推进湖南省的文化强省建设，着力打造文化强省升级版。

一　思想道德引领工程

通过各种形式的文艺创作、文艺传播和文化服务，积极践行社会主义核心价值观，弘扬以爱国主义为核心的民族精神和以改革创新为核心的时代精神，不断增强全省广大党员和干部群众的精神力量。依托博物馆、纪念馆、图书馆等文化阵地，广泛开展形式多样的国民素质教育，坚持不懈用社会主义先进文化武装人、引导人、塑造人、鼓舞人。

（1）培育和践行社会主义核心价值观。切实把社会主义核心价值观融入国民教育全过程，充分发挥新闻媒体、网上阵地和精神文化产品传播先进文化、育人化人的重要作用，深化中国梦和中国特色社会主义的宣传教育。深入开展"两学一做"等教育活动，加强对党员干部的党性党风教育，激励和引导党员干部特别是领导干部带头践行社会主义核心价值观。大力弘扬民族精神、时代精神、湖南精神和雷锋精神，以政府职能部门领导和高校理论工作者为主体壮大宣讲队伍，健全理论与时政的常态化宣传、宣讲机制，打造"湖湘大学堂""雷锋精神论坛"等系列活动品牌。

（2）深入推进精神文明创建。全面实施公民道德建设工程，健全社会诚信体系，推进文明城市、文明村镇、文明行业、文明单位、文明标兵创建，把创建触角延伸到市场主体、新经济组织、新社会组织和科技创新单位。结合文明家庭建设，继续开展"湖湘好家风"等系列主题活动，把社会主义核心价值观落细、落小、落到实处。细化完善市民公约、村规民约、学生守则、行业规范等，丰富"道德讲堂""道德评议""道德银行"等活动载体，打牢培育社会主义核心价值观的社会基础。突出抓好完美社区建设，提高城市品质和居民幸福指数，着力抓好美丽乡村建设。深入推进全民阅读，提升市民文化素质。积极传播"两型"理念，扎实开展"生态文明""低碳生活"等主题实践活动，大兴绿色环保节俭之风。

（3）加强哲学社会科学创新与新型智库建设。实施哲学社会科学创新工程，打造以优势学科为引领的重点学科体系，完善哲学社会科学评价与奖励机制，推动哲学社会科学成果的转化应用。大力支持湖南省中国特色社会主义理论体系研究中心、毛泽东研究中心、岳麓书院国学研究与传播中心、湘学研究院4大社科品牌建设。大力支持湖南党的创新理论研究和学习服务中心、省地方志数据库等具有湖湘文化特色的重点社会科学平台建设，不断壮大社科"湘字品牌"，着力建设社科"理论湘军"。紧紧围绕党委政府中心工作，打造以经世致用为目的，以湖南省社会科学院、湖南省政府发展研究中心、湖南省委党校（湖南行政学院）等省级重点智库为主导，以高校智库、科技创新智库、企业智库、社会智库为补充的新型智库体系。

二 文化产业壮大工程

以引导文化产业优化升级为着力点，培育形成新的增长点、增长极、增长带。通过重点行业企业带动和有力政策推动，促进文化产业优化结构布局、增强创新能力、提高质量效益。

（1）构建具有湖南特色的现代文化产业体系。着力推动文化产业供给侧结构性改革，重点培育和发展数字媒体、数字出版、创意设计、动漫游戏、移动多媒体、网络新媒体等六大新兴产业，推动影视传媒、新闻出版、演艺娱乐、文化旅游、广告会展、文化艺术等六大传统文化产业转型升级，加快构建湖南特色的现代文化产业体系。着力发展文化软件、广告服务、专业设计等创意设计产业，优化提升数字媒体、数字出版、影视传媒、出版发行、演艺娱乐、工艺美术、体育竞技与表演等产业，加快培育文博会展、绿色印刷、艺术品收藏及拍卖、动漫游戏、移动多媒体等新兴文化产业。促进文化与科技、制造、农业、金融、旅游融合，鼓励传统业态实现线上线下融合，引导和扩大文化消费。

（2）着力优化产业布局。推动形成优势互补、错位发展、区域联动的产业发展格局：以"长株潭"地区为文化产业核心增长极，重点发展传媒出版、动漫游戏、影视制作、创意研发等产业，打造全国文化产业高地，增强产业辐射能力；大湘西地区主要依托民族民俗文化等资源，重点发展文化旅游、创意设计、非遗传承、工艺美术等文化业态；大湘南地区加快推动文化产业与装备制造业、出口加工、对外贸易、现代服务业等相关领域融合发展，重点发展文化旅游、文化休闲等产业；环洞庭湖地区强化以生态文化、休闲文化、创意文化为特色的文化产业发展方向，重点发展生态经济、休闲农业、观光体验等产业形态。以产业园区为重点着力优化文化产业布局，持续开展省级文化产业示范基地和园区的评选活动，推动湖南长沙天心文化产业园、湘台文化文化产业园区等重点园区的建设发展，积极支持昭山文化产业园区创建国家级文化产业园。立足现有的 12 个国家级文化产业示范园区和基地、15 个省级特色文化产业示范园区基地，重点打造一批文化创意基地，提高文化产业规模化、集约化、专业化水平。加快发展县域特色文化产业，形成

"一县一品"的发展格局。

（3）推动产业转型升级。加快文化产业发展方式转变，积极推进文化与科技、旅游、金融、体育、制造业和农业等融合发展，推进文化创意和设计服务与相关产业融合发展；加快提升文化产业科技水平，大力支持文化企业自主创新和技术进步；推动文化产业与移动互联网对接，推进文化产业与物联网、移动互联网、云计算、大数据等的融合创新，关注再造文化产品的生产流程、服务方式、营利模式和业态形态。

（4）推进文化产业差异化发展。发挥科技创新型、文化创意型产品的优势，提供差异化、特色化的文化产品，通过文化创新驱动，更高效地激活文化创造力。发展湘菜、湘绣、湘瓷、湘茶、烟花等特色产业，推动地方文化产业差异化发展。

（5）强化文化市场管理。以优化市场健康、发展环境为着力点，加快建立统一开放、竞争有序、诚信守法、监管有力的现代市场监管体系。坚持简政放权、放管服结合，有序发展文化生产要素市场，为文化市场主体营造更好环境。建好湖南省文化市场技术监管平台，实现与文化部门监管平台无缝对接。通过完善并落实文化市场黑名单、双随机抽查、双告知、双公示制度、推进文化市场信用体系建设、推动上网服务营业场所及娱乐行业转型升级等措施，常态化开展执法检查，确保文化市场持续安全健康繁荣。完成好文化市场综合执法改革，打造一支高素质的文化市场管理队伍。

三 文化事业繁荣工程

加强基本公共文化服务标准化、均等化建设，补齐短板，兜好底线；引导文化资源向基层、农村和老少边穷地区倾斜，着力解决贫困地区公共文化服务体系建设问题；完善公共文化设施网络，加大文化惠民力度，推进基本公共文化服务均等化进程；创新公共文化服务方式，提升服务效能；建立群众评价和反馈机制，促进公共文化服务供需有效对接，打造公共文化服务升级版。

（1）全面推进基本公共文化服务标准化均等化。以县为基本单位全面落实《湖南省基本公共文化服务实施标准（2015—2020年）》（湘办发〔2015〕39号文件附件），制定县域基本公共文化服务项目供给目录，围绕文艺演出、文体活动、展览展示、读书看报、广播电视、电影放映等方面，设置具体服务项目，明确服务种类、内容、数量要求，完善考核方式，提升服务质量和效率。到 2020 年，基本公共文化服务内容各项指标达到国家指导标准和湖南省实施标准要求。

（2）完善公共文化设施网络。认真贯彻落实《公共文化服务保障法》和国家、省里相关政策，制定《湖南省公共文化服务标准化、均等化三年行动计划》，实现湖南省公共文化基础设施、基层公共文化人才队伍和群众文化品牌活动三大提升。着重关注省级与县级文化基础设施建设，抓好省博物馆、省图书馆新馆、湖南艺术职业学院新校区及专升本等项目建设，筹建一个省级大剧院，推动县级公共图书馆、文化馆、国有文艺院团综合排练场所建设项目提质改造全覆盖，到 2020 年实现基层综合性文化服务中心全覆盖。聚焦文化小康任务，加大文化精准扶贫力度，推动更多文化资源、文化产品和文化服务向贫困地区和基层倾斜。对接群众需求，继续做好文化馆、博物馆、图书馆等免费向社会开放的活动以及各类文化艺术教育普及活动，重点打造湖南艺术节、欢乐潇湘、雅韵三湘、送戏曲进万家送书画进万家、文化志愿服务等文化惠民品牌活动。

（3）加大贫困地区公共文化服务建设力度。与国家扶贫攻坚战略相结合，加强对湘西地区等老少边穷地区公共文化建设的帮扶，加大资金、项目、政策的倾斜力度，补齐公共文化服务短板，盘活贫困地区文化资源，大力推动文化惠民。贯彻落实七部委《“十三五”时期贫困地区公共文化服务体系建设规划纲要》（文公共发〔2015〕24 号）和湖南省七厅局联合印发的《“十三五”时期湖南贫困地区公共文化服务体系建设规划纲要》（湘文公共〔2016〕62 号），将公共文化帮扶纳入行业扶贫、老少边穷地区扶贫协作和定点扶贫工作内容，通过对口支援、合作共建、区域文化联动等形式，建立与扶贫开发工作重点县的结对帮扶机制，对湖南省集中连片特困地区及国家扶贫开发重点县在公共文化服务标准化、均等化、数字化、社会化建设等方面采取有效措施，实现“一县一策”、精准扶贫。力争到 2020 年，贫困地区基本公共文化服务主要指标接近全省平均水平，让文化在提高贫困地区群众科学文化素质、促进当地经济社会全面发展方面发挥更大作用。

（4）提高公共文化服务效能。创新公共文化管理体制和运行机制，完善公共文化服务体系建设协调机制，推动基层党委和政府统筹实施各类重大文化工程和项目。建立健全县级文化馆、图书馆总分馆制。深入推进公共图书馆、博物馆、文化馆（站）、美术馆等公共文化设施免费开放，提升免费开放服务水平，提高群众文化参与程度。建立健全基层公共文化服务监督评价机制，开展常态化的公共文化服务效能评估。建立群众文化需求反馈机制，推广"菜单式"服务模式。丰富公共文化产品供给，拓宽供给渠道。推动公共数字文化建设，加快数字图书馆、文化馆、博物馆、美术馆建设，统筹实施重大公共数字文化建设工程，加强数字产品和服务的开发，提高优质资源供给能力。建立以效能为导向的评价激励机制，研究制定公众参与度和群众满意度指标。深入开展艺术普及活动。繁荣群众文艺，完善扶持机制，搭建展示平台。

（5）推动公共文化服务社会化发展。促进公共文化服务项目化管理、市场化运作、社会化参与。建立健全政府购买公共文化服务工作机制。培育文化类社会组织。运用政府与社会资本合作、公益创投等多种模式，支持企业、社会组织和个人提供公共文化设施、产品和服务，推动有条件的公共文化设施社会化运营。鼓励和引导社会力量在符合条件的情况下结合历史街区和传统村落建设等兴办公共文化项目。推进文化志愿服务，建立和完善文化志愿者注册招募、服务记录、管理评价和激励保障机制，提高文化志愿服务规范化、专业化和社会化水平。

四　文化资源保护工程

全面贯彻"保护为主、抢救第一、合理利用、加强管理"的文物工作方针，坚持立足于保用结合，切实加大文物保护力度，深入挖掘和系统阐发文物所蕴含的文化内涵和时代价值，推进文物合理适度利用，使文物保护成果更多惠及人民群众，努力走出一条符合国情的文物保护利用之路。

（1）推进文物保护与展示体系建设。重点推进一批文物单位的本体修缮工程、展示利用工程与环境整治工程；推动革命文物类全国重点文物保护单位对公众开放；建设一批以革命文物为核心的红色景区，对近现代重要文物实现全面整合保护与全程全景展现；着力开展文化生态区、传统村落、大遗址项目的保护利用；建立健全文化遗产安全工作长效机制；加快构建门类齐全、体制多元的文化遗产展示体系；统筹建设脉络清晰、保护有力、规范有序的文化遗产园区。继续做好通道、绥宁侗族村寨，凤凰区域性防御体系，益阳、岳阳的万里茶道申遗工作；全面完成1—9批省级文物保护单位"四有"工作；跟进湖南省非遗博物馆、专题博物馆、展示中心、传习馆所等基础设施建设工作；支持指导市州、县（市、区）做好考古遗址公园、历史文化街区、伟人故居、文化遗产博览园等项目建设。

（2）加强非物质文化遗产保护。建立健全非遗保护监督检查机制、项目价值评估体系以及省级名录动态管理机制，制定省级非遗名录项目分类保护的规范标准、保护细则，着力构建代表性传承人评审、考核和退出机制；重点加强湖南省非遗博物馆、展示中心、传习馆所等基础设施建设工作；高度重视农村文化遗产抢救性保护；积极开展非遗展览、演出、讲座、论坛及进校园、进市场、进社区等宣传活动；加快制定和完善湖南省统一的数字化非遗保护工程标准体系，探索建立市州级非遗数字资源库信息化建设，形成非遗保护数据库群。

（3）加强湖湘文化古籍保护。加强对古籍的普查、修复、保存、宣传和利用，建立湖南省古籍保护联盟，完善珍贵古籍名录和古籍重点保护单位评定制度。开展湖南省古籍普查登记工作，建立完善湖湘文化古籍名录，建设古籍资源数据库，实施湖湘文化古籍保护计划、善本再造计划，推进《湖湘文库》数字化编纂出版工作，加强湖湘文化典籍整理编纂出版工作，推进对经典湖湘文化的学习和研究，全面实施"中华古籍保护计划"、"民国时期文献保护计划"，做好少数民族古籍保护、抢救、整理、出版和研究工作。

（4）加强革命文物保护利用。依托第三次全国文物普查和第一次全国可移动文物普查成果，梳理形成革命文物资源目录和专题数据库。指导督促各地文物部门将价值突出的革命文物及时报经当地人民政府核定公布为相应级别的文物保护单位。督促地方文物部门贯彻落实文物保护"四有"（有保护范围、有标志说明、有记录档案、有专门机构）工作机制。制定科学合理的湖南省革命文物保护利用规划，统筹规范湖南省革命文物保护利用工作稳步开展；同时，对革命文物分布密集地区、影响重大的革命历史事件，组织编制区域性革命文物保护利用专项规划。依据湖南省革命文物保护规划要求，对所有存在安全隐患的革命类市县级文物保护单位和一般不可移动文物实施修缮工程，确保文物安全。加大革命文物相关项目的审批申报力度，争取中央给予更大力度的经费支持；同时，省级文物保护专项补助资金向革命文物类项目倾斜。湖南省革命类博物馆积极策划一批主题突出、导向鲜明、内涵丰富的陈列展览精品，在保持基本陈列相对稳定的前提下，深化研究、及时补充彰显时代精神的展陈内容，充分发挥其社会宣传作用。以园区理念扎实做好省内重点革命文物的保护、展示和宣传；努力建成秋收起义纪念园，全面完善芷江抗战纪念园，依托湘鄂川黔革命根据地旧址建设好湘鄂川黔革命根据地纪念园。到 2020 年，完成 1 至 7 批所有革命文物类全国重点文物保护单位、保护规划、保护工程编报批工作，并重点实施其中一批文物单位的本体修缮工程、展示利用工程与环境整治工程；推动 1 至 7 批所有革命文物类全国重点文物保护单位均对公众开放；展示和建设一批以革命文物为核心的红色景区；对湖南地区近现代所涉文物实行全面整合保护、全程全景展现，为社会主义核心价值体系构建贡献革命文物资源与文物主管部门的力量。

五　文艺精品创作工程

深入贯彻习近平总书记在文艺工作座谈会上的重要讲话精神，落实中央和湖南省《关于繁荣社会主义文艺的意见》，坚持以人民为中心的创作导向，以湖湘优秀传统文化为根脉，以创新为动力，以创作生产优秀作品为中心环节，不断推出更多无愧于民族、无愧于时代的文艺精品。

（1）制定出台文艺精品创作生产行动计划。明确创作生产的重点方向、重点题材，鼓励原创和以现实为题材的创作，推动舞台艺术与其他各门类艺术、专业艺术与群文创作协调发展。力求在打造有影响的"高峰"之作上有突破，省文化厅重点抓 3—5 个重点剧目的创作，冲刺全国奖项。力求在创作有"韵味"的扛鼎之作上有突破，创作一批适合基层演出的文艺作品和具有湖湘文化特色的文化旅游剧目。积极做好戏曲传承发展工作，实质性推动戏曲进校园，复排、移植整理一批经典剧目。加大各级财政对艺术创作的扶持力度，完善扶持机制，力争实现每年有 50—70 个艺术项目入选国家艺术基金资助项目。加强对文艺精品的传播推广，促进文艺作品多渠道传输、多平台展示、多终端推送，扩大优秀作品的知名度和观众覆盖面。

（2）加强文艺创作生产的引导和扶持。坚持以"人民为中心"的创作导向，以弘扬和传播社会主义核心价值观为重要内容，加强文艺创作和优秀出版物生产的引导，围绕"中国梦"题材、地方特色题材、爱国主义和革命历史题材、现实生活题材、少数民族题材、少儿题材等开展创作。鼓励和推动艺术创新，优先扶持思想性、艺术性、观赏性有机统一、具有地方特色的优秀文艺作品；建立和完善文艺创作题材规划论证机制、文艺精品创作生产投入机制、文艺精品创作生产扶持机制；建立健全优秀文化产品的评价体系、激励机制和传播机制。

（3）实施重点创作工程。以"五个一工程"为龙头，加强文艺精品创作生产。实施文学湘军振兴工程，实施重点题材创作计划，突出"中国梦"题材、地方特色题材、爱国主义和革命历史题材、现实生活题材和少数民族题材五大重点题材创作；围绕国家艺术基金申报、文华奖、"五个一工程"奖、中国艺术节、湖南艺术节等平台，加强对精品剧目的培育、创新和扶植，挖掘湖南资源，讲好湖南文化故事，推出湖南文化精品。推进湖南戏剧振兴工程，贯彻落实《关于支持戏曲传承发展的意见》（湘政办发〔2016〕24号），全面振兴湘剧、花鼓戏、祁剧、汉剧等19个地方剧种；分年度委托戏曲院校开展全省地方戏曲编剧、导演、作曲、舞美人才培训班，每年资助2—5个地方戏曲剧种人才培训班；对全省地方戏创作演出重点院团的表演及创作人才进行培训，对各类特色鲜明、重点突出的地方戏曲人才培训项目进行资助；对全省地方戏创作演出重点院团赴境外演出和艺术交流活动实行补贴；举办有影响的地方戏曲展演及表彰活动。精心打造影视剧作品，让更多具有湖湘气派的影视和演艺作品在全国产生重大影响，走向世界。实施"潇湘其魂美术创新工程"，创作一批体现中国特色，代表湖湘精神的美术作品。

六 优秀文化传承工程

将传承弘扬优秀传统文化融入国民教育、民间传承、文艺创作、产业发展等各个方面，赋予新意，创新形式，发挥好其在提高国家文化软实力、培育国民经济新的增长点、推动经济社会协调发展中的作用。

（1）推动湖湘文化创造性转化和创新性发展。在文物保护和传承方面，推动文物保护由原来的抢救性保护为主向抢救性与预防性保护并重，由注重文物本体保护向文物本体与周边环境、文化生态的整体保护转变。继续做好侗族村寨、凤凰县区域性防御体系申遗，加快推进环洞庭湖博物馆群、传统村落整体保护利用等重大项目建设，建成开放龙山里耶古城遗址、宁乡炭河里遗址、洪江高庙遗址等一批国家考古遗址公园建设项目，建设一批在全国有重要影响的文化名村镇。继续搞好古籍整理。

（2）加强非遗传承与发展。大力宣传贯彻《湖南省实施〈中华人民共和国非物质文化遗产法〉办法》，出台湖南省传承人管理试行办法，筹建湖南非遗协会，出台传承人、项目和项目保护单位动态管理等制度，建立健全非遗四级名录体系及分类保护机制。继续抓好省级文化生态保护实验区建设，强化整体性保护，促进活态传承。实施湖湘传统手工艺振兴计划和非物质文化遗产传承人群研修研习培训计划，广泛开展各类非遗宣传普及教育工作，积极指导支持非遗进校园、进市场、进演出活动，实现湖南省非遗保护传承的整体水平进一步提升，非遗与现代生活的融合程度进一步提升。继续做好非物质文化遗产地方数字化记录保护和传承人的抢救性记录保护，制定和完善湖南省统一的数字化保护工程的标准体系。

（3）振兴和传承湖南戏曲。突出精品创作，复排、移植整理一批湖湘戏曲艺术经典，支持各地对本地最具代表性地方戏曲剧种的史料进行抢救、保存和传承。继续开展高雅艺术普及计划。深入推进戏曲进校园活动，推广戏曲动漫进校园模式。大力实施"送戏曲进万村、送书画进万家"文化惠民工程。开展地方戏曲剧种普查、抢救保护工作。实施"名师传艺"计划、戏曲"像音像"集萃计划、戏曲电影计划。加强戏曲专业人才培养，定期举办中青年戏曲演员展演活动，实施戏曲人才"百人工程"，定期举办戏曲专业人员研修班、短训班。

七　文化宣传交流工程

加大对外文化工作创新力度，推动对外文化工作理念创新、思路创新、体制机制创新，创新对外传播、文化交流、文化贸易方式，把对外文化工作提高到新水平；加强与"一带一路"沿线国家的文化交流与合作，推动形成深度融合的互利合作格局；加快对外文化贸易优化升级，打造湖湘文化品牌，展示湖南崭新形象。

（1）加强文化对外交流传播。对接国家"一带一路"倡议，配合省委省政府对外交往重点国家和区域，逐步扩大湖南省对外文化交流规模，提升交流效果，扩大湖湘文化国际影响力。制定湖南文化"走出去"发展规划，建好湖南省对外文化交流资源库，促进与其他兄弟省区、"一带一路"沿线国家的文化交流与合作。依托"欢乐春节"、与海外中国文化中心年度合作等部省合作平台，打造一批对外文化交流品牌活动，力争每年在境外举办1—2次大型湖南文化活动。创新对外文化交流机制，加强对外文化交流工作网络建设，各市州文化主管部门和省直文化单位成立相对应的对外文化交流工作部门，不断巩固发展多元化的对外文化交流新格局。加快对外文化贸易优化升级，努力打造中国品牌，塑造湖南形象。

（2）加强对外文化贸易。加强与北京、上海对外文化贸易基地的联系，充分用好自贸区的优惠政策，支持文化企业研发"湖湘特色、中国风格、国际气派"的外向型文化产品，积极拓展文艺演出、动漫游戏、工艺美术等文化产品出口和服务贸易；鼓励有实力的文化企业通过合资、合作、并购等形式，直接在海外建立自己的研发、生产、营销基地，根据当地的审美情趣和消费习惯，量身创作具有丰富文化内涵的产品，并力争使其打入当地主流社会。

（3）推动湖湘优秀传统文化"走出去"。遴选体现中华传统文化和湖湘传统文化特色的演艺节目和非遗产品在春节期间赴海外参加"欢乐春节·锦绣潇湘"全球性品牌文化活动。积极开展部省合作项目，通过派出演出、展览、专家讲座、培训出访团组和人员，接受文化合作伙伴来湘接洽、艺术家来华采风、优秀学员来华等互访活动，深入传播湖湘传统文化。打造"湘风楚韵·湖南文化季（周）"活动品牌，走进"一带一路"沿线国家和地区，综合展示湖南的歌舞、杂技、戏曲、书画、非遗、文博、动漫等资源，立体传播湖湘优秀传统文化。加大文化交流平台建设力度，建设专门的对外文化交流资源库和网站，通过视频、图片、文字等方式，在网络上展示和传播湖湘文化资源，建立起与海外文化界的互动交流平台。

（4）吸引优秀文化企业和项目入驻。推动省内大型骨干文化企业跨地区、跨行业、跨所有制发展，打造行业龙头企业和跨界融合的产业集团。扶持小微文化企业发展，支持专业化的创意和设计企业向专精特新方向发展。推动重点文化产业园区建设，加强文化园区公共技术、孵化功能、信息资源、交易展示、人才培养等服务体系建设，吸引文化企业入驻和文化产业项目落地。推动湖南文化发展的"引进来"，培育发展一批外向型文化企业，鼓励文化企业对外投资合作，推进文化产品和服务出口，努力开拓国际文化市场。

（5）加大文化宣传力度。健全湖南省文化宣传队伍网络，完善宣传信息管理机制，提升信息宣传的质量和效益。加快建成常规化、平台化、网络化、品牌化的"湖湘文化"宣传推广平台体系，以云平台建设统筹推进文化厅系统数据库，包括公共文化平台、艺术剧目、非遗项目、文艺人才、移动办公、文化产业、对外文化交流、宣传信息采集报送等综合平台的信息化建设，实现无纸化、移动化办公，为人民群众提供更加便捷、高效的文化服务。

八　文化人才提升工程

加快各类文化人才成长步伐，实现人才队伍总量稳步增长、结构更加合理、活力不断增强、效能充分发挥，培养造就一支政治坚定、业务精湛、作风优良、党和人民放心的文化人才队伍，为文化发展改革提供坚强的人才保障和广泛的智力支持。

（1）大力实施文化人才战略。增加文化人才总量，优化文化人才结构，提高文化人才素质。继续实施好"三区人才计划"文化工作者专项，加大"百千万"文化人才工程的实施力度，将湖南打造成中部地区文化艺术人才洼地。实施以"四工程一基金一制度"为重点的湖南舞台艺术人才振兴计划，选送优秀舞台艺术人才到中央戏剧学院、上海戏剧学院等高校进修，选拔有中青年专业技术人员与艺术名家跟班学习，从国内知名高校引进舞台艺术相关专业的研究生，安排优秀舞台艺术人才资助资金，对获得国家级奖励的个人进行奖励。

（2）培养专业化高层次人才。发挥政府的导向和扶持作用，培养一批德艺双馨、成就突出、影响广泛的高层次文化人才。加强新型文化智库建设。实施国家"千人计划"文化艺术人才项目和海外高层次文化人才引进计划。开展文化部优秀专家选拔扶持工作。举办高层次文化人才国情研修班。加强艺术研究院所专业人员队伍建设，培养学术带头人和研究骨干。探索建立专家学术休假制度、学术（艺术）助手制度和师承制度等高层次人才培养制度。在文化艺术领域培养一批青年学术技术带头人，形成高层次领军人物的重要后备力量。利用国家公派留学计划选派有发展潜力的优秀学者、中青年艺术家到国外著名院校或文化机构留学。继续组织实施文化产业创业创意人才扶持计划，加强对设计、音乐、传统工艺等重点领域创业创意人才的选拔、培养和展示推广，有效激发文化产业领域创新创业活力。支持符合条件的文化单位设立博士后科研工作站，加快培养复合型文化产业人才和科技人才。

（3）加强基层文化人才队伍建设。继续实施全国基层文化队伍培训计划，以专职文化队伍、业余文化骨干、文化志愿者为重点，完善基层文化队伍培训体系，统筹推进分级分类分层培训。加大西部地区基层文化人才培养力度，实施"三区"人才支持计划文化工作者专项，加快边远贫困地区、边疆民族地区和革命老区文化人才队伍建设。大力开展网络远程培训。加强文化技能人才培养，引导职业院校根据基层需求设置专业和课程。加强非公有制领域文化人才工作。

（4）健全文化人才培训体系。按照分级负责、分类管理的工作原则，进一步完善组织调训、干部培训、在职教育、挂职实践和远程培训相结合的工作格局。依托党校、行政学院、干部学院、高等学校、职业院校、重点大型企业和各级各类教学点，扎实开展对人才的初任培训、任职培训、岗位培训、专题培训、业务培训。进一步加强全国文化干部远程培训平台、全国文化干部培训基地以及师资库、教材库建设。强化培训质量管理，改进和完善培训考核评价机制，着力打造优秀培训品牌和特色培训项目。

九　文化体制改革工程

深入推进文化体制改革，建立健全党委领导、政府管理、行业自律、社会监督、企事业单位依法运营的文化体制机制，破解制约文化发展的体制机制桎梏，进一步解放和发展生产力。

（1）完善文化管理体制。深化文化行政部门职能转变，建立健全行政权力和责任清单制度。继续深入推进行政审批制度改革，加强事中事后监管，促进简政放权、放管结合、优化服务"三管齐下"。深入推进政府管理与服务创新，综合运用法律、行政、经济、科技等手段提高管理效能。深化文化市场综合执法改革，逐步形成权责明确、监督有效、保障有力的文化市场综合执法管理体制，推进文化领域跨部门、跨行业综合执法。按照政企分开、政事分开原则，推动文化行政部门与其所属的文化企事业单位进一步理顺关系，依法赋予企事业单位更多的法人自主权。

（2）推进文化事业单位改革。深化文化事业单位人事、收入分配、社会保障、经费保障等制度改革，创新管理运行机制，积极探索政事分开、管办分离的有效形式。推动公共图书馆、博物馆、文化馆等建立事业单位法人治理结构，吸纳有关方面代表、专业人士、各界群众参与管理，健全决策、执行和监督机制。推动保留事业体制院团内部机制改革。完善绩效评估考核，结合文化单位特点制定科学的绩效指标体系，适当引入第三方评估，加强评估结果的公开和运用。

（3）建立健全有文化特色的现代企业制度。加快国有文化企业公司制股份制改造，形成体现文化企业特点、符合现代企业制度要求的资产组织形式和经营管理模式。完善社会效益和经济效益综合考核评价指标体系，确保国有文化企业把社会效益放在首位、实现社会效益和经济效益相统一。进一步深化国有文艺院团体制改革，通过政府购买服务、原创剧目补贴等方式扶持转制院团的艺术创作生产。

（4）培育和规范文化类社会组织。加强对业务主管的文化类行业协会、基金会、民办非企业单位等社会组织的引导、扶持和管理，促进规范有序发展。积极发挥行业组织在行业自律、行业管理、行业交流等方面的重要作用。厘清文化行政部门与所属行业协会的职能边界，积极稳妥推进文化行业协会与行政机关脱钩。加大政府向文化类社会组织购买服务力度，将适合由社会组织提供的公共文化服务事项交由社会组织承担。

十　文化发展考评工程

将打造文化强省升级版纳入各级党委、政府的工作重点之中，纳入经济社会发展总体规划，纳入科学发展考核评价体系。健全共同推进文化建设的工作机制，形成推动文化提质的强大合力。

将打造文化强省升级版作为各级党委、政府的工作重点，纳入经济社会发展总体规划之中。制定出台"湖南建设文化强省评价指标体系"，依据评价指标体系和考核标准将文化强省的阶段性目标、任务分解到省直各有关部门、各市州，明确各单位和各级党政领导的具体职责，并将年度考评结果作为干部考核和人才选拔的重要内容。经过5年左右的考核和推进，力争文化产业发展指数超过80，文化创意产业增加值超过3000亿元，继续领跑中部，全国排名升至第7位；文化事业费占财政投入比重超过0.5%，文化事业费投入额升至中部第1位、全国第8位，人均文化事业费达到全国平均水平；人均群众文化设施建筑面积达到全国平均水平，中部排名跃升至第2位；非物质文化遗产项目和传承人数量保持在全国前10位；文化专业技术人才中正高、副高职称比例达到全国平均水平，公共图书馆、文化馆、博物馆、艺术表演团体从业人员数量均进入全国前 10 位。力争每个区域至少有 1 个县（市）达到优秀，长株潭地区所有县（市）均达到良好，三大区域所有县（市）均达到合格；所有县（市）文化创意产业增加值占 GDP 比重均高于 5%，文化事业费占财政投入比重均高于 0.5%，三大区域中经济发展最好的县（市）和文化资源禀赋最好的县（市）考评结果应在良好以上。

第三节　湖南加快推进文化强省建设的保障措施

加快推进文化强省建设，要让各级文化行政部门和文艺工作者深刻认识到文化强省建设的重大意义，增强使命感和责任感，凝聚发展共识，不断推陈出新；要加大资金投入力度，尤其是在文化事业经费投入和非遗传承保护方面，加快实现基本公共服务均等化；要完善相关政策法规，对文化发展的重点领域和薄弱环节要适当倾斜；要强化地区之间、行业之间的良性互动，形成推动文化发展的强大合力；要加强宣传引导和组织实施，不断加快文化强省建设的步伐和力度。

一　凝聚发展共识

引导广大干部职工从全局和战略高度深刻认识"文化自信，是更基础、更广泛、更深厚的自信"的深刻内涵和重大意义，进而不断增强对文化强省的思想认同、情感认同和行动自觉。首先，要增强使命意识。现在正是文化发展的"黄金期"，一代人有一代人的使命和担当。省第十一次党代会再次提出文化强省，如何把省委描绘的蓝图转化为现实，这是我们使命所在。在文化强省建设中，文化部门工作能起什么作用、能起多大作用，需要我们认真思考、作出谋划。广大文化艺术工作者要坚定文化理想，增强文化自觉，努力在围绕中心、服务大局中彰显作为，在服务人民、服务基层中体现价值。其次，要增强紧迫意识。过去广电湘军、动漫湘军、出版湘军、演艺湘军在全国颇有影响，而现在，江苏、湖北、安徽、河南等省份与湖南一样，纷纷提出文化强省目标，投入之大前所未有，来势之好叹为观止。面对千帆竞发、不进则退的竞争态势，要有一种"等不起、慢不得、坐不住"的紧迫感，确保已有优势工作继续走在前列，推动文化强省取得新的进展、新的成效。再次，要增强主动意识。当今文化已成为一个国家、一个城市和一个地区核心竞争力的重要因素。文化是全面小康社会的重要内容，已成为衡量文明程度和生活质量的显著标志。湖南各项经济指标远领先于文化指标，迫切需要加快文化发展。因此，要更加积极主动地谋划好实施好文化发展的思路和举措，以更大的力度、创新的手段、务实的作风、切实推动湖南文化大发展大繁荣。

二　加大投入力度

进一步健全文化财政保障机制，加大政府投入力度。按照基本公共文化服务标准，推动落实基层提供基本公共服务所必需的资金。将购买公共文化服务资金纳入各级政府财政预算。加大政府性基金与一般公共预算的统筹力度，通过政府购买、项目补贴、定向资助、贷款贴息等多种手段引导和激励社会力量参与文化建设，建立政府、社会、市场共同参与的多元文化投入机制。科学划分各级政府文化事权与支出责任，推动各级财政转移支付不断向精准投入转变。推动财政进一步优化完善转移支付机制，重点向贫困地区、革命老区、民族地区、边疆地区倾斜。建立健全财政资金监督管理机制，建立文化财政资金绩效评价结果与预算安排挂钩制度，提高资金使用效益。进一步夯实文化统计基础，提升文化统计服务能力。

三　完善政策法规

一方面，政策保障要到位。着眼于建设文化强省的需要，没有的政策争取及时出台，已有的要狠抓跟踪落实。认真梳理和落实中央关于文化建设一系列政策措施，配合省有关部门研究和出台促进文化创意基地建设、实施中华优秀传统文化传承发展工程等方面的配套政策，推动出台引导和扩大文化消费、支持长沙开展文化消费试点、支持数字创意产业发展、支持文化产业企业等方面的政策。加大对湖南省加快构建现代公共文化服务体系建设、支持戏曲传承发展等重大政策落实的协调、督促力度，确保落地生根、开花结果。随着财力增长逐步扩大省级文化事业发展专项资金和文化产业发展专项资金规模，督促各市州、县市区增加文化投入比重。另一方面，文化法治要刚性。着眼于用法治思维、法治手段提升文化治理现代水平，重点在文化立法、执法、普法等环节下工夫。启动《湖南省实施〈公共文化服务保障法〉办法》立法工作，配合文化部做好《文化产业促进法》《公共图书馆法》《文化市场综合行政执法管理条例》等法律法规的立法调研。积极谋划文化产业发展的法制建设，把国家、省里支持文化产业发展的政策措施上升为法律法规，以此保障和促进文化产业快速、平稳发展。加大对各级文化行政部门及相关单位日常法律事务的指导、监督和考核力度，严格执行重大执法决定法制审核制度、执法人员持证上岗和资格管理制度、重大决策合法性审查机制、法律顾问制度，不断提高文化法治水平。

四 强化良性互动

一是突出政府主导地位。强化政府在政策引导、财政投入、平台搭建、公共服务、环境营造等方面职能，进一步做好文化改革发展的顶层设计。成立由省委或省政府主要领导担任组长的"文化强省"建设工作领导小组及办事机构，建立湖南"文化强省"建设指标体系，省直有关部门按照职责分工，制定重点工作的具体方案并抓好落实。各市县政府制定本地贯彻落实的具体工作方案，细化工作措施，明确任务分工和时间节点。二是发挥主管部门作用。在文化强省建设中，各级文化主管部门将积极承担好规划、协调、组织、督促、服务等5个方面职能。抓规划，就是引导各地各有关部门，认真贯彻国家和省"十三五"文化改革发展规划纲要及文化领域各类专项规划，化宏观为具体、变方向为抓手，一步一个脚印地向前推进。抓协调，就是要综合统筹，协调各项重大文化政策、文化工程、文化产业、文化活动的实施。抓组织，就是组织广大文艺工作者及全社会积极参与文化创造、文化服务活动。抓督促，就是督促各地各相关部门承担好文化工作及服务职能。抓服务，就是组织开展各类重点文化活动。三是引导社会力量积极参与。全面落实政府向社会力量购买公共文化服务的政策，扩大购买的项目和规模。推动公共文化服务的社会化发展，采取政府采购、项目补贴、定向资助、贷款贴息等政策措施，支持包括文化企业在内的社会各类文化机构参与提供公共文化服务。培育和规范文化类社会组织和中介组织，促进规范有序发展。大力推进文化志愿服务，探索具有湖南特色的文化志愿服务模式。激发全社会文化活力，引导社会力量参与文化遗产保护、对外文化交流等工作，形成大文化格局。

五 加快组织实施

各市州文化行政部门要充分认识推进文化强省建设的重大意义，积极推动各级党委和政府把文化建设摆在全局工作重要位置，将文化建设纳入经济社会发展全局，列入各级政府效能和领导干部政绩考核体系，做到文化建设与经济建设、政治建设、社会建设以及生态文明建设同部署、同落实。文化文物系统各单位、各部门要结合实际制定实施方案和年度执行计划。要明确重大工程和重大项目的责任主体和实施进度，对规划实施情况进行动态监测和跟踪分析，加强年度检查和考核评价，适时引入第三方评估，重视对评估结果的科学运用，及时发现并解决问题，确保规划取得实效。

第九章　湖南推进文化强省建设的智库建议

第一节　湖南加快推进文化强省建设的
发展路径与对策研究

一　湖南推进文化强省建设的进程与发展态势

（一）综合实力中部领先，但与发达地区差距明显

近年来，湖南文化产业快速发展，在"扩总量、调结构、夯基础、树品牌、促贸易"等方面取得积极成效。2015 年，湖南省实现文化及相关产业增加值约 1668 亿元，位居中部第一位，比 2014 年增长约 10.18%，占 GDP 比重达 5.6% 以上，文化产业综合指数全国排名第 9 位，进入全国第一方阵，增加值和占 GDP 比重明显高于河南和湖北两省。但与发达省份相比，湖南省文化产业的规模和人均量还不够大，2015 年文化及相关产业增加值相当于广东、江苏和浙江的 45.71%、52.67%、和 66.99%，增速比浙江低 7.82 个百分点，占 GDP 比重比浙江低 0.21 个百分点，人均文化及相关产业增加值分别比广东、江苏和浙江低 904 元、1512 元和 2036 元（表 9 – 1、图 9 – 1）。

表 9 – 1　　　　　　2015 年文化及相关产业增加值省际比较

单位：亿元/元/%

省域	文化及相关产业增加值	同比增长	占 GDP 比重	湖南文化及相关产业增加值相当于其他省份比重	人均文化及相关产业增加值
湖南	1668	10.18	5.6	100	2459
湖北	853.78	15.0	2.88	195.37	1459
河南	1111.87	12.9	3.0	150.02	1173

续表

省域	文化及相关产业增加值	同比增长	占GDP比重	湖南文化及相关产业增加值相当于其他省份比重	人均文化及相关产业增加值
广东	3648.8	2.7	5.01	45.71	3363
江苏	3167	—	5.0	52.67	3971
浙江	2490	18.0	5.81	66.99	4495

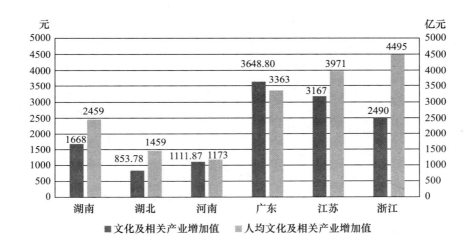

图9-1　2015年文化及相关产业增加值与人均量省际比较

（二）文化产业快速增长，但区域差异依然较大

2016年上半年，全省规模以上文化及相关产业实现总产出1684.15亿元，同比增长10.7%；2016年1—9月，湖南文化和创意产业实现增加值1305亿元，同比增长8.8%，初步形成了以广播影视、新闻出版、动漫游戏、演艺娱乐、工艺美术为重点的现代文化产业体系。截至2015年，共有11家文化企业获得"国家文化产业示范基地"称号，"湘字号"文化品牌达42个。但同时，文化产业发展不平衡现象依然存在，长株潭地区、洞庭湖地区、大湘西地区和湘南地区文化创意产业增加值占全省比重大约为57.8%、16.5%、8.7%和17%，发展不平衡现象非常明显。2016年上半年，长株潭地区规模以上文化产业企业1358家，占全省的比重超过一半，为54.8%；单位平均总产出达8552万元，超过全省单位平均总产出水平1753万元，规模以上企业数量和

平均总产出均大幅领先其他板块。

（三）文化事业全面推进，但经费投入依然不足

2015 年湖南省文化事业费达到 19.38 亿元，在中部六省排第 3 位，全国排第 12 位，2011—2015 年年均增速达到 26.58%。城乡公共文化基础设施基本健全，平均每万人拥有群众文化设施建筑面积 223.4 平方米，与 2014 年相比全国排位前进 2 个位次。文化惠民取得新实效，乡镇综合文化站、广播电视"村村通"、农家书屋等五大文化惠民工程建设成效明显。群众文化活动迈出新步伐，"雅韵三湘"、"欢乐潇湘"、湖南艺术节、送戏下乡等持续深入开展并形成品牌。但同时，湖南省人均文化经费和部分领域投入依然不足。2015 年，文化部纳入监测的 8 个指标中，湖南省人均文化事业费、平均每万人拥有群众文化设施建筑面积等指标均排在全国 20 名以后。不少地方，特别是边远贫困地区和农村、社区等基层文化设施仍然比较薄弱，公共文化建设存在"重城市、轻农村"等倾向。2006 年以来全省仅有 23 个非遗项目获得过中央财政非遗专项资金扶持，许多非遗资源位于边远贫困地区，往往只有省级有限的投入，除了少量手工技艺靠走市场得以较好生存外，大部分项目举步维艰，很多技艺濒临失传。

（四）文化资源非常丰富，但保护和传承仍需加强

湖南省拥有全国重点文物保护单位 183 处，位居全国第 9 位，拥有革命类不可移动文物 1300 余处，革命类全国重点文物保护单位 40 余处，位居全国第一。湖南省拥有国家级非遗项目 118 项，非遗国家级传承人 76 人，均位居全国前十位。全国 18 个文化生态保护区，湖南省有 1 个；全国 100 个生产性保护基地，湖南省有 4 个；全国 5 个传统工艺工作站，湖南省有 1 个。但同时，部分市县级政府文物保护意识淡薄，地方财政文物保护经费投入严重不足，盗掘古墓葬、古文化遗址的违法犯罪案件时有发生。许多博物馆、纪念馆提供的基本公共文化产品数量不多、档次不高。非遗传承人生存、传承难度大，许多传承项目后继无人现象严峻，全省 118 个国家级非遗项目中有 43 个项目无国家级非遗代表性传承人，全省仅有 4 个市州单独成立了市级非遗保护中心，仅有 14 个县（市、区）文广新局单设非遗管理机构，导致基层非遗保护和传承工作处于粗放式、低水平的工作状态。

（五）文化交流不断加强，但开放力度依然不够

文化企业"走出去"数量不断增加，核心文化产品进出口总额在全国的排名稳步上升，2015 年，全省文化产品进出口总额增加至 7.25亿美元，其中出口额高达 7.15 亿美元。湖南省每年对外文化交流常设经费 150 万元，远远低于其他发达省份，但工作成绩却位于全国前列，多次承担文化部重大活动并获得肯定，是最早承担海外中国文化中心部省合作项目的省份之一，是海外"欢乐春节"工作先进省份。但同时，湖南省"走出去"的文化产品对湖湘文化、中华文化精髓的挖掘深度不够，对外国观众的吸引力有待进一步加强。文化"走出去"平台载体建设滞后，尚无专门的对外文化交流资源宣传平台，影响了优秀文化的传播。外向型文化企业实力不强，规模偏小、实力偏弱，参与国际市场竞争能力较弱。能"卖出去"的文化产品仍然不多，大多是以产定销，市场化程度低，海外营销投入不足，经营、管理、开发、中介、咨询等各类相关人才匮乏。

（六）文化体制改革扎实推进，但部分领域仍待完善

文化市场综合执法改革基本完成，整合市、县两级原有文化、广电和新闻出版行政机构，组建新的文化行政责任主体。经营性文化事业单位改革基本完成，全省一般性国有文艺院团、电影发行放映单位、高校和地方出版社等完成体制改革，湖南日报报业集团等有关省管国有文化企业完成整合重组，基本建立了有文化特色的现代企业制度。省级国有文化资产监管体制改革基本完成，组建湖南省国有文化资产监督管理委员会及其办公室，履行省属国有文化企业出资人职责。但同时，文化管理中管办不分、建管失衡现象依然存在，公益性文化事业单位服务效能有待提升，文艺院团改革还不够彻底、配套，发展欠活力。集 23 家省直单位建立的联席会议制度由于召开频次较低，效果并不明显。由于投入不到位，省厅对基层的支持力度有限，制约了公共文化服务均等化建设的进程。

二 湖南加快建设文化强省的推进路径

（一）正确处理四大关系，把握建设文化强省的基本方略

1. 正确处理壮大总量与提升质量的关系

既要着力扩大文化产业总量，又要着力提升文化发展质量，要在壮大总量中提升发展质量，以质量提升推进总量的逐步壮大。一方面要积

极实施倾斜性产业政策，培育完整的文化产业链条，实现文化生产的上下游衔接，逐步建立结构门类齐全、科技含量高、充分体现湖湘传统优秀文化特色的文化产业体系，不断壮大文化创意产业规模。另一方面要多举措并举，加快培育文化龙头企业，实现文化产品生产和管理的专业化；要加快构建现代文化市场体系，优化文化市场环境，促进文化企业间良性竞争；要强化文化品牌战略和突出创意创造，共同提升文化产品和服务的质量。

2. 正确处理文化产业与文化事业的关系

要正确认识文化产业和文化事业的联系，一方面，文化事业的繁荣发展会为文化产业的发展培育出良好的文化土壤、消费人群；另一方面，健康的文化产业也会带动文化事业的蓬勃发展，很多文化产业方面的产品不断成为文化事业的内容，其宣传的价值观会转变成为文化事业的价值追求。要树立文化科学发展的意识，在推动文化事业全面繁荣的同时，不断推动文化产业发展。要把文化事业和文化产业的发展放在同样的地位来看待，把覆盖全社会的公共文化服务体系建设与推动文化产业成为国民经济支柱性产业放到一起，整体规划、协同发展。要统筹文化事业与文化产业的发展，要统筹公共文化服务体系与产业服务体系的建设，要统筹基本文化需求与多样化文化需求的满足，要统筹公益性与市场性的要求，努力做到相互促进。

3. 正确处理文化保护与文化传承的关系

文化保护是文化继承的前提，文化继承和发展是文化保护的必然要求，要在保护的基础上继承，在继承的过程中保护。要把握好文化保护与继承的关系，一方面，保护的目的是继承和发展，不能原封不动地保护传统，必须要把握时代的脉搏，与时俱进，有所淘汰，有所发扬，从而使文化得到进一步发展；另一方面，要在先进文化指引下抓好文化传承，对民族传统文化进行分析、鉴别，继承和弘扬民族优秀的传统文化，要在文化传承的基础上改革创新，引进新思想，注入新元素，运用新手段，使民族的传统文化与现代文化、本土文化与外来文化、人文文化与科技文化相融合，实现文化保护的可持续发展。

4. 正确处理文化"走出去"与"引进来"的关系

"引进来"、"走出去"，是加强对外文化交流的战略要求，也是当今时代文化发展的必然趋势，文化的发展既要"引进来"又要"走出去"，在创新实践中实现二者的完美结合。一方面，文化"引进来"的过程，是对外来文化加以审视、鉴别、吸收和利用的过程，世界各国尤其是发达国家和地区在文化建设中取得的优秀成果，包括优秀的精神产品以及经营理念、管理经验、营销模式、运行机制等，都应在鉴别的基础上大胆引进、为我所用，有利于文化的加快"走出去"；另一方面，要扩大对外文化交流与合作，加大宣传推介力度，不断输出彰显湖湘优秀传统文化特色的产品和服务，这既是提升文化软实力的必然要求，又是增强湖南省文化影响力、树立文化形象的重要途径，也有利于外部优秀文化的加快"引进来"。

（二）着力补齐四大短板，夯实建设文化强省的发展基础

①着力补齐发展结构不优短板，破解产业发展不协调之难。在逐步壮大长株潭地区文化产业发展总量的基础上，着力扶持大湘西等偏远贫困地区的文化发展水平，实现区域文化发展的逐步协调。通过重点行业带动和有力的政策推动，促进文化产业优化结构布局、增强创新能力、提高质量效益。改造提升演艺、会展、工艺美术等传统产业，加快发展动漫、游戏、数字娱乐等新型文化业态，逐步提升新兴文化业态在文化产业中的比重，实现文化产业结构的逐步协调。促进文化与科技双向深度融合。营造良好文化消费环境，培育城乡居民文化消费习惯，增加文化产品有效供给，提升服务水平和质量，不断扩大文化消费规模。

②着力补齐人均投入不足短板，破解公共文化设施建设滞后之难。把促进城乡基本公共文化服务均等化纳入国民经济和社会发展总体规划及城乡规划，统筹城乡公共文化设施布局、服务提供、队伍建设、资金保障，均衡配置公共文化资源。按照城乡人口发展和分布，逐步提高人均文化事业经费投入，合理规划建设各级各类公共文化设施。按有关规定支持县级以上工人文化宫、青少年宫、妇女儿童活动中心、科技馆、体育健身中心的建设、改造和升级，并让其充分发挥其公共文化服务作用。坚持设施建设和运行管理并重，健全公共文化设施运行管理和服务标准体系，规范各级各类公共文化机构服务项目和服务流程。

③着力补齐文化保护不力短板，破解非物质文化遗产传承之难。将传承弘扬优秀传统文化融入国民教育、民间传承、文艺创作、产业发展等各个方面，推动文物保护由抢救性保护为主向抢救性与预防性保护并重，由注重文物本体保护向文物本体与周边环境、文化生态的整体保护

转变。

④着力补齐高级专业人才不多短板，破解文化可持续发展之难。继续实施好"三区人才计划"文化工作者专项，加大"百千万"文化人才工程的实施力度，将湖南打造成中部地区文化艺术人才洼地。实施"千人计划"文化艺术人才项目和海外高层次文化人才引进计划，文化部开展优秀专家选拔扶持工作，加强艺术研究院所专业人员队伍建设，培养学术带头人和研究骨干，培养一批德艺双馨、成就突出、影响广泛的高层次文化人才。以专职文化队伍、业余文化骨干、文化志愿者为重点，完善基层文化队伍培训体系，统筹推进分级分类分层培训；健全文化人才培训体系，按照分级负责、分类管理的工作原则，进一步完善组织调训、干部培训、挂职实践和远程培训相结合的工作格局。依托高校和科研院所、重点大型企业和各级各类教学点，扎实开展任职培训、岗位培训、专题培训，改进和完善培训考核评价机制，着力打造优秀培训品牌和特色培训项目。

（三）加快实施六大工程，推进建设文化强省的重点工作

①实施思想道德引领工程，培育践行社会主义核心价值观。通过各种形式的文艺创作、文艺传播和文化服务，积极践行社会主义核心价值观，弘扬以爱国主义为核心的民族精神和以改革创新为核心的时代精神。一是培育和践行社会主义核心价值观。深入开展"两学一做"等教育活动，加强对党员干部的党性党风教育，激励和引导党员干部特别是领导干部带头践行社会主义核心价值观。大力弘扬民族精神、湖湘精神和雷锋精神，壮大理论宣讲队伍，健全理论与时政的常态化宣传、宣讲机制，打造"湖湘大学堂""雷锋精神论坛"等一系列活动品牌。二是深入推进精神文明创建。全面实施公民道德建设工程，健全社会诚信体系，推进文明城市、文明村镇、文明单位、文明标兵创建。结合文明家庭建设，继续开展"湖湘好家风"等系列主题活动，把社会主义核心价值观落到实处。细化完善市民公约、村规民约、学生守则、行业规范等日常行为规范，丰富"道德讲堂""道德评议""道德银行"等活动载体，打牢培育社会主义核心价值观的社会基础。三是加强哲学社会科学创新与新型智库建设。实施哲学社会科学创新工程，打造以优势学科为引领的重点学科体系，推动哲学社会科学成果的转化应用。大力支持湖南省中国特色社会主义理论体系研究中心、毛泽东研究中心、岳麓

书院国学研究与传播中心、湘学研究院 4 大社科品牌建设。

②实施文化产业壮大工程，不断形成新的经济增长点。以引导文化产业优化升级为着力点，培育形成新的增长点、增长极、增长带。一是构建具有湖南特色的现代文化产业体系。着力推动文化产业供给侧结构性改革，重点培育和发展数字媒体、数字出版、创意设计、动漫游戏、移动多媒体、网络新媒体等六大新兴产业，推动影视传媒、新闻出版、演艺娱乐、文化旅游、广告会展、文化艺术等六大传统文化产业转型升级，加快构建湖南特色的现代文化产业体系。二是着力优化产业布局。持续开展省级特色文化产业示范基地和园区的评选活动，重点打造一批文化创意基地，提高文化产业规模化、集约化、专业化水平。加快发展县域特色文化产业，形成"一县一品"的发展格局。三是推进文化产业差异化发展。发挥科技创新型、文化创意型产品的优势，提供差异化、特色化的文化产品，大力发展湘菜、湘绣、湘瓷、湘茶、浏阳烟花等特色产业，推动地方文化产业差异化发展。四是强化文化市场管理。以优化市场健康、发展环境为着力点，加快建立统一开放、竞争有序、诚信守法、监管有力的现代市场监管体系。通过完善并落实文化市场黑名单、双随机抽查、双告知、双公示制度，推进文化市场信用体系建设，开展常态化执法检查，确保文化市场持续安全健康繁荣。

③实施文化事业繁荣工程，推进基本公共文化服务均等化。引导文化资源向基层、农村和老少边穷地区倾斜，着力解决贫困地区公共文化服务体系建设问题；完善公共文化设施网络，推进基本公共文化服务均等化进程；创新公共文化服务方式，促进公共文化服务供需有效对接。一是全面推进基本公共文化服务标准化均等化。健全公共文化设施运行管理和服务标准体系，规范各级各类公共文化机构服务项目和流程，以标准化促进均等化，填平补齐公共文化资源，推动区域间、城乡间公共文化服务均衡协调发展。二是完善公共文化设施网络。制定实施《湖南省公共文化服务标准化、均等化三年行动计划》，实现全省公共文化基础设施、基层公共文化人才队伍和群众文化品牌活动三大提升。突出省级与县级文化基础设施建设，抓好省博物馆、省图书馆新馆等项目建设，推动县级公共图书馆、文化馆、国有文艺院团综合排练场所建设项目提质改造全覆盖。继续做好文化馆、博物馆、图书馆等免费向社会开放以及各类文化艺术教育普及活动。三是加大贫困地区公共文化服务建

设力度。加强对老少边穷地区公共文化建设的帮扶，加大资金、项目、政策的倾斜力度，补齐公共文化服务短板。将公共文化帮扶纳入扶贫工作内容，通过对口支援、合作共建、区域文化联动等形式，建立与扶贫开发工作重点县的结对帮扶机制。深入实施文化扶贫项目，动员社会力量积极参与，实现"一县一策"、精准扶贫。

④实施文艺精品创作工程，积极弘扬湖湘优秀传统文化。一是制定出台文艺精品创作生产行动计划。明确创作生产的重点方向、重点题材，鼓励原创和以现实为题材进行的创作，创作一批适合基层演出的文艺作品和具有湖湘文化特色的文化旅游剧目。积极做好戏曲传承发展工作，实质性推动戏曲进校园，复排、移植整理一批经典剧目。加强对文艺精品的传播推广，促进文艺作品多渠道传输、多平台展示、多终端推送，扩大优秀作品的知名度和观众覆盖面。二是加强文艺创作生产的引导和扶持。坚持以"人民为中心"的创作导向，以弘扬和传播社会主义核心价值观为重要内容，以爱国主义和革命历史题材、现实生活题材等为主开展创作。鼓励和推动艺术创新，优先扶持思想性、艺术性、观赏性有机统一、具有地方特色的优秀文艺作品。建立和完善文艺创作题材规划论证机制、文艺精品创作生产投入机制、文艺精品创作生产扶持机制。三是实施重点创作工程。实施文学湘军振兴工程，制定湖南文学创作扶持计划，推出文学精品。推进湖南戏剧振兴工程，扶持重点地方戏曲院团，力争2—4台剧目获得国家级奖项。精心打造影视剧作品，让更多具有湖湘气派的影视和演艺作品在全国产生重大影响，走向世界。实施"潇湘其魂美术创新工程"，创作一批体现中国特色，代表湖湘精神的美术作品。

⑤实施文化资源保护工程，深入挖掘利用文物价值与文化内涵。切实加大文物保护力度，深入挖掘和系统阐发文物所蕴含的文化内涵和时代价值，推进文物合理适度利用，努力走出一条符合国情的文物保护利用之路。一是推进文物保护与展示体系建设。重点推进一批文物单位的本体修缮工程、展示利用工程与环境整治工程，建设一批以革命文物为核心的红色景区，推动重点文物保护单位对公众开放，着力开展文化生态区、传统村落、大遗址项目的保护利用，建立健全文化遗产安全工作长效机制。二是加强非物质文化遗产保护。建立健全非遗保护监督检查机制、项目价值评估体系以及省级名录动态管理机制，制定省级非遗名

录项目分类保护的规范标准、保护细则。重点加强湖南省非遗博物馆、展示中心、传习馆所等基础设施建设工作，高度重视农村文化遗产抢救性保护。加快制定和完善全省统一的数字化非遗保护工程标准体系，探索建立市州级非遗数字资源库信息化建设。三是加强革命文物保护利用。制定科学合理的全省革命文物保护利用规划，统筹规范全省革命文物保护利用工作稳步开展。依据全省革命文物保护规划要求，对所有存在安全隐患的革命类市县级文物保护单位和一般不可移动文物实施修缮工程，确保文物安全。加大革命文物相关项目的审批申报力度，争取中央给予更大力度的经费支持，省级文物保护专项补助资金向革命文物类项目倾斜。扎实做好省内重点革命文物的保护、展示和宣传，努力建成秋收起义纪念园，全面完善芷江抗战纪念园。积极策划一批主题突出、导向鲜明、内涵丰富的陈列展览精品，深化研究、及时补充彰显时代精神的展陈内容，充分发挥其社会宣传作用。

⑥实施文化宣传交流工程，推动形成深度融合的互利合作格局。创新对外传播、文化交流、文化贸易方式，把对外文化工作提高到新水平；加强与"一带一路"沿线国家的文化交流与合作，推动形成深度融合的互利合作格局；加快对外文化贸易优化升级，打造湖湘文化品牌，展示湖南崭新形象。一是推动湖湘优秀传统文化"走出去"。对接国家"一带一路"战略布局，配合省委省政府对外交往重点国家和区域，逐步扩大湖南省对外文化交流规模，扩大湖湘文化国际影响力。遴选体现中华传统文化和湖湘传统文化特色的演艺节目和非遗产品赴海外参加"欢乐春节·锦绣潇湘"全球性品牌文化活动。通过派出演出、展览、专家讲座、培训出访团组和人员，接受文化合作伙伴来湘接洽、艺术家来华采风、优秀学员来华等互访活动，深入传播湖湘传统文化。加大文化交流平台建设力度，建设专门的对外文化交流资源库和网站，建立起与海外文化界的互动交流平台。二是吸引优秀文化企业和项目入驻。推动湖南文化发展的"引进来"，培育发展一批外向型文化企业，鼓励文化企业对外投资合作，努力开拓国际文化市场。推动省内大型骨干文化企业跨地区、跨行业、跨所有制发展，打造行业龙头企业和跨界融合的产业集团。推动重点文化产业园区建设，加强文化园区公共技术、孵化功能、信息资源、交易展示、人才培养等服务体系建设，吸引文化企业入驻和文化产业项目落地。三是加大文化宣传力度。健全全省

文化宣传队伍网络，完善宣传信息管理机制，提升信息宣传的质量和效益。加快建成常规化、平台化、网络化、品牌化的"湖湘文化"宣传推广平台体系，以云平台建设统筹推进文化厅系统数据库，包括公共文化平台、艺术剧目、非遗项目、文艺人才等综合平台的信息化建设，为人民群众提供更加便捷、高效的文化服务。

三　湖南加快建设文化强省的对策措施

（一）积极协调三方面力量，凝聚建设文化强省的强大合力

①形成区域联动合力。按照优化提升环长株潭城市群，加速崛起洞庭湖、大湘南地区，扶植发展大湘西的总体要求，进一步增强环长株潭城市群的引领作用，壮大文化产业总量，实现率先发展；充分发挥洞庭湖地区邻近长江经济带、湘南毗邻粤港澳的区位优势和较为丰富的文化资源禀赋，加强文化的"走出去"和"引进来"步伐，实现文化发展的加速崛起；充分利用利用大湘西等偏远地区少数民族聚集、文化资源异常丰富的优势，着力弥补文化发展资金不足的短板，实现文化产业和事业的进一步发展。推进四大板块在文化基础设施、文化信息平台、文化产业发展、文化资源保护等重点领域的合作，加强文化生产要素合理流动和优化配置，构建联动发展机制，不断拓展发展空间，促进优势互补，实现区域联动发展，形成多赢的发展局面。

②形成城乡互促合力。充分发挥城市与农村的优势，促进文化发展的城乡一体化，实现两者良性互动，形成文化强省建设合力。要把城乡文化的资源有效进行整合，利用有限的文化资源尽量开发拓展出更大的文化消费市场，让城市文化多下乡，不断加大对农村文化的辐射力度，带动农村文化多进城，在与城市文化的交流、融合中促进农村文化的繁荣发展。要建立城乡文化帮扶对子，积极开展"社区文化农家乐"、"农村文化社区行"等城乡文化双向交流活动。要建立"三下乡"活动的长效机制，帮助农村壮大本土的文化队伍，丰富拓展城乡节庆活动载体，带动各种形式的群众性文化活动。积极支持民间文艺表演团体、文化示范户、文化经营户发展，着力培育文化带头人、民间艺人、文化能人，充分发挥他们在活跃居民文化生活、传承发展民族文化方面的作用，实现公共文化资源共同享有、共同受益。

③形成社会同心合力。有关职能部门要统一思想，真抓实干，深刻认识到文化事业对湖南省经济社会发展的重大作用，在全省上下进一步

营造加快建设文化强省的浓厚氛围。全社会要紧紧围绕建设文化强省这一总体目标，团结协作，进一步增强主动性和自觉性，毫不松懈地抓好各项工作。不同体制、不同规模的文化企业都要积极争取上级支持，积极融入，强化合作，努力成为文化强省建设的参与者、推动者和受益者。通过深入开展宣讲活动，让广大群众深刻明白建设文化强省既是湖南省发展的重大任务，更是改善人民群众精神面貌、提升生活质量的重要举措，从而让他们成为建设主人翁，要让他们贡献民智、倾力参与、积极拥护，形成文化强省建设的全社会凝心聚力的强大合力。

（二）深化文化领域四大改革，增强文化强省建设的发展动力

①以行政部门职能转变为突破口，推进文化管理体制改革。深化文化行政部门职能转变，建立健全行政权力和责任清单制度。继续深入推进行政审批制度改革，加强事中事后监管，促进简政放权、放管结合、优化服务"三管齐下"。深入推进政府管理与服务创新，综合运用法律、行政、经济、科技等手段提高管理效能。深化文化市场综合执法改革，逐步形成权责明确、监督有效、保障有力的文化市场综合执法管理体制，推进文化领域跨部门、跨行业综合执法。按照政企分开、政事分开原则，推动文化行政部门与其所属的文化企事业单位进一步理顺关系，依法赋予企事业单位更多的法人自主权。

②以创新管理运行机制为突破口，推进文化事业单位改革。深化文化事业单位人事、收入分配、社会保障、经费保障等制度改革，创新管理运行机制，积极探索政事分开、管办分离的有效形式。逐步推动有营利能力的文化事业单位的市场化改革步伐，提升单位经营效益。加快公共图书馆、博物馆、文化馆等公共服务场所建立事业单位法人治理结构，吸纳有关方面代表、专业人士、各界群众参与管理，健全决策、执行和监督机制。推动保留事业体制院团内部机制改革。完善绩效评估考核，结合文化单位特点制定科学的绩效指标体系，适当引入第三方评估，加强评估结果的公开和运用。

③以公司制股份制改造为突破口，推进国有文化企业改革。加快国有文化企业公司制股份制改造步伐，形成体现现代文化企业特点、符合现代企业制度要求的资产组织形式和经营管理模式。依据不同国有文化企业的战略定位、功能作用、改革发展现状及其主营业务和核心业务范围，将国有文化企业区别对待，分类施策，确保国有文化资产保值增

值，增强国有文化企业核心竞争力，更好地实现社会效益和经济效益相统一。进一步深化国有文艺院团体制改革，通过政府购买服务、原创剧目补贴等方式扶持转制院团的精品创作工作。

④以拓宽投融资渠道为突破口，推进文化投融资体制改革。建立多渠道的投融资体制是建设现代文化市场体系的重要保障，要合理界定政府文化投资范围和管理权限，规范政府投资行为，继续实施省级、市州和县（市区）文化产业引导资金。要扩大民间投资，促进文化发展投资主体多元化，加快建立以银行信贷、融资租赁、资本市场三大渠道为主体的投融资结构，改善中小微文化企业融资难的问题。要大力发展中小金融机构，完善证券公司、保险公司、基金管理公司等非银行机构的公司治理结构和内控制度，加快发展融资租赁公司，促进文化企业根据不同产业风险收益特性开展差异化融资，扩大文化创意产业股权融资。要拓展文化交易所功能，完善运行机制，加快形成国内文交所发展的"湖南模式"。

（三）建立健全四大机制，强化建设文化强省的制度保障

①建立统筹推进机制。成立省文化强省建设工作领导小组，办公室设在省文化厅，制定出台支持文化改革发展的配套政策。坚持和完善党委统一领导、党政齐抓共管、宣传部门组织协调、相关部门分工负责、社会力量积极参与的工作机制，形成纵向畅通、横向协调的文化管理体系。采取有力的组织措施、考核措施、激励措施，健全抓落实的工作机制，以责任制促落实、以责任制保成效，形成一级抓一级、层层抓落实的工作局面。各市州文化行政部门要充分认识推进文化强省建设的重大意义，积极推动各级党委和政府把文化建设摆在全局工作重要位置，纳入经济社会发展全局，做到文化建设与经济建设、政治建设、社会建设以及生态文明建设同部署、同落实。

②建立政策保障机制。从体制机制、市场准入、投资融资、税收优惠、土地使用、基地园区建设等方面依法依规制定和落实相关配套政策和法规体系，为湖南省文化改革发展提供政策支撑和法律保障，建立健全湖南省文化政策法规体系。进一步健全文化财政投入保障与逐年增长机制，加大政府投入力度，按照基本公共文化服务标准，推动落实基层提供基本公共服务所必需的资金。加大政府性基金与一般公共预算的统筹力度，通过政府购买、项目补贴、定向资助、贷款贴息等多种手段引

导和激励社会力量参与文化建设，建立政府、社会、市场共同参与的多元文化投入机制。推动财政进一步优化完善转移支付机制，重点向贫困地区、革命老区、民族地区、边疆地区倾斜。建立健全财政资金监督管理机制，建立文化财政资金绩效评价结果与预算安排挂钩制度，提高资金使用效益。

③建立评价考核机制。将打造文化强省升级版纳入各级党委、政府的工作重点之中，纳入经济社会发展总体规划，纳入科学发展考核评价体系。制定出台"湖南建设文化强省评价指标体系"，依据评价指标体系和考核标准将文化强省的阶段性目标、任务分解到各部门、各市州，对各级党政领导班子实施综合考评。省市文化文物系统各单位、各部门要结合实际制定实施方案和年度执行计划。要明确重大文化工程和重大文化项目的责任主体和实施进度，加强年度检查和考核评价，适时引入第三方评估，强化评估结果的运用，从中及时发现并解决问题，确保评价考核取得实效。

④建立跟踪监测机制。完善常规动态监测，跟踪全国尤其是中部地区湖北和江浙文化强省建设进展的详细情况，认真分析湖南省各分指标进展及各市州文化发展的基本现状，找准优势、问题和不足，及时出台相关的政策和办法。着力强化进程监测，全省统计部门要会同有关部门扎实开展文化强省推进的监测工作，加强跟踪监测力度，把对各项指标的动态监测作为工作重点，及时掌握最新动态，及时跟踪指标的发展程度。在全面掌握信息的基础上，切实为各级文化部门科学决策提供支撑依据，及时合理调整湖南省推进文化强省建设的决策与措施，逐步缩小与发达地区各项指标的差距，加快文化强省建设步伐。

第二节 把特色文化产业作为湖南省改革发展新的重要增长点

特色文化产业提供具有鲜明地域特点和民族特色的文化产品和服务，具有独特的人文价值和经济溢出效应。作为文化资源大省，湖南省特色文化资源极其丰富，特色文化产业发展的优势和潜力得天独厚，但也存在"叫不响"、"卖不出"、"单兵作战"、"养在深闺人未识"等问题。在经济新常态条件下实现湖南省经济社会又好又快发展，应当对特色文化资源这一"富矿"的开发利用予以高度重视。

一 发展特色文化产业是当前湖南省改革发展的重要突破口

（一）发展特色文化产业是做大做强文化产业新的发力点

湖南省特色文化资源非常丰富，但总体来看还处于民间的自发集聚状态和产业培育阶段。以邵阳市为例，作为拥有 14 个国家级、21 个省级、79 个市级非物质文化遗产项目的"非遗"大市，蓝印花布、宝庆竹刻、滩头年画、邵阳花鼓剧、祁剧、武冈丝弦等一大批非遗项目极具开发潜力和基础，但目前还未能有效搭建产业发展平台，产业开发氛围和效应明显不足。而天津仅利用杨柳青年画一个非遗项目，年产值就超千万美元。作为国家级非物质文化遗产，河北蔚县仅剪纸这一产业年产值就达 6 亿元，解决就业 3.6 万多人。广西博白县民族编织产业在 2012 年即实现产值 20.1 亿元，从业人员达 20 多万人①。因此，大力发展特色文化产业，有利于加强区域特色文化资源整合，打造特色文化产业集群或产业带，将湖南省特色文化资源优势转化为产业优势和经济优势。

（二）发展特色文化产业是增强文化软实力新的突破点

湖南作为内陆地区，吸引投资、实现资源优势向经济优势转变，没有文化、文明等软环境支撑，硬环境再好也难以发挥作用。让软实力"硬"起来，是湖南推进文化建设的当务之急、重中之重。因此，围绕湖南省特色文化建设，进一步加快文化向经济社会科技等领域的渗透，举办形式多样、各具特色的特色文化展览展销活动，培育独特的商业文化、产品文化、消费文化，可以大幅提升湖南对外的知名度和影响力，让文化软实力"硬"起来，真正实现文化大发展大繁荣。

（三）发展特色文化产业是推进精准扶贫新的切入点

特色文化植根民间、连接民生、服务民生，对实现文化富民的战略，具有不可替代的作用。近年来，青海、西藏的唐卡艺术品，陕西、四川的民间演出，藏羌彝文化产业走廊，甘肃庆阳香包等，均已形成规模经济效应，并以此为核心形成了融文化、表演、旅游等为一体的新的消费业态，成为文化脱贫、文化富民、文化强省的强大动力。从湖南省

---

① 《博白"小编制" 走向国际"大市场"》，《广西日报》2012 年 11 月 30 日。

的情况来看，特色文化资源丰富的地区，恰恰大多是经济欠发达地区，由于这些地区的文化资源优势尚未转化为发展动力，社会价值和经济效益的巨大潜力还远远没有释放出来。因此，大力发展特色文化产业，有利于形成更多的创新业态和创新创意产业，新增更多的创业机会和就业岗位，对于湖南省完成精准扶贫任务，全面建成小康社会具有重要意义。

（四）发展特色文化产业是促进转型发展新的激发点

新常态下尤其要积极培育新的产业增长点、需求增长点、民生增长点和创新创业增长点。湖南省特色文化产业区域特征鲜明，贴近民生，群众喜闻乐见，内需市场潜力巨大。随着现代科技的渗透发展，湖南省一些特色文化产品在创新设计与艺术品位上不断提升，市场前景广阔，完全具备推进市场化、产业化的条件，因此，大力发展特色文化产业，有利于契合当前消费结构转型升级的发展需要，培育新的消费热点，实现错位发展，助推湖南省经济社会发展转型升级。

二　做大做强湖南省特色文化产业的主要着力点

（一）做好顶层设计，全面优化特色文化产业的发展布局

建议针对湖南省四大板块的区域发展布局，按照省市共建、以市为主、区县包段的总框架，由湖南省文化厅牵头统筹协调，科学编制湖南特色文化产业发展（2016—2025）的总体规划。建议在大湘西片区突出文化旅游以及与旅游相关的文化商品、非遗产品、旅游演艺和民俗民间文化活动的开发；大湘南片区借力承接产业转移的优势，以发展文化衍生产品的创意、设计和制作为主；长株潭片区以现代元素、会展、创意和科技与文化的融合发展为主；环洞庭湖片区可以发挥湖区优势，以打造主题休闲公园、群众文化品牌为主。形成特色鲜明、产业互补、布局合理的特色文化产业体系。

（二）打造拳头产品，重点扶持具有市场竞争力的优质品牌

推动各地实施"一地（县、镇、村）一品"战略，形成一批具有较强影响力和市场竞争力的产品品牌。如打造以醴陵为中心的湘东陶瓷品牌；以浏阳为中心的浏-醴花炮工艺品牌；以永兴为中心的湘南有色金属工艺品牌；以城步六月六山歌节为中心的湘西南特色节庆旅游品牌；以张家界市永定区为中心的湘西文化演艺品牌。

（三）发挥规模效应，形成有影响力的特色文化产业集群

一是以国家和省级文化产业示范基地建设为重点，以重大项目为引领，形成重点突出、特色鲜明和内容各异的特色文化产业集群。二是建立省级、市级、区县级特色文化产业项目库和数据库，鼓励符合条件的企业申报"国家特色文化产业重点项目"、"国家文化出口重点企业"、"国家文化出口重点项目"等相关项目。三是采用"文化＋旅游"、"文化＋互联网"、"文化＋金融"、"文化＋科技"等融合发展模式，协同创新型发展，重点支持文化创意内容、业态模式创新和设计服务。

（四）申报建设文化自贸区，大力推动特色文化"走出去"

建议加快申建"中国长沙（文化先导型）自由贸易园区"，为国家重大发展战略的有效实施提供有力支撑，推进省优秀特色文化的创造性提炼、发展和转化，推动"山沟沟"里的特色文化加快"走出去"。建议推广复制上海自贸区经验的平台，与上海自贸区在区域合作、政策配套、监管模式、人才引进上尽量接轨，重点做好对接上海自贸区的"政策篮子"的工作，寻找适合的政策组合，全力推进申建工作。

（五）集中精准服务，形成完善的配套支持体系

一是以建设完备的政策体系为保障，以公共服务为支撑，强化人才、资金、技术和政策保障机制等方面的支持，充分发挥公共财政与引导资金的拉动作用。二是加快颁布实施《湖南省关于支持特色文化产业加快发展的实施意见》、《湖南特色文化产业园区基地认定管理办法》等法规。三是创新各级政府对特色文化服务的购买机制，引导广大群众的文化消费，逐步形成"扶持小微文化企业，培养骨干文化企业，发展特色文化产业"的良好氛围，使特色文化产业成为湖南经济社会发展的强劲动力。

第三节　当前亟须构建湖南省转企改制的文艺院团可持续发展机制

文艺事业是党和人民的重要事业，文艺阵线是党和人民的重要阵线。湖南省国有文艺院团有着光荣而辉煌的历史，接受过周恩来、刘少奇、叶剑英等人的直接领导，以戏剧为武器，向日本侵略者和国民党反

动派展开了漫长而艰苦的斗争。近年来，在弘扬社会主义核心价值观和丰富广大基层群众文化生活方面更是发挥了不可替代的作用。湖南省转企改制后的国有文艺院团取得了较为显著的发展成效，但还存在一些问题和困难，尤其是"身份不明"、社保断续、人才匮乏、剧目稀缺等问题明显。要确保国有文艺院团的可持续发展，须强化资源整合，促进管理理念、运行方式与市场经济的紧密结合，提升自身造血功能，提升市场敏锐度与营销能力，当前尤应确立以下三大机制：

一 政策落地机制

（一）按政策要求解决人员身份与到龄退休的机制

湖南省根据中央的统一部署和要求，先后出台了十多项文件，对国有文艺院团转企改制中的"人员身份"、"530"人员到龄退休问题，提出了具体而直接的办法，但迄今因为多种原因仍没有得到全面落实。当前应采取有效措施，严格按照中央、省委省政府有关政策文件，从清理历史积压的遗留问题着手推动改革。为此建议：第一，保留事业单位人员身份的人员名单，由省文化厅、省编办、省人社厅三部门共同核定。第二，名单核定后自动离职、辞退或被辞退的，不再保留事业单位人员身份；调离的，不再享受这一政策。第三，对保留事业单位身份的人员，按规定在省人社厅办理档案工资审核（备案）手续和退休证领取手续。第四，根据湘办〔2012〕1号文件第四条第二款对"530"人员作出的明确规定，确保相关人员可以按事业单位人员办理正常退休手续。

（二）按政策要求推进改革进度到位的机制

第一，中央、地方财政通过安排文化产业发展专项资金、宣传文化发展专项资金等渠道，对转制文艺院团重点产业发展项目予以支持的政策应加紧落实到位；第二，以政府牵头的指令性演出，如政策宣传性演出活动、重大节日庆典及对外文化交流、送戏下乡和拥军慰问等公益性演艺活动，政府对院团采购或补贴资金的拨款应进一步明确。

（三）按政策要求加强配套供给和扶持的机制。

第一，根据中央政策，省里要积极创造条件，尽快实现"一团（院）一场"的目标，在新剧场未建成的情况下，抓紧落实省财政根据演出场次给予转制院团剧场租金补贴的政策；第二，建议参照上海、安徽等地做法，由文化厅报批办理相关事业法人注销手续，尽快办好对改制后院团参保的相关程序，确保广大干部职工的基本利益，稳定人心，促进演艺事业的持续稳定发展。

二 企业化运行机制

（一）企业化的管理机制

从湖南省国有文艺院团的实践来看，现阶段应将董事会作为最高决策层，重大创作、投资、人事和薪酬等决定都应该通过董事会讨论决定。把握其中的三个关键点：第一，建立国有文艺院团改制后的科学考评指标体系，变柔性监管为刚性监管；第二，建立年度评估制度，对院团决策是否规范、各项机制是否有效、管理目标是否达成等进行科学评估，并将其作为干部任免考评的依据；第三，强化内部监督，既要健全和发挥监事会的作用，也要发挥党组织的领导和监督作用。

（二）企业化的营销机制

第一，大力发展演艺产品市场和要素市场，建立健全演艺的中介机构、行业组织，鼓励发展演出院线、票务连锁等现代演艺流通组织形式。第二，要大力发展相关演艺产业。使灯光音响、服装道具、舞美等等相关的演艺产业的发展可以延伸和拉长演艺产业链，得到充分市场化的发展。第三，积极搭建演艺企业的投融资平台，拓宽投融资渠道，为演艺团体获得更多的社会资金，铺设更宽阔的道路。

（三）企业化的分配机制

国有文艺院团的分配必须遵循艺术规律和演出规律等。建议参考重庆市川剧院的做法，将绩效工资分为行政和业务两个序列，平衡业务和行政人员薪酬水平。业务序列制定艺术生产管理办法，同时，将练功、排练和演出纳入奖励性绩效范畴单独制定发放办法，解决业务人员内部的激励和平衡问题；拟剥离经营性资产和业务，进行公司化运作，实行目标管理，解决演出经营人员的激励和平衡问题。

三 人才与精品导向机制

（一）构建聚人才、育新人的人才机制

第一，实行主要艺术骨干年度领衔制和剧目主演制，充分调动各类人才的积极性和创造性。第二，重点培养、扶持获得国家级奖项的中青年艺术人才，使之成为名家大师，成为全国知名的艺术家。第三，尽快建立艺术人才流动市场，做到双向选择，疏通人才进出渠道，让院团对于人才能够"引得进"、"留得住"、"用得好"。

（二）完善调演、比赛和评奖的精品导向机制

在目前条件下，调演、比赛与评奖仍然是政府调控艺术生产、出精品、出人才的主要手段，国家设有"五个一工程奖"、"文华奖"、"精品工程奖"、"梅花奖"，上海设有"白玉兰奖"等专业艺术奖项。由此，建议湖南省尽快设立本省的高档次的专业艺术奖项，并围绕"创新内容形式、打造艺术精品"的指导原则不断地加以改进完善，使之逐步形成具有中部甚至全国有影响力的品牌，促进湖南文艺的大繁荣、大发展。与此同时，借鉴国外的做法，提高"湖南艺术节"的举办层次，还要尝试举办全国或国际性的专项艺术节，普及传统文化，锻炼演出队伍，推动院团创新，拉动旅游经济，促进转型升级。

（三）创新"互联网＋精品"的产出机制

按照"出戏"、"出精品"的主要目标，湖南省转企改制后的国有文艺院团创作出了一批弘扬主旋律、宣传正能量、深受广大人民群众欢迎的精品力作，譬如《芙蓉国里》和《梦之旅》，《青瓷》《老阿姨》和《泉涸之鱼》，《温暖》《王昭君》和《桃花源记》。打造了"湖南新锐话剧季"、"长沙橘洲国际交响音乐节"、"高雅艺术音乐季"、"雅韵三湘舞台经典"等演艺品牌。2015 年年初以来举办的多场纪念抗战胜利 70 周年专题演艺活动，更是盛况空前，《黄河颂》合唱音乐会获得中央和省委省政府主要领导的充分肯定[①]。今后的发展过程中，要充分利用互联网与新媒体的传播方式，针对潜在主流消费群体的心理需求，在内容叙事方面要注意结合跨媒介叙事生态，创作生产出更多贴合受众需求的精品内容。

---

① 贺培育、邓子纲：《省级国有文艺院团转企改制后的可持续发展问题研究》，《湖南文化创意产业发展研究报告（2015）》，2016 年 6 月。

附　件

附件一：
湖南文化强省的相关文件汇编

《湖南省文化强省战略实施纲要（2010—2015）》

为贯彻落实党的十七大精神，加快实施文化强省战略，推动湖南文化大发展大繁荣，促进全省经济社会又好又快发展，根据《中共中央国务院关于深化文化体制改革的若干意见》（中发〔2005〕14号）、国务院《文化产业振兴规划》和《中共湖南省委湖南省人民政府关于深化文化体制改革、加快文化事业和文化产业发展的若干意见》（湘发〔2007〕17号）等文件精神，制定本纲要。

一　总体目标

高举中国特色社会主义伟大旗帜，坚持以邓小平理论和"三个代表"重要思想为指导，深入贯彻落实科学发展观，全面落实党的十七大关于推动社会主义文化大发展大繁荣的战略任务，围绕富民强省的目标，积极推动文化大省向文化强省迈进，努力打造湖南文化高地，形成强大的文化凝聚力、文化创新力、文化传播力、文化保障力和文化竞争力，为全省经济社会发展提供良好的思想保证、精神动力、舆论氛围和文化条件。争取到"十二五"期末，实现以下目标：

——文化凝聚力。党的创新理论深入人心，社会主义核心价值体系建设不断深入，民族精神和时代精神进一步弘扬，公民思想道德建设全面推进，湖湘文化内涵日益丰富，群众认同感、民族凝聚力不断增强，形成知荣辱、讲正气、树新风、促和谐的社会文明风尚，为富民强省提供强大的精神力量。建成全国文明城市 1—2 个，创建一批全国文明村镇、一批全国文明单位。

——文化创新力。充满活力的文化创新体制进一步完善，敢为人先的文化发展环境有效形成，文化产业发展活力明显增强。数字、网络技术在文化领域各个环节广泛应用，文化科技含量大幅提升。原创首发、形式新颖、影响广泛的文化创意成果总量和质量位居全国前列。文化领域的中国驰名商标突破 5 个，湖南著名商标达 30 个以上，一批全国领先、国际知名的自主文化品牌集群基本形成，文化产品和服务的核心竞争力全面提升。

——文化传播力。广播电视网、出版发行网、电影院线、文艺演出院线等现代文化传播网络良性运行，全省统一、开放、竞争、有序的文化市场体系基本形成。传统舆论阵地进一步巩固，新兴舆论阵地的话语权有效掌控。一批骨干文化企业跨区域、跨媒体、跨所有制、跨国界发展，大批文化精品力作走向全国，出口境外。

——文化保障力。文化基础设施、基础工作不断完善，设施先进、网络健全、运行高效、惠及基层的公共文化服务体系全面形成，人民群众的基本文化权益得到充分保障。建设 10 个以上投资过 10 亿元的标志性文化工程。

——文化竞争力。全省文化产业增加值保持年均 20% 以上的增速，到 2015 年总产值达到 3500 亿元，实现增加值 1900 亿元，占 GDP 的比重达 8% 以上，文化产业已成为湖南省国民经济的重要支柱产业。形成一批骨干文化企业集群，年产值过 10 亿元的大型文化企业发展到 20 家以上；销售收入、总资产突破 100 亿元的旗舰文化企业集团发展到 3—5 家；文化上市公司 5 家以上、市值过 200 亿元的突破 2 家。60% 的县市成为全国、全省文化建设先进县市。

二　主要任务

(一) 建设社会主义核心价值体系

1. 发展先进文化。把社会主义核心价值体系体现到干部教育、学校教育中，体现到人民群众日常生活和工作中，体现到企业文化、校园文化、社区文化和农村文化建设中，体现到各项政策的制定和落实中。针对当前人们关注的热点和难点问题，列出一批社科基金重点项目，增强理论说服力度，坚持用社会主义核心价值体系引领多样化的社会思潮。大力繁荣哲学社会科学，推出一批引领先进文化方向、反映时代精神、具有一流水准的精品力作。

2. 弘扬湖湘文化。继承发扬湖湘文化精神，强化精神支柱，建设精神家园。做好《湖湘文库》等重要文化典籍的整理出版工作。构建民族文化、文物和非物质文化遗产"大保护、大利用"的长效机制，整体规划建设湘西文化生态保护区。到 2015 年，国家级重点文物保护单位突破 100 处、省级发展到 600 处，国家级非物质文化遗产保护项目突破 100 项、省级发展到 400 项，实现湖南省世界文化遗产零的突破。

（二）建设理论学习服务体系

1. 健全各级党委中心组学习制度。加强县处级以上党员领导干部的学习，开展学习督查活动，召开领导干部学习经验交流会和建设学习型党组织工作经验交流会，以党员领导干部和各级党组织的率先示范推动全社会的学习。重点学习中国特色社会主义理论体系、党的路线方针政策和国家法律法规，学习党的历史，学习富民强省所需要的经济、政治、文化、科技、社会和国际等各方面知识。

2. 推出一批重大理论研究成果。坚持以湖南省经济社会发展中的重大理论和实践问题为主攻方向，推出一批有价值、有分量的研究成果，继续编写好《科学发展观在湖南的认识与实践》、《热点问题谈心录》，努力把认识成果转化为实践成果。

3. 推进学习型湖南建设。办好省委机关刊《新湘评论》和湘潮讲坛、为民论坛、宁炬评论等一批理论宣传品牌，在新闻媒体开办栏目和专题节目，介绍学习体会和转化应用的好做法好经验。认真组织好"三湘读书月"、社会科学普及宣传月等活动，在全省营造浓厚的学习氛围。

（三）建设现代文化传播体系

1. 壮大主流媒体。发挥主流媒体在文化传播中的主阵地作用，进一步加大投入，完善扶持政策，加快发展湖南日报、湖南广播电视台等新闻媒体，扩大主流媒体的覆盖面，壮大总体实力，提高核心竞争力。

2. 发展新兴媒体。发挥新兴媒体在文化传播中的生力军作用，高度重视互联网的运用和管理，加强网络文化建设，抓好红网、华声在线等重点新闻网站建设。

（四）建设群众性精神文明创建体系

1. 深入开展文明创建。力争到"十二五"期末，全省文明城市创建覆盖面达到90%左右，文明村镇创建覆盖面达到70%左右，文明行业创建覆盖面达到80%左右。广泛开展中国公民旅游文明素质行动计划、湖南城乡社会志愿服务活动以及军民、警民共建等各具特色的创建活动。

2. 切实加强思想道德建设。深入开展社会公德、职业道德、家庭美德、个人品德建设，加强社会主义荣辱观教育，加强诚信湖南建设，提高社会文明程度和劳动者文明素质。加强思想政治工作，加强爱国主义和民族团结教育，切实抓好未成年人思想道德建设。大力宣传一批体现民族精神和时代精神、做出突出贡献的先进典型。建设好爱国主义教育基地。深入开展网络网吧、荧屏声频、校园周边环境和出版物市场专项整治活动，净化社会文化环境。

（五）建设公共文化服务体系

1. 加强公共文化设施建设。继续完善韶山一号工程，兴建红军标语博物馆、长沙铜官窑遗址公园等一批爱国主义教育基地。2015年前，完成湖南省博物馆、湖南图书馆、湖南艺术职业学院改扩建工程，完成省文化艺术中心、省美术馆、省少数民族文化园等省级标志性公益文化项目建设。大力支持湖南大众传媒职业技术学院"国际汉语传播基地"建设。到2015年，各市州全面完成图书馆、艺术馆、博物馆、影剧院和文化广场等基本公共文化设施的建设；各县市区全面完成图书馆、文化馆、影剧院和群众文化活动场所的建设；全省95%的乡镇、街道完成综合文化站的建设，平均面积在300平方米以上，并配有必要的设施设备；90%的行政村、社区完成文化活动室的建设。

2. 推进公共文化服务工程建设。加大广播电视村村通、文化信息资源共享、农村电影放映、乡镇综合文化站和基层文化阵地建设、农家书屋建设等重大公共文化服务工程实施力度，切实保障人民群众看电影电视、听广播、读书看报、鉴赏高雅艺术、参加大众文化活动等基本文化权益。到2015年，基本实现全省农村广播电视户户通；全面建成覆盖城乡的文化信息资源共享工程服务网络，与农村远程教育网络实现共建共享；为每个县配备一台流动电影放映车、每30个行政村配备一套数字电影放映设备，每个行政村每月免费放映一场数字电影；农家书屋基本覆盖全省每个行政村，建成百台新华汽车书店；为优秀剧团配备和更新流动舞台车，开展送戏下乡与演艺惠民活动，省、市、县三级政府采购和补贴文艺演出 10000 场，其中省级 1000 场、市级 2800 场、县级 6200 场。

3. 创新公共文化服务运行机制。引入竞争机制，对重要公共文化产品、重大公共文化服务项目和公益性文化活动，采取政府采购、项目补贴、定向资助、贷款贴息等形式，扩大服务范围，增强服务效益。加强图书馆、文化馆、博物馆、影剧院和党报党刊等公益性文化单位的功能建设，完善服务内容，增强服务能力。继续实施博物馆、纪念馆免费开放，到"十二五"期末，全省公共图书馆、文化馆、艺术馆、科技馆免费向社会开放，乡镇综合文化站、农家书屋、村和社区文化活动室免费向辖区群众开放，让广大人民群众共享文化发展成果。积极培育、扶持群众文艺团体，广泛组织开展群众性文娱活动。

（六）建设文化市场体系

1. 优化文化产业布局。以长株潭为核心文化增长极，以大湘西为新的文化增长极，带动全省文化产业全面、协调发展。把文化产业作为长株潭"两型社会"试验区建设的重点产业来规划和布局，在"绿心"地带打造国家级"湘江论坛"，集群建设文化创意产业园区和文化休闲基地等。到"十二五"期末，长株潭文化产业增加值占全省比重达 50% 以上，占长株潭 GDP 总量的 10% 以上。跨区域联合开发，打造大湘西文化旅游产业带，到 2015 年，大湘西文化产业增加值占全省比重提高到 10% 以上。连接大湘南与湘东地区，突出打造名人、名居、名胜品牌，大力发展历史文化、民族文化和红色文化相结合的文化发展基地。努力打造"湖湘文化"品牌与"名片"，通过优化文化产业布局，构建全省"品"字形的文化发展格局，促进区域文化协调发展。

2. 调整文化产业结构。以内容创新为核心，以结构调整为主线，以文化创意、影视制作、出版发行、演艺娱乐、动漫游戏、文化旅游、数字内容、文化会展等为重点，推动文化产业结构调整升级。巩固和发挥已有品牌优势，使广电、出版、动漫、演艺等优势产业继续走在全国前列。提升电影、电视剧和电视节目生产能力，扩大影视制作、发行、放映和后期产品开发，满足多种媒体、多种终端对影视数字内容的需求。加快出版物由主要依赖传统介质向多种介质转型，建设一批有影响的数字出版平台和数字出版工程。抢抓 3G 商用和产业融合的重大机遇，整合红网、拓维信息等技术平台和广电、出版、动漫等内容资源，加快发展移动多媒体、手机广播电视，开展移动文化信息服务、数字娱乐产品等增值业务，为各种便携显示终端提供内容服务。加快广播电视传播和电影放映数字化进程，积极推进下一代广播电视网建设。抓住印刷产业加速向内地转移的机遇，发展高新技术印刷、特色印刷，积极培育长沙印刷科技产业园等印刷复制产业基地。整合省内动漫资源，打造大型动漫产业集团，创新动漫产业价值链，不断提高动漫产业营利能力。培育发展青少年职业体验、卡通动漫主题公园、互动式影视基地、大型实景文艺演出等文化互动体验新业态。加快文化与观光旅游、体育健身、艺术培训等产业的融合和互动，推动文化服务业快速、协调、健康发展。

3. 完善文化要素市场。在湖南省内，加强文化产品市场渠道建设，加快构建以湖南有线电视网络集团为龙头的数字电视传输网络，以新华书店为龙头的文化产品营销物流网络，以湖南日报发行有限公司为龙头的党报党刊发行网络。大力发展现代文化流通组织，推进出版物、互联网服务营业场所、电影院线和文艺演出场所的连锁经营，积极发展文化电子商务。重视培育和开拓农村文化市场，扶持发展农村文化生产和服务网络。办好张家界国际乡村音乐周、中国映山红民间戏剧节、金鹰电视艺术节、红色旅游文化节、手机动漫游戏大赛、湖南艺术节、长沙车展等有影响的文化节会，搭建文化展示和交易平台，繁荣文化市场，引导文化消费。大力发展文化生产要素市场，重点培育文化人才市场、金融市场、产权市场和版权交易市场，发展文化市场经纪、代理、评估、鉴定、拍卖等中介机构和行业组织，提高文化产品和服务的市场化程度和专业化水平。加快建设和完善各类文化协会和文化商会，发挥其在文化建设中的积极作用。

4. 加快文化"走出去"步伐。大力推动政府间的文化交流，鼓励优势文化企业跨区域发展。支持文化企业研发"湖湘特色、中国风格、国际气派"的外向型文化产品，通过国际合作、委托代理、发展出口基地和境外直接投资等多种形式，积极参与国际国内文化市场竞争。扶持一批外向型文化企业，积极拓展出版物、影视节目、文艺演出、动漫游戏、工艺美术等文化产品出口和服务贸易。

5. 建设重大文化工程。实施重大项目带动战略，形成文化产业密集区。到 2015 年，重点推进完成湖南文化创意产业园、金鹰卡通产业科技园、中南数字出版基地、泊富国际创意中心、湖南日报传媒大厦、麓山文化国际广场、湖南华强文化科技产业基地、湖南艺术大厦、湖南文化广场、网络科技文化产业园、长沙印刷科技产业园、张家界自然历史博物苑等标志性文化工程建设，打造 10 个以上国家级文化产业示范基地，总投资过 100 亿元。各市州规划建设 1—2 个有特色、上规模的标志性文化工程项目。

三 保障措施

（一）切实加强建设文化强省工作的组织领导

各级党委、政府要树立新的文化发展理念，从中国特色社会主义事业总体布局的战略高度，充分认识建设文化强省的重大意义，把建设文化强省工作摆在更加突出的位置，纳入重要议事日程，纳入经济社会发展总体规划，纳入科学发展考核评价体系。要建立健全党委统一领导、宣传思想文化部门主要负责、党政各部门齐抓共管、社会各方面共同参与的工作体制和工作格局。宣传思想文化部门要在党委统一领导下，切实履行职责，发挥主力军作用，同时主动加强与各部门的联系，争取各部门的配合与支持。发展改革、财政、社保、税务、工商等与建设文化强省密切相关的部门，要切实担负起涉及文化强省建设和管理的相关职责，积极提供支持和保障。调整充实省文化体制改革和文化产业发展领导小组，加强对建设文化强省工作的领导协调。各市州、县市区要设立相应的领导协调机构。

（二）深化文化体制改革

进一步健全党委领导、政府管理、行业自律、企事业单位依法运营的文化管理体制和富有活力的文化产品生产经营机制。理顺文化管理部门的职责分工，强化政策调节、市场监管、社会管理、公共服务的职能。完善国有文化资产监管体制，建立国有文化资产经营管理绩效考评机制。加快推进出版发行、文艺院团、影视制作发行放映、非时政类报刊等经营性文化单位的转企改制，培育自主经营、富有活力的市场主体。支持改革到位的优势国有文化企业跨地区、跨领域、跨所有制兼并重组，做大做强。进一步深化公益性文化事业单位内部劳动人事、收入分配和社会保障制度改革。贯彻落实中央宣传部、中央编办、文化部、广电总局、新闻出版总署《关于加快推进文化市场综合执法改革工作的意见》（中宣发〔2009〕25号），2010年内完成长沙、张家界、岳阳、常德等市文化行政管理体制改革试点任务，整合文化行政主管部门的管理和执法职能，合并文化局、广播电视局、新闻出版局，组建新的文化广电新闻出版局及文化市场综合行政执法机构；合并市州、县市区广播电台、电视台，组建新的广播电视台，实现管办分离。在试点基础上，在全省其他市州全面推行文化行政管理体制改革。

（三）完善建设文化强省的政策法规体系

认真贯彻落实中央对文化事业和文化产业的财税优惠政策，进一步完善支持文化强省建设的配套政策。落实《中共中央办公厅国务院办公厅关于加强公共文化服务体系建设的若干意见》（中办发〔2007〕21号），把社区文化中心建设纳入城市规划，从城市住房开发投资中提取1%用于社区公共文化设施建设，同时注意合理布局、综合利用。文化体制改革试点单位使用的原划拨土地，改制前可继续以划拨方式使用；改制后，土地用途符合《划拨用地目录》的，经所在地县级以上人民政府批准，可仍以划拨方式使用；不符合《划拨用地目录》的，应依法办理土地有偿使用手续，经评估确认后，以作价出资（入股）等方式，转增国家资本金。对重点文化建设项目需要新增建设用地的，各级政府要在土地利用年度计划中优先安排。出台金融机构支持文化强省建设政策，创新文化无形资产质押担保制度，畅通文化产业"绿色贷款通道"，完善文化投融资服务平台，完善文化事业单位转企改制社会保障政策。出台文化领域高新技术企业认定办法，鼓励运用现代科技手段改造传统文化产业。出台《湖南省非物质文化遗产保护条例》、《湖南省文化体育设施管理办法》、《湖南省印刷业管理办法》等法规规章，加强文化法制建设。

（四）加大建设文化强省的投入

各级政府要增加文化事业产业投入规模，各级财政对文化建设的投入增幅不低于同级财政经常性收入的增幅。省财政每年安排文化产业引导资金1亿元，从2010年起设立文化事业发展资金。各市州、县市区财政要安排并逐步提高文化事业和文化产业发展引导资金，出台使用和管理办法。进一步加大财政对主流媒体的投入。加大对基层文化单位的投入，切实加强农村和社区公共文化设施建设。积极探索和拓宽文化产业投融资渠道，引导社会资金进入文化产业。鼓励湖南省优势文化企业充分对接境内外资本市场，通过上市、私募、发行债券等方式融资发展。设立湖南文化产业投资基金（公司），完善和落实鼓励单位和个人捐赠、兴办公益文化事业的各项经济政策。

（五）加大建设文化强省的人才保障

把培养一流文化人才作为文化强省建设的第一战略。实施宣传文化系统"五个一批"人才培养工程，在文化事业建设费中设立文化人才培养专项资金，定期遴选、引进、培训文化创作、经营管理、科技创新和理论研究等领域的领军人才。创新引进高层次文化人才的特殊政策，实行"一事一议"制度，在户籍、住房、职称、薪酬待遇、家属随迁等方面给予倾斜，使湖南成为集聚国内外优秀文化人才的"洼地"。高度重视基层文化队伍建设，切实解决基层文化工作者的具体困难和问题，确保乡镇综合文化站队伍稳定、待遇落实。出台民间文化人才职称评聘特殊政策，鼓励民间技艺大师收徒授业，传承民族优秀文化。健全文化人才市场化配置机制，加大优秀文化人才的激励力度，对文化强省建设有突出贡献的按照行政奖励的有关规定给予奖励。创新激励机制，扩大资本、知识产权、技术、管理等要素参与分配的范围和额度，激发文化工作者的积极性和创造力。设立文化领域的政府荣誉制度，表彰有杰出贡献的文化工作者，营造尊重创造、尊重文化、尊重文化工作者的良好社会环境。

各级党委、政府要按照本纲要要求，结合实际，制定具体的实施方案。各职能部门要各司其职，通力合作，完善服务，积极创造条件，切实抓好本纲要的贯彻落实。

《中共湖南省委关于加快建设文化强省的意见》

为深入贯彻党的十七届六中全会精神，全面落实《中共中央关于深化文化体制改革推动社会主义文化大发展大繁荣若干重大问题的决定》，就推进文化改革发展，加快建设文化强省，提出如下意见。

一　充分认识推进文化改革发展的重要性和紧迫性，以高度的文化自觉和文化自信加快建设文化强省

党的十七届六中全会立足中国特色社会主义事业发展全局，着眼于推动我国文化长远发展、实现中华民族伟大复兴，确立了坚持中国特色社会主义文化发展道路，努力建设社会主义文化强国的宏伟目标。省第十次党代会着眼于开创科学发展富民强省新局面、谱写全省人民幸福美好生活新篇章，明确了全面推进"四化两型"、实现"两个加快"的总战略和总任务，作出了深入贯彻党的十七届六中全会精神，推动文化大发展大繁荣，加快建设文化强省的重大决策。

改革开放特别是省第九次党代会以来，省委高度重视文化建设，率先提出和大力实施文化强省战略，全省人民的精神面貌发生深刻变化，攻坚克难、昂扬向上、奋勇争先的精气神充分展现，现代文明素质明显提高，聚精会神搞建设、一心一意谋发展的氛围日益浓厚。推进文化改革发展，破除诸多体制机制障碍，文化生产力进一步解放，社会主义核心价值体系建设扎实推进，文化基础设施建设不断加强，公共文化服务体系逐步完善，文化产业成为新的支柱产业，在国内外有影响的文化企业和文化品牌不断涌现，文化领军人才和文化从业人员快速增长，人民群众精神文化生活更加丰富，文化促进湖南省经济社会发展的作用不断增强。

当前，湖南省正处于全面建设小康社会的关键时期和加快转变经济发展方式、推进两型社会建设的攻坚时期。人民群众的精神文化需求日益旺盛，迫切需要提高文化民生保障水平；社会力量参与文化建设的热情日益高涨，迫切需要在全社会营造鼓励文化创造的良好氛围；经济社会发展中的文化因素日益增长，迫切需要实现文化建设与经济、政治、社会建设和生态文明建设紧密结合协调发展，特别是经济与文化一体化趋势日益鲜明；文化与产业结合日益紧密，文化在转变经济发展方式中的作用日益凸显，迫切需要提升文化产业在国民经济中的比重，推动经济发展走上创新驱动、内生增长、自主发展的轨道。

要清醒地认识到，湖南省文化建设与国家文化强国战略新要求、与科学发展富民强省新任务还不完全适应。一些地方和部门对文化建设重要性认识不够，缺乏紧迫感、责任感，推动文化建设的自觉性、主动性不强；一些领域道德失范、诚信缺失，一些社会成员人生观、价值观扭曲；公共文化服务总量不足、分布不均、设施落后；精品力作不多，原创能力不强；基层文化队伍相对薄弱，专业人才较为缺乏；与发达地区相比，一些领域原有的比较优势不再明显；文化建设投入跟不上发展要求，制约文化发展的思想观念和体制机制问题需要进一步解决。

湖南文化底蕴深厚、文化资源丰富、文化氛围浓郁，尤其是经济社会持续快速健康发展，为文化建设提供了更加坚实的物质基础和社会条件。站在新的历史起点上，加快建设文化强省，其势已成，其时已至。各级党委要以高度的文化自觉和文化自信，以开阔的视野、务实的作风、有力的举措，在推进"四化两型"、实现"两个加快"中奋力开创文化建设新局面。

二 明确加快建设文化强省的总体要求，力争在建设社会主义文化强国中走在全国前列

1. 指导思想

高举中国特色社会主义伟大旗帜，以马克思列宁主义、毛泽东思想、邓小平理论和"三个代表"重要思想为指导，深入贯彻落实科学发展观，动员全社会力量，坚持以科学发展为主题，以服务"四化两型"、"两个加快"为基本要求，以建设社会主义核心价值体系为根本任务，以满足人民精神文化需求为出发点和落脚点，以改革创新为动力，坚定不移走中国特色社会主义文化发展道路。

2. 奋斗目标

加快建设文化强省，打造湖南文化高地。到2015年，文化综合实力明显增强，文化对经济社会发展的贡献率显著提高，文化发展主要指标在中西部地区全面领先，努力把湖南建设成为全国有影响的区域文化中心、全国重要的文化创意产业发展基地、全国知名的文化旅游目的地和全国生态文化建设示范窗口，力争在建设社会主义文化强国中走在全国前列。

加快建设文化强省，就是要以推进马克思主义中国化时代化大众化为重点，加强理论服务体系建设，打造理论武装高地；以培育和弘扬湖南精神为重点，加强社会主义核心价值体系建设，打造思想道德高地；以完善基层文化设施为重点，加强公共文化服务体系建设，打造群众文化高地；以巩固壮大传统媒体、加快发展新兴媒体为重点，加强现代传播体系建设，打造文化传播高地；以创新体制机制为重点，加强现代文化市场体系建设，打造文化产业高地；以出作品、出人才为重点，加强文化创作生产体系和人才队伍建设，打造文化品牌和人才高地。

力争在建设社会主义文化强国中走在全国前列，就是要在引领思想道德风尚、弘扬社会主义核心价值体系方面创造有益经验，在保障和改善文化民生、构建公共文化服务体系方面率先实现中央提出的目标，在创新体制机制、做大做强文化产业方面发挥示范作用，在培育文化名家、创作文化精品方面为全国做出更大贡献。

3. 基本原则

——坚持正确方向，推动科学发展。坚持社会主义先进文化前进方向，突出社会效益，增强文化软实力。弘扬主旋律，提倡多样化，创造凝心聚力、干事创业的环境和条件。

——坚持敢为人先，推动改革创新。改革体制机制，创新内容形式，发挥科技带动作用，为文化繁荣发展提供不竭动力。

——坚持湖湘特色，推动做大做强。发挥文化资源、文化产业、文化品牌、文化人才优势，抢占制高点，赢得主动权，增强文化实力和后劲。

——坚持以人为本，推动共建共享。文化发展为了人民、依靠人民、服务人民，文化成果由人民共享。推动文化育民、文化惠民、文化富民，促进人的全面发展。

三　加强社会主义核心价值体系建设，筑牢全省人民团结奋斗的共同思想道德基础

社会主义核心价值体系，是兴国之魂、强省之魂。加快建设文化强省，必须把社会主义核心价值体系建设作为根本任务，贯穿于全省经济社会发展各领域，体现到精神文化产品创作生产传播各方面，坚持用社会主义核心价值体系引领社会思潮，形成统一指导思想、共同理想信念、强大精神力量、基本道德规范。

1. 大力实施中国特色社会主义理论体系普及计划。立足推进"四化两型"、实现"两个加快"、"两个率先"的实际，总结科学发展观在湖南的实践成果，加大成果的宣传普及力度，向深度和广度拓展。加强和改进各级党委（党组）中心组学习，完善考学述学评学制度，深入推进学习型党组织建设，带动学习型社会建设。发挥党校、行政学院、社会主义学院、干部学校和讲师团作用，加强理论学习培训。进一步完善理论服务体系，巩固领导干部带头、专家学者为骨干的理论宣讲队伍，组织开展拓展理论下基层活动。利用读书会、报告会、专题讲座、网上学习等形式，搞好理论学习交流。推进马克思主义理论研究和建设工程成果的运用，加强重点学科体系和教材体系建设，推动中国特色社会主义理论体系进教材、进课堂、进头脑。打造通俗理论读物、社科理论活动、媒体理论传播的品牌，摄制《学习的力量》等系列电视理论专题片，大力推进当代中国马克思主义大众化。

2. 扎实推进公民思想道德建设工程。深入开展理想信念、形势政策、国情省情、革命传统、改革开放、群众路线、民族团结进步和国防教育，坚定干部群众对中国特色社会主义的信心和信念。坚持用民族精神和时代精神鼓舞斗志，广泛开展爱祖国、爱湖南、爱家乡活动。坚持用社会主义荣辱观引领风尚，深入推进社会公德、职业道德、家庭美德、个人品德建设，在全社会形成知荣辱、讲正气、作奉献、促和谐的良好环境。大力推进政务诚信、商务诚信、社会诚信和司法公信建设，建立健全覆盖全社会的征信系统，营造守信光荣、失信可耻的浓厚氛围。加强法治文化教育，弘扬社会主义法治精神，提高全民法律意识。鼓励各领域各行业根据社会主义核心价值体系，开展各具特色的主题活动。在经济领域开展诚信文化主题活动，在机关单位开展廉政廉洁文化主题活动，在学校开展爱心孝心责任心主题活动，在社区开展友爱互助主题活动，在农村开展学科学树新风主题活动，建设积极向上的机关文化、社区文化、村镇文化、企业文化、校园文化、军营文化。加强和改进思想政治工作，着力解决问题，疏导情绪，化解矛盾，培育良好社会心态。完善社会志愿服务体系，深入开展关爱空巢老人、留守儿童、农民工、残疾人等志愿服务活动。深化群众性精神文明创建工作，广泛开展城乡共建、军民共建、村企共建活动，不断提高社会文明程度和公民文明素质。到2015年，力争全省文明城市创建覆盖面达到90%，文明村镇创建覆盖面达到80%，文明行业创建覆盖面达到80%，建成3—4个全国文明城市。

3. 提炼和弘扬湖南精神。征集提炼和培育弘扬以湖湘优秀传统文化为底蕴、以现代文明素质为特征、以社会主义核心价值体系为灵魂的湖南精神。加强爱国主义教育基地建设和革命文物保护，传承毛泽东等老一辈无产阶级革命家的崇高思想和伟大品格，实施革命名人、文化名人、历史名人故居及纪念设施保护展示工程，秋收起义纪念园、湘鄂川黔革命根据地旧址、湘南起义旧址群、通道转兵旧址等保护展示工程，建设好屈子文化园等项目。建立省级爱国主义教育基地免费开放补贴机制和从业人员培训机制。到 2015 年，争取建成 30 个全国爱国主义教育示范基地。发挥先进模范在弘扬湖南精神中的示范引领作用。提质改造雷锋纪念馆，开展"雷锋号"系列创评活动，推动学雷锋活动常态化，使雷锋精神在雷锋家乡更加深入人心。发挥党史资政育人和韶山等红色资源的教育引导功能，广泛开展读红色经典、唱红色歌曲、讲红色故事、看红色影视、游红色景点活动，办好中国（湖南）红色旅游文化节。

四　加强优秀作品创作生产，为人民提供丰富的精神食粮

影响广泛、传之久远的文化精品不断涌现，是文化强省的重要标志。发挥湖南文蕴深、文脉广、文气足的优势，加强引导、加大投入、激发活力，创作生产更多反映时代要求、群众喜闻乐见的优秀作品。

1. 坚持正确方向，完善引导评价体系。贯彻"二为"方向、"双百"方针，引导文化工作者坚持社会主义先进文化前进方向，贴近实际、贴近生活、贴近群众，以人民群众满意为最高评价标准，着力创作生产优秀作品。建立公开公平公正的引导评奖机制，继续开展精神文明建设"五个一工程"奖、省社会科学奖、湖南新闻奖、湖南出版政府奖等评选，设立湖南文学艺术奖。发扬学术民主、艺术民主，营造积极健康、宽松和谐氛围。加强文艺评论工作，加大优秀作品推介力度，坚决抵制庸俗、低俗、媚俗之风。

2. 实施哲学社会科学创新工程，推动研究成果转化运用。坚持基础研究和应用研究并重，以重大现实问题为主攻方向，突出"四化两型"、"两个加快"、"两个率先"、"四个湖南"、富民强省研究。加强文化发展研究特别是文化品牌研究。加快成果转化，为科学决策服务。加强社科普及，制定《湖南省社会科学普及条例》。发挥哲学社会科学基金示范引导作用，推进学科体系、学术观点、科研方法创新。建设一批社会科学省级重点实验室和具有专业优势的思想库。与中央有关部门联合办好毛泽东等老一辈无产阶级革命家思想及生平研究中心和国情研究中心、湘学研究中心。推动有条件的市州建立社科研究机构。加强哲学社会科学信息化建设。

3. 鼓励原创和以现实为题材进行创作，推出更多优秀文艺作品。大力推动以"五个一工程"为重点的文艺精品战略，组织实施重大革命和历史题材创作工程、重点文学艺术作品创作工程、优秀少儿作品创作工程、舞台艺术精品创作生产工程，不断开拓新的题材领域和艺术样式，推出更多思想性艺术性观赏性相统一、人民群众喜闻乐见、具有湖湘气派的优秀作品。鼓励原创和现实题材创作。加强重点题材文艺创作，提前规划，科学论证，精心制作《毛泽东》等重大题材作品。加大投入，设立专项艺术资金，支持收藏和推介优秀文化作品。各类评奖重点扶持优秀原创作品。

4. 着力壮大主流舆论，提升传播力影响力。加强和改进新闻宣传，把体现党的主张与反映人民心声、坚持正确导向与通达社情民意统一起来，进一步提高主流舆论的及时性、权威性和公信力、影响力。加强湖南日报、新湘评论、湖南广播电视台和市州党报、广播电视台建设，整合都市类媒体、网络媒体等资源。创新手段，丰富内容，加强主题报道、深度报道、民生报道、典型报道，办好面向农村的专版专栏，推出更多受众喜爱的新闻作品。加强对热点难点问题、重大突发事件的舆论引导，健全突发公共事件应急报道机制，完善新闻发布制度。重视中央驻湘媒体作用，展示湖南良好形象。加强和改进舆论监督，强化媒体社会责任。自觉抵制错误观点，坚决治理有偿新闻和虚假新闻。提高媒体广告品位，办好公益广告。

5. 实施网络内容建设工程，发展健康向上的网络文化。坚持积极利用、科学发展、依法管理、确保安全的方针，推动互联网科学、健康、有序发展。加强红网、华声在线、金鹰网、星辰在线、尚一网、衡阳新闻网等重点新闻网站建设，建好雷锋网和未成年人网、爱国主义教育基地网等主题网站。制作适合互联网和手机等新兴媒体传播的优秀作品，鼓励网民创作格调健康的文化作品。加强互联网基础管理，探索微博客等互联网新技术新应用的引导与管理，建设覆盖全省的互联网舆情采集分析系统和网络文化信息监管平台，建立和完善省、市、县三级互联网管理体制。成立网络文化协会，规范和加强行业自律管理。广泛开展文明网站创建，推动文明办网、文明上网，办好"红短信红彩信红视频"制作传播活动和中国湖南网络媒体摄影节。深入推进整治网络淫秽色情和低俗、虚假信息专项活动。切实提高各级领导干部与媒体打交道和运用互联网的能力，建设全省网络问政平台和政务微博客平台。

五 加快发展公益性文化事业，保障人民基本文化权益

满足人民基本文化需求，是加快建设文化强省的基本任务。坚持政府主导，按照公益性、基本性、均等性、便利性要求，推动公益性文化事业发展迈入快车道。全面建成设施先进、功能健全、运行高效、惠及全省人民的公共文化服务体系，提升人民文化生活幸福指数。

1. 推动文化基础设施建设提质增速，加快构建公共文化服务体系。规划建设省党史馆、湖南革命军事博物馆、省美术馆、省人文社会科学馆、省文化艺术中心、省档案馆展示服务中心、省文艺家之家，改扩建省博物馆、省图书馆、省方志馆、省艺术职业学院、毛泽东文学院（湖南现当代文学馆）等省级标志性文化设施。市州和县市区按国家标准建设管理好公共文化基础设施。继续加强乡镇（街道）、村（社区）综合文化站、文化活动中心、广播电视户户通和无线覆盖提质、农家书屋、社区书屋、文化信息资源共享、乡村学校少年宫、文化活动场等工程建设。实施流动电影放映车、城乡公共阅报栏和电子阅报屏工程。完善面向妇女、未成年人、老年人、残疾人的公共文化服务设施。制定配套政策，推动公益性文化设施和场所逐步向社会免费开放。加强文化设施的管理利用，建立长效机制，避免重复建设，提高利用效率，提升服务水平。完善与中央有关部门文化共建机制。发挥长沙推进国际文化名城建设带头作用。支持长沙市创建国家级公共文化服务体系示范区，建立省级示范区、示范点。制定保障公共文化服务体系建设投入办法，把主要公共文化产品和服务项目、公益性文化活动纳入公共财政经常性支出预算。采取政府采购、项目补贴、定向资助、贷款贴息、税收减免等政策措施，鼓励各类文化企业参与公共文化服务。鼓励政府投资、资助或拥有版权的文化产品无偿用于公共文化服务。鼓励支持社会力量以多种方式参与公益性文化建设。实施《湖南省公共文化事业建设考评体系》，把基层文化设施建设纳入为民办实事年度考核范围。

2. 推进城乡文化一体化，丰富基层群众精神文化生活。合理配置城乡文化资源，实施以城带乡的文化帮扶计划。鼓励其他国有文化单位、教育机构等开展公益性文化活动，各类公共文化场所要为群众性文化活动提供便利。尽快把农民工纳入城市公共文化服务体系。扶持文化企业以连锁方式加强基层和农村文化网点建设，推动电影院线、演出院线向市县延伸，支持演艺团体深入基层和农村演出。继续实施好农村电影放映、"送戏下乡、演艺惠民"工程，扩大覆盖，消除盲点。在城市开展广场文化，在农村开展墟场文化，办好"三湘读书月"、"三下乡"、"四进社区"、"高雅艺术普及推广"、"公共大戏台"等群众性文化活动。加大文化服务网络建设向革命老区、民族地区、贫困地区的倾斜力度。

3. 构建现代传播体系,加快新媒体建设。以党报党刊、电台电视台、重点新闻网站为主,加快构建技术先进、传输快捷、覆盖广泛的现代传播体系,提高新闻信息原创率、首发率、落地率。支持湖南卫视进一步做大做强,打造芒果网络电视台,推动新媒体聚集。加快广播电视技术数字交互高清化改造,建设地面数字电视覆盖网和现代安全播出管理体系。利用有线广播电视网传输文化信息共享资源。建立应急广播体系,在边远山区推进应急大喇叭工程。加快推进红网市县分站群、手机报群和掌上红网建设,建设华声在线户外新媒体。加快长株潭电信网、广电网、互联网三网融合试点。大力整合全省有线电视网络,尽快形成全省贯通一张网。建设湖南日报传媒大厦、芒果新媒体技术大厦。组建新湘评论传媒集团。

4. 加强研究发掘,保护传承优秀传统文化。做好《湖湘文库》、《红藏》等重要文化典籍的整理出版,加强湖南党史、地方志和年鉴的编辑出版。组建湖南博物院,新建一批现代化博物馆,鼓励发展特色博物馆,积极扶持民办博物馆。发挥岳麓书院在传承湖湘优秀文化中的作用,办好岳麓讲坛。保护、建设好长沙铜官窑、澧县城头山、汉长沙国王陵、宁乡炭河里等国家考古遗址公园。加大永顺老司城、凤凰古城、通道侗族村寨等申报世界文化遗产工作力度。加强对张家界、邵阳崀山世界自然遗产的保护利用。保护开发一批古镇古村古民居和少数民族特色村寨。组建省非物质文化遗产保护传承中心、省艺术研究院。保护传承民族民间民俗文化。扶持湘剧、花鼓戏、湘昆、常德丝弦等地方戏曲及桑植民歌、澧水船工号子、江永女书习俗等国家和省级非物质文化遗产。加大对长沙湘绣、醴陵釉下五彩瓷、浏阳烟花爆竹和菊花石雕、湘西蜡染扎染、滩头木版年画等民间工艺保护开发。加快武陵山区(湘西)土家族苗族文化生态保护实验区建设。办好公祭炎帝、舜帝大典活动。办好中国映山红民间戏剧节、中国百诗百联大赛、湖南艺术节、我们的节日·端午文化节(汨罗)主题活动。

六 加快文化产业发展,推动文化产业成为重要支柱产业

发展文化产业,是社会主义市场经济条件下满足人民多样化精神文化需求的重要途径，是经济结构战略性调整的重要支撑。必须按照全面协调可持续的要求，实现跨越式发展。十二五期间，全省文化和创意产业保持 20% 以上的年均增速，到 2015 年，增加值占 GDP 比重 6% 以上，对经济增长的贡献率 10% 以上，力争在全国第一方阵的位置前移。

1. 确立重大产业发展战略。把文化和创意产业作为全面推进"四化两型"、实现"两个加快"的重要着力点，发展以长株潭为核心增长极，大湘西、大湘南为新兴增长极的品字形总体布局，推动形成环洞庭湖文化产业圈和湘江流域文化产业带。发挥省会带动作用，鼓励市州加快发展。重点发展广播影视、出版发行、演艺娱乐、动漫游戏等优势产业，加快发展创意设计、数字出版、移动多媒体、网络新媒体等新兴产业，提质发展印刷复制、广告、会展和收藏等传统产业。大力发展与信息、旅游、体育、休闲农业等结合紧密的文化产业。壮大国有和国有控股文化企业，巩固主导地位。加快推进非公有制文化企业发展，吸引更多社会资本进入文化产业领域，参与国有文化单位转企改制、重大文化项目建设。

2. 大力发展文化创意产业。贯彻落实文化创意产业专项规划，推动文化创意产业成为战略性新兴产业的重中之重。适应现代科技发展趋势，注重运用网络信息技术，全面推进传播平台与内容表达的创新，以技术手段赋予传统文化新的内涵。发展工业设计、软件设计、建筑与规划设计、工艺美术产品设计、演艺创意等，提高融合度，延伸产业链，拓展产业增量。推动文化与数字湖南建设相结合，加快天闻数媒数字出版平台、电子书包、云电视系统建设。加大内容创意和信息技术的融合力度，支持湖南省文化企业与中国电信、中国移动、中国联通、华为、腾讯、淘宝、富士康等的合作发展。加快手机动漫游戏、联通阅读基地、青苹果华文报刊文献数据库建设。支持株洲华强方特欢乐城、酷贝拉青少年体验中心扩容扩张。办好中国金鹰电视艺术节、中国原创手机动漫游戏大赛、长沙国际动漫游戏展。

3. 扶持重点文化产业项目。扎实推进中南国家数字出版基地、湖南国家音乐产业基地、长沙国家广告创意产业园、长沙天心文化产业园、动漫公共技术服务平台、手机动漫公共技术服务平台、图书发行信息平台等国家级重点基地平台建设。建设一批抢占产业制高点和具有示范带动作用的省级重点园区、基地、项目，提升规模化、集约化、专业化水平。重点推进湖南广电创意精品人才基地、湖南日报报业文化城、湖南（益阳）工艺美术创意设计园、长沙黄花印刷科技产业园等园区建设和潇湘影视大厦、中南图书大厦、雷宜锌雕塑艺术展示中心、长沙月亮岛文化主题公园、烟雨凤凰文化旅游产业城建设。

4. 壮大文化市场主体。重视发挥龙头企业作用，继续推动芒果传媒、湖南出版集团、湖南日报报业集团等大型骨干文化企业兼并重组，向新领域、上下游扩张。加快推进电广传媒、中南传媒、拓维信息、天舟文化等上市企业成为战略投资者。加强文化企业上市服务指导，加快华声在线、体坛传媒、快乐购、和光传媒、琴岛演艺、学海传播等企业上市融资步伐。进一步整合文化资源，组建省演艺集团、湖南动漫产业集团、湖南有线网络集团、湖南教育报刊集团等省管产业集团。扶持民营文化企业发展，支持中、小、微文化企业发展。创造良好投资环境，制定优惠政策，加大招商引资力度。

5. 拓展文化消费市场。加快培育消费主体，丰富文化消费产品，合理确定文化消费价格。适应三网融合、数字媒体应用、文化旅游融合等新趋势，创新文化商业模式，拓展大众文化消费市场。鼓励和扶持社会资本积极参与农村文化市场建设和开发，支持农村民间艺术表演团体加快发展。支持大型文化企业进入农村设立文化物流网点、经营服务场所，开展连锁经营，开发农村文化消费市场。打造各具风格的城市文化、区域文化和民族民俗文化，推动长沙、岳阳、永州、韶山、南岳、炎陵、凤凰、武冈、洪江等特色文化城市的建设，开辟特色文化消费市场。积极发展文化旅游，发挥旅游对文化消费的带动作用。支持张家界建设旅游演艺中心城市。

七 加快改革创新步伐，构建有利于文化繁荣发展的体制机制

改革创新是加快建设文化强省的强大动力。按照建设创新型湖南的要求，加大解放思想和文化改革创新力度，引入竞争激励机制，不断解放和发展文化生产力。坚持有序改革、有情操作，确保改革中政治方向不迷失、文化阵地不丢失、国有资产不流失、职工利益不损失。

1. 深化文化行政管理体制改革。加快转变政府职能，强化政策调节、市场监管、社会管理、公共服务职能，推动政企分开、政事分开、管办分离，理顺政府和文化企事业单位关系。加大文化行政管理体制和文化市场综合执法改革力度，完成市、县两级文化广电新闻出版局和文

化市场综合执法机构组建。创新文化市场监管机制，加快建设高效统一
的文化市场监管体系。探索建立管人管事管资产管导向相结合的国有文
化资产管理体制，建立国有文化企业监事派出制度，制定国有文化企业
综合评价考核办法。

2. 推进国有文化单位改革。加快全省一般性国有文艺院团、非时
政类报刊出版单位、新闻网站、广电网络传输机构、电影发行放映单位
等经营性国有文化单位转企改制步伐，培育合格市场主体。按照现代企
业制度的要求，着力推动改制后的国有文化企业公司制股份制改造的进
程，建立现代产权制度，完善法人治理结构。大力推进公益性国有文化
单位深化劳动人事、收入分配和社会保障制度改革，探索建立文化事业
单位法人治理结构，加快形成责任明确、行为规范、富有效率、服务优
良的管理运行模式。积极推动公共文化服务机制创新，探索建立博物馆
联盟、图书馆联盟，不断提高服务能力和水平。

3. 构建现代文化市场体系。重点发展图书报刊、影视剧、演艺娱
乐、动漫游戏、电子音像制品等文化产品市场，大力培育文化人才、金
融服务、产权与版权、信息技术等生产要素市场。健全文化市场经纪、
代理、评估、鉴定、拍卖等中介机构和行业组织，发展电子商务、连锁
经营、物流配送等文化产品流通组织和流通形式。加快建设以湖南有线
电视网络为龙头的数字电视传输网络，以中南传媒为龙头的出版物销售
网络和快捷印刷连锁服务网络，以湖南日报报业集团为龙头的党报党刊
发行网络，以潇湘电影集团为龙头的电影发行放映和影院连锁经营网
络。支持建设一批文化产品物流基地和文化产品交易展示平台。落实
《关于进一步加大金融支持力度，推动文化产业加快发展的指导意见》，
加快文化产业投融资平台和渠道建设，加强银企对接，加大有效信贷投
入。支持湖南省文化旅游基金、达晨创投、盛力投资等私募股权基金投
资文化领域。支持成立省中小文化企业融资担保公司。规范文化产权和
艺术品交易，推动文化产权交易健康发展。

4. 加快文化创新。坚持内容为主、创意制胜，大力推动文化艺术
表现形式、方法和手段创新，不断创造新的文化样式，催生新的文化业
态。实施文化科技融合创新工程，加强对出版、影视、动漫等领域新技
术的研发攻关和成果转化，积极抢占文化科技发展制高点。积极推动文
化产品数字化、网络化传播，加快建设数字图书馆、网上博物馆、网上

文化馆等文化传播新载体，不断拓展文化服务空间。发挥高等院校和科研机构在文化创新中的重要作用，建立健全以企业为主体、市场为导向、产学研相结合的文化技术创新体系。加大各级文化产业引导资金、科技成果转化基金对文化科技项目的支持力度，积极培育自主知识产权和高端文化品牌。

5. 推动湖南文化走出去。加强对外新闻发布和宣传报道，大力推介湖南历史文化和当代文化成果，全面展示湖南经济社会发展成就。扩大湖南卫视国际频道、省政府英文网在境外落地覆盖，支持省级重点新闻媒体和出版机构在境外设立分支机构，制作《湖南文化地理》等重点外宣精品。推动建设一批外向型文化企业，以出版物、影视节目、动漫、文艺演出、工艺美术等文化产品出口贸易为重点，积极开拓国际文化市场。制定文化产品出口贸易优惠政策，鼓励和推动更多的湖南文化企业和产品进入国家文化出口企业和产品目录。建立统筹协调机制，发挥外事、商务、旅游等部门和非政府组织作用，调动各方面力量开展对外文化交流。办好张家界国际乡村音乐节、芷江国际和平文化节、齐白石国际文化艺术节，继续组织好"汉语桥"、"湖南文化周"等文化交流活动。

八　加强文化人才队伍建设，为建设文化强省提供有力人才支撑

加快建设文化强省，队伍是基础，人才是关键。坚持党管人才原则，建立完善符合文化人才成长规律、符合湖南省实际的评价、选拔、培养、引进和激励保障政策体系，创造更加宽松良好的人才环境，加强思想作风道德建设，培养造就素质优良、敢为人先、门类齐全、结构合理的文化人才队伍。

1. 造就高端文化人才。实施文化名家工程、文化党政干部能力建设培训计划、文化产业高层次经营管理人才培养计划，发挥文化大师、文化名家和文化领军人物示范引领作用，支持开展学术研究、技术创新、项目建设。选拔培育一批在全国和业内有影响的文化名家和文化领军人物。积极发挥湘籍文化人才作用。

2. 培养专业文化人才。实施"五个一批"人才培养工程、文艺人才"三百工程"。省委党校开办高级文化人才研修班。建立文化项目首席专家制度。采取继续教育、挂职锻炼、跟班学习、境外培训等形式，加紧培养复合型人才、创新型人才和国际化人才。建立全省专业文化人才储备库，筹建湖南艺术学院。鼓励和支持高校开设文化创意、数字出版、动漫游戏、网络文化和文化经营管理、服务贸易等专业，优化职业院校专业设置，与文化企事业单位共建文化人才培养基地。制定引进专业文化人才的特殊政策，打破身份、资历、行业和地域限制，多渠道吸引国内外优秀人才向湖南文化领域集聚。继续保持入选全国"四个一批"人才总数在中西部省份的领先地位。

3. 培育基层文化人才。落实《关于加强全省县级和城乡基层宣传文化队伍建设的实施意见》，完善机构设置、学习培训、交流任职、待遇保障、表彰激励等政策措施，改善工作条件，吸引优秀人才服务基层。开展湖南省民间文化传承人命名活动，发现培育一批乡土文化能人、民族民间文化传承人。文化主管部门和文化行业协会要为民间文化人才提供培训交流、职称评定、资质认证等服务。设立城乡社区公共文化服务岗位并落实基本津贴，对服务期满高校毕业生报考文化部门公务员、相关专业研究生实行定向招录。配好配齐乡镇（街道）党委宣传委员、宣传干事和乡镇（街道）综合文化站专职人员，明确乡镇（街道）综合文化站公益性服务属性，在村（社区）设立兼职文化辅导员。基层公务员招考中，注重录用具有文化工作经历或文化专业方面的优秀人才。充分发挥群众中涌现的各类文化人才和文化活动积极分子作用，壮大文化志愿者队伍。

4. 扶持青年文化人才。设立青年文化人才专项培养基金，实施青年文化人才海外研修计划，举办青年文化骨干专题研修班，推动青年文化人才快速成长。扶持资助优秀青年文化人才主持重大课题、领衔重点项目、参与重大活动，为青年人才提供实践机会和展示平台。

5. 完善文化人才激励机制。发挥事业、薪酬、荣誉和情感等因素的激励功能，激发文化人才的创造活力和创业热情。建立健全文化人才政府荣誉制度。每年从文化事业发展引导资金中安排专项，开展湖南年度文化人物评选，奖励表彰做出突出贡献的文化领军人物、基层文化工作者、文化企事业单位和文化改革先进典型。鼓励新办文化企业和转企改制国有文化单位探索骨干文化人才股权、期权等激励机制创新，形成培养、延揽文化人才的制度环境。实现各种所有制文化单位人员在参与培训、申报项目、表彰奖励方面同等对待。加大对各级各类文化人才的推荐力度。积极营造尊重人才、尊重创造的浓厚氛围。

九 加强和改进党对文化工作的领导，提高建设文化强省的科学化水平

加强党对文化工作的领导，是加快文化强省建设、推动文化繁荣发展的根本保证。各级党委、政府要加强组织领导，强化工作保障，抓好顶层设计，落实工作责任，提高建设文化强省的科学化水平。

1. 强化建设文化强省的领导责任。各级党委、政府要把文化建设摆在全局工作重要位置，纳入经济社会发展总体规划，与经济社会发展一同规划部署、一同组织实施、一同督促检查，及时解决文化建设中的重大问题。实施文化强省建设"一把手"工程。从2012年起，省、市、县三级要把文化改革发展成效纳入科学发展考核评价范畴，纳入党委、政府绩效考核体系，制定具体的考核办法，作为衡量领导班子和领导干部工作业绩的重要依据，作为文明创建和评优评先的重要指标。每两年评选一次文化强省建设先进市县。加强文化系统领导班子建设，把政治立场坚定、思想理论水平高、熟悉宣传思想文化工作的干部充实到领导岗位上来，选好配强文化领域各级领导班子。发挥国有和国有控股文化企业党组织的领导核心和政治核心作用，加强文化领域非公有制经济组织和新社会组织的党组织建设，探索建立向这些组织推荐派遣党委书记制度。建立健全各级文化体制改革和文化产业发展领导小组及其办公室。各成员单位要协调配合，认真履责。

按照党委统一领导、党政齐抓共管、宣传部门组织协调、有关部门分工负责、社会力量积极参与的要求，建立健全工作体制和工作格局。文化领域各部门各单位要自觉落实文化改革发展目标任务，发挥文化建设主力军作用。支持人大、政协履行职能，支持民主党派、工商联、无党派人士和工会、共青团、妇联等人民团体发挥作用，推动文联、社科联、作协、记协履行联络协调服务职能，发挥宗教界人士和信教群众在促进文化繁荣发展中的积极作用，形成加快文化强省建设的强大合力。

2. 完善公共财政扶持文化改革发展政策。各级政府要确保公共财政对文化建设投入的增长幅度高于财政经常性收入增长幅度，不断提高文化支出占财政支出比例。落实由公共财政承担的配套资金，提高彩票公益金用于文化事业比重。省、市两级和有条件的县市区设立农村文化建设专项资金。根据财政收入的增长，省本级逐步增加省级文化事业发展引导资金和文化产业发展引导资金；各市州可根据自身财力情况，分

别设立文化事业发展引导资金和文化产业发展引导资金。全面贯彻落实国家和省已经出台的各项支持文化改革发展的政策，鼓励各地制定更具操作性、更加优惠的配套政策。出台落实从城市住房开发投资中提取1%用于社区公共文化设施建设的具体办法。加大政府有关部门对文化改革发展的政策扶持力度，在财政、税收、社保、编制、信贷、价格、融资、进出口及用地等方面给予倾斜。贯彻落实《关于支持经营性文化事业单位转企改制和文化企业发展的若干政策》，在养老保险、人员安置、收入分配、土地变性等方面确保落实优惠政策。同时，拓宽投资渠道，引导和鼓励社会力量资助项目、赞助活动、提供设施，参与公共文化服务。创新投融资体制机制，支持各类文化企业向资本市场融资。

3. 加强文化立法执法工作。把文化立法作为法治湖南建设的重要内容，制定湖南地方性文化法规和政府规章，提高文化建设的法治化水平。加强版权和原创保护，特别重视保护知识产权。加大文化法制宣传力度，提高全社会的文化法治意识。依法加强文化统计工作。加大文化执法工作力度，重视和发挥各级文化市场综合执法机构的作用，开展"扫黄打非"专项行动，打击文化领域违法犯罪行为，切实维护文化安全，维护文化工作者的合法权益。

4. 发挥人民群众文化创造积极性。坚持人民群众在文化建设中的主体地位，发挥人民群众的创新激情和创造活力，引导人民群众在文化建设中自我表现、自我教育、自我提高。组织开展群众乐于参与、便于参与的文化活动。支持群众依法兴办文化团体，培育植根群众、服务群众的文化载体和文化样式。总结基层和群众文化创造的经验，推广大众文化优秀成果，在全社会营造尊重人民群众首创精神的浓厚氛围。

各地各有关部门要根据中央《决定》和本意见精神，结合实际制定文化改革发展的具体措施，并认真抓好落实。

《湖南省"十三五"时期文化改革发展规划纲要》

为深入贯彻党的十八大和十八届三中、四中、五中全会精神，深入推进文化体制改革，促进文化事业全面繁荣和文化产业快速发展，加快文化强省建设，着力打造湖南文化发展升级版，结合湖南省实际，编制本规划纲要。

一 发展现状与机遇

（一）发展成绩。

1. 文化事业蓬勃发展。"十二五"时期，湖南省坚持把培育和践行社会主义核心价值观贯串于经济建设和社会治理之中，进一步巩固了凝心聚力、干事创业的良好局面。公共文化服务体系建设获得新突破，公共文化投入稳步增长，2015 年省级财政文化体育与传媒支出达到 111.7亿元，增长 39.7%，2011—2015 年年均增速达到 26.58%，城乡公共文化基础设施基本健全。现代传播体系建设迈上新台阶，"三网融合"扎实推进。文化惠民取得新实效，乡镇综合文化站、广播电视"村村通"、农家书屋等五大文化惠民工程建设成效明显。文艺精品创作打开新局面，多部作品获得国家级奖项。群众文化活动迈出新步伐，"雅韵三湘""欢乐潇湘"、湖南艺术节、送戏下乡等活动持续深入开展并形成品牌。"书香湖南"全民阅读活动持续推进。文化遗产传承保护迈上新台阶，文物本体保护有力，考古与申遗工作成效突出，非遗保护亮点纷呈，老司城成功入选世界文化遗产。

2. 文化产业稳步提升。"十二五"时期，湖南文化产业在"扩总量、调结构、夯基础、树品牌、促贸易"等方面取得积极成效，文化和创意产业增加值年均增长 15.6%，高出同期经济增长速度 3.1 个百分点。产业规模不断扩大，增加值占 GDP 比重持续提升。其中：2015年全省文化和创意产业实现增加值约 1707.18 亿元，比上年增长12.8%，是 2010 年的 2.06 倍；占 GDP 的比重达 5.9%，比 2010 年提高 0.7 个百分点。产业结构不断优化，文化与金融、科技、旅游等相关产业的融合力度不断加大，传统文化产业数字化转型成效明显，新兴文化业态总量规模不断壮大，初步形成了以广播影视、新闻出版、动漫游戏、演艺娱乐、工艺美术为重点的现代文化产业体系。积极推进文化产业平台建设，长沙天心文化产业园等园区垄基地建设进展顺利，截至2015 年，共有 11 家文化企业获得"国家文化产业示范基地"称号。品牌建设成绩突出，湖南卫视、中南传媒、电广传媒等品牌价值凸显。根据《中国文化品牌报告》，截至 2015 年，"湘字号"文化品牌达 42 个，占全国文化品牌总数的 16.2%。文化贸易持续扩大，文化企业"走出去"数量不断增加，核心文化产品进出口总额在全国的排名稳步上升。

3. 体制改革扎实推进。"十二五"时期，湖南省文化体制改革实现了新突破。文化市场综合执法改革基本完成，整合市、县两级原有文化、广电和新闻出版行政机构，组建新的文化行政责任主体，全省14个市州、122个县市区成立了文化市场综合执法机构。经营性文化事业单位改革基本完成，全省一般性国有文艺院团、电影发行放映单位、非时政类报刊出版单位、高校和地方出版社、重点新闻网站完成体制改革，整合全省有线电视网络，基本实现全省一张网，湖南日报报业集团、湖南广播影视集团、湖南出版投资控股集团等有关省管国有文化企业完成整合重组，通过积极推动内部运行机制改革，基本建立了有文化特色的现代企业制度。省级国有文化资产监管体制改革基本完成，组建湖南省国有文化资产监督管理委员会及其办公室，履行省属国有文化企业出资人职责。

（二）存在的不足

公共文化投入仍然不足，文化事业费占全省财政支出的比重偏低，财政支持文化事业发展力度有限。公共文化基础设施建设滞后，基层文化基础设施供给不足。人才队伍建设力度有待加大，基层文化队伍专业水平整体偏低。文化产业增加值在"十二五"初期迈过千亿元大关后，增速放缓，保持高位运行态势的压力不断加大，总量规模有待进一步做大。区域结构失衡现象明显，产业结构转型升级任务繁重，产业融合发展水平有待提升。国有文化资产监管体制有待完善，文化市场监管规范化、法治化水平有待提升，部分改制后的文化单位特别是国有文艺院团存在的深层次问题有待解决。

（三）重要机遇。

1. "一带一路"与长江经济带建设等国家战略有利于拓展文化发展空间。"一带一路"与长江经济带建设等国家战略的深入推进，有利于湖南省在更大范围、更深层次、更宽领域进行文化资源整合、参与国际国内文化合作，有利于文化企业进一步开拓境外市场，引进利用国内外资金和先进技术，提高湖南文化的国际化水平。

2. "五化同步"与"三量齐升"战略目标有利于提升文化发展地位。"五化同步""三量齐升"是湖南经济社会发展的重大战略目标，着力打造湖南文化发展升级版与这两大战略目标的发展要求高度契合。依托"五化同步"发展战略，必将加快推进文化产业转型升级、创新驱动、科学跨越发展。按照"三量齐升"的发展目标，做大经济总量与人均数量，提升发展质量被摆在更加突出的位置，文化事业作为改善民生的重要保障、文化产业作为湖南的战略性新兴产业，都是推进"三量齐升"不可或缺的组成力量，文化在湖南发展战略中的地位也必将得到全面提升。

3. 供给侧结构性改革与"互联网＋"行动有利于助推文化创新与融合。加快推进文化产业供给侧结构性改革，提高文化产业综合效益和竞争力，是当前和今后一个时期湖南省文化产业改革发展的主要方向。着力实施"互联网＋"行动计划有利于丰富文化内容创作和生产传播途径，将有效拓展文化发展合作平台，促进文化市场主体、经营销售主体与消费者之间互动，为文化消费便利化提供技术支撑，推动形成文化新业态。

二 指导思想和发展目标

（一）指导思想

高举中国特色社会主义伟大旗帜，全面贯彻党的十八大和十八届三中、四中、五中全会精神，以马克思列宁主义、毛泽东思想、邓小平理论、"三个代表"重要思想、科学发展观为指导，深入贯彻习近平总书记系列重要讲话精神，坚持"四个全面"的战略布局，围绕社会主义核心价值体系和文化强省建设，巩固马克思主义在意识形态领域的指导地位，巩固全省人民团结奋斗的共同思想基础；以着力深化文化体制改革为动力，进一步解放和发展文化生产力，释放创新创造活力；以构建现代公共文化服务体系为方向，满足人民群众日益增长的精神文化需求，促进文化大发展大繁荣，提升湖南文化软实力；以全面构建现代文化市场体系为重点，推动文化与相关产业深度融合，优化文化产业发展空间布局，拓展对外文化贸易，推动文化产业快速发展。

（二）发展目标。

1. 总体目标。着力打造湖南文化发展升级版，持续推进文化强省建设，到 2020 年，确保社会主义核心价值观深入人心，文化体制改革各项重点任务全面完成，文化事业进一步繁荣，现代公共文化服务体系和现代文化市场体系基本建立，人民群众基本文化权益得到保障，文化对经济社会发展的牵引力、带动力、辐射力持续增强，"湘字号"文化品牌的影响力不断扩大，主要文化指标在全国领先，文化综合实力位居全国前列。

2. 文化事业发展目标。社会主义核心价值观认同度显著提高，全民思想文化道德素质明显提高。构建具有国际视野、湖南特色的社会科学创新体系和新型智库体系，建设 7 大省级重点智库，推出一批在全国有影响的研究成果。以构建现代公共文化服务体系示范县市区为标杆，基本建成现代公共文化服务体系。做大做强传统主流媒体，有效整合新媒体资源，组建湖南新媒体集团，充分发挥"互联网＋"效应，促进传统媒体与新媒体融合发展。力争实现每个文艺门类每年有 2—4 部作品在全国产生重大影响，每年有 3—5 个精品剧目入选国家艺术基金资助项目。全面振兴湘剧、花鼓戏等地方剧种，带动京剧、木偶皮影等剧种创新突破。完成革命文物类重点文物保护单位的规划工程、本体修缮工程、展示利用工程与环境整治工程；完善四级名录体系及保护机制；建设非遗项目库、专题数据库等数据库群。打造文化对外交流重点项目，鼓励支持在境外举办大型文化交流活动。

3. 文化产业发展目标。加强现代文化产业体系建设，到 2020 年，力争实现文化和创意产业总产值 7500 亿元左右，增加值突破 3000 亿元，年均增速 12% 左右，占 GDP 比重达到 7%。综合实力和主要指标名列全国前茅。构建全省文化产业发展"一核两圈三板块"的总体空间布局，加快发展县域文化产业，形成多点支撑格局。加快文化产业集聚区建设，重点扶持 1—2 个小微文化企业创新创意基地，努力打造 1—2 个国家级文化产业园区和 3—5 个国家级文化产业示范基地，逐步形成 7—8 个湖湘特色鲜明、创新能力强劲的湖南特色文化产业集群。壮大骨干文化企业。重点扶持知名企业，打造知名品牌。力争实现市值过千亿元的文化企业 1—2 家，上市文化企业总数 10 家左右。培育 3—5 家出口超千万美元和 10 家左右出口超 500 万美元的大型文化企业集团，打造一批具有国际影响力的湖南文化产业品牌，搭建一批具有较强辐射力的国际文化贸易平台，文化产品与服务出口稳步增长，对外文化贸易规模进入全国前列。

4. 文化体制改革目标。深化文化管理体制改革，进一步完善管人管事管资产管导向相统一的国有文化资产监管体制，建立健全充满活力、富有效率的文化生产经营机制，推动国有文化企业把社会效益放在首位、实现社会效益和经济效益相统一的评价考核机制。厘清各文化产业的业务边界，促进各产业良性竞争，实现新闻、影视、出版三大文化产业集团三足鼎立、优势互补、差异化运行的有序发展格局。提高文化市场监管的法治化和数字化水平，基本实现全省文化市场技术监管与服务平台上线应用。

三 文化事业发展主要任务

（一）加强社会主义核心价值体系建设。

1. 培育和践行社会主义核心价值观。切实把社会主义核心价值观融入国民教育全过程，充分发挥新闻媒体、网上阵地和精神文化产品能够传播先进文化、育人化人的重要作用，深化中国梦和中国特色社会主义的宣传教育。深入开展"两学一做"等教育活动，加强对党员干部的党性党风教育，激励和引导党员干部特别是领导干部带头践行社会主义核心价值观。大力弘扬民族精神、时代精神、湖南精神和雷锋精神，壮大理论宣讲队伍，健全理论与时政的常态化宣传、宣讲机制，打造"湖湘大学堂""雷锋精神论坛"等系列活动品牌。

2. 深入推进精神文明创建。全面实施公民道德建设工程，健全社会诚信体系，推进文明城市、文明村镇、文明行业、文明单位、文明标兵创建，把创建触角延伸到市场主体、新经济组织、新社会组织和科技创新单位。结合文明家庭建设，继续开展"湖湘好家风"等系列主题活动，把社会主义核心价值观落细落小落到实处。细化完善市民公约、村规民约、学生守则、行业规范等，丰富"道德讲堂""道德评议""道德银行"等活动载体，打牢培育社会主义核心价值观的社会基础。突出抓好完美社区建设，提高城市品质和居民幸福指数，着力抓好美丽乡村建设。深入推进全民阅读，提升市民文化素质。积极传播"两型"理念，扎实开展"生态文明""低碳生活"等主题实践活动，大兴绿色环保节俭之风。

3. 加强哲学社会科学创新与新型智库建设。实施哲学社会科学创新工程，打造以优势学科为引领的重点学科体系，完善哲学社会科学评价与奖励机制，推动哲学社会科学成果的转化应用。大力支持湖南省中国特色社会主义理论体系研究中心、毛泽东研究中心、岳麓书院国学研究与传播中心、湘学研究院4大社科品牌建设。大力支持湖南党的创新理论研究和学习服务中心、省地方志数据库等具有湖湘文化特色的重点社会科学平台建设，不断壮大社科"湘字品牌"，着力建设社科"理论湘军"。紧紧围绕党委政府中心工作，打造以经世致用为目的，以湖南省社会科学院、湖南省政府发展研究中心、湖南省委党校（湖南行政学院）等省级重点智库为主导，以高校智库、科技创新智库、企业智库、社会智库为补充的新型智库体系。

（二）构建现代公共文化服务体系。

1. 提高公共文化服务均等化标准化水平。加强城乡公共文化基础设施建设，重点建设韶山毛泽东图书馆、汨罗市屈子文化园、贫困地区村综合文化服务中心建设工程、湖南省文化艺术中心、主流媒体新闻及视频 APP 建设、湖南省美术馆及副楼项目、省博物馆改扩建工程、湖南艺术职业学院新校区建设、广播电视无线发射台站基础设施建设等项目。促进城乡基本公共文化服务均等化，将其纳入国民经济和社会发展总体规划及城乡规划，统筹建立省市县三级公共文化基础设施共建共享机制，加大资源整合力度，扩大投入，保障服务供给。在公共文化建设项目和资金安排上向革命老区、民族地区、贫困地区倾斜，促进公共文化建设跨越式发展。保障特殊群体的基本文化权益，将老年人、未成年人、残疾人、农民工、农村留守妇女儿童、生活困难群众作为公共文化服务的重点对象。完善基本公共文化服务标准体系，保障群众看电视、听广播、读书看报、参加公共文化活动等基本文化权益。

2. 增强公共文化服务发展动力。鼓励和引导社会力量参与，建立健全政府向社会力量购买公共文化服务的机制，将政府购买公共文化服务资金纳入财政预算。推动公共文化服务的社会化发展，促进公共文化服务提供主体和提供方式多元化，采取政府购买、项目补贴、定向资助、贷款贴息等政策措施，支持包括文化企业在内的社会各类文化机构参与提供公共文化服务。培育和规范文化类社会组织，加强对文化行业类协会、基金会、民办非企业单位等社会组织的引导、扶持和管理，促进规范有序发展。规范和完善文化艺术类基金会管理制度，建立健全资金筹措机制，提高社会公信度和项目申报透明度。大力推进文化志愿服务，探索具有湖南特色的文化志愿服务模式。

3. 加强公共文化产品和服务供给。提升城乡公共文化服务效能，完善公共文化服务设施免费开放机制，加大文化惠民力度，推进直播卫星"户户通"、农村电影放映工程、农村文体小广场建设、农村广播"村村响"等文化惠民工程建设，充分发挥农家书屋的作用。加快推进公共文化服务数字化建设，开展示范性数字文化馆建设，统筹实施全省文化信息资源共享，数字图书馆、博物馆和科技馆，直播卫星广播电视公共服务，农村数字电影放映，数字农家书屋，城乡电子阅报屏等项目建设，构建标准统一、互联互通的公共数字文化服务网络，在基层实现共建共管共享，推进公共数字文化服务"进村入户"，打通公共文化服务"最后一公里"。丰富优秀公共文化产品供给，引导有条件的公共文化机构挖掘特色资源，加强文化创意产品研发，创新文化产品和服务内容，鼓励本土文化艺术工作者从现实生活中采集素材，创作出人民群众喜闻乐见、地方特色浓郁的优秀文化产品。推进湖湘文化的传承和发展，挖掘湖湘文化精髓，建立文化传承和发展体系。丰富群众文化生活，巩固和提升"欢乐潇湘"群众文化活动、"雅韵三湘"高雅艺术普及计划、湖南艺术节、"书香湖南"等文化活动品牌，支持文化进机关、进校园、进企业、进农村、进社区、进家庭、进军营。积极开展全民艺术普及、全民健身、全民科普和群众性法治文化、廉政文化活动。

（三）推进现代传播体系建设。

1. 做大做强主流媒体。坚持党管媒体原则不动摇，确保主流媒体始终沿着正确政治方向发展。按照科学发展、规范管理、确保导向的要求，以省直主流媒体为龙头，以党报、党台、党网、党刊为主体，以先进技术为支撑，以内容建设为根本，以机制创新为动力，以重点项目为抓手，立足自身优势，整合媒体资源，着力打造一批形态多样、手段先进、具有全国竞争力的新型主流媒体，建成几家拥有强大实力和传播力公信力影响力的新型媒体集团。鼓励各市州主流媒体因地制宜、积极探索适合本地区融合发展的方式方法；坚持创新发展，遵循新闻传播规律和新兴媒体发展规律，强化互联网思维，推进理念观念更新，打造面向未来的现代传播体系。

2. 促进传统媒体与新兴媒体融合发展。推进内容资源的数字化转换和开发，运用大数据、云计算等技术，改造升级主流媒体，完成媒体信息采集、内容制作、存储分发的流程再造。开发建设以新闻客户端为主的新兴平台，运用4G、移动互联网等网络技术，整合线上、线下资源，拓展延伸产业链，开发形式多样、内容丰富、形象生动的应用工具，满足用户资讯、生活、服务需求。利用新兴媒体互动性强的特点，改变传统媒体单向传播的局限，吸引用户参与信息内容的生产过程，在传播中互动，在互动中深化传播。综合运用多媒体表现形式，借助图文、图表、动漫、音视频等多媒体形式，实现内容产品从可阅读到可视听、从静态到动态、从一维到多维的升级融合，满足多终端传播和多种体验需求，切实增强传播的感染力，着力推动传统媒体与新兴媒体融合发展。

3. 加大重点项目建设力度。以华声在线为平台，将湖南日报报业集团建设成在全国有重要影响的新型主流媒体集团，强化客户端"新湖南"作用，将其打造成有千万用户的主流移动新闻门户、权威观点引擎、聚合信息平台。推动湖南广播影视集团成为国内领先、具有国际影响力的大型媒体集团，以"芒果TV"为统一平台，打造基于互联网特别是移动互联网的网络广播电视台，实现旗下各网络媒体在资源共享、技术分发等方面的底层融合。打造湖南出版投资控股集团融合发展的主流数字媒体集群，支持红网搭建省、市、县三级开放共享的党务政务云、宣传文化云、公共服务云、电商游戏云等"四朵云"建设，力争把"时刻"新闻客户端打造成拥有千万用户的新闻客户端。加快推进"体坛+"移动互联网体育生态圈建设，依托体坛传媒的体育媒体品牌优势和用户资源，着力打造国内第一、全球一流的移动互联网体育资讯和服务平台。积极推进各市州传统媒体与新兴媒体融合，确定一批符合实际的特色项目。长沙、衡阳、常德等城市可依托现有新兴媒体平台，推动文化科技融合工程，在电视播放视听、数字出版、动漫游戏等业态上创新虚拟与实景体验融合，重点抓好1到2个传统媒体与新兴媒体融合项目，力争打造出1到2家有一定影响力的新型媒体集团。

（四）繁荣文化艺术创作。

1. 实施重点创作工程。以"五个一工程"为龙头，加强文艺精品创作生产。实施文学湘军振兴工程，制定湖南文学创作扶持计划，推出文学精品。推进湖南戏剧振兴工程，扶持重点地方戏曲院团，力争2—4台剧目获得国家级奖项。精心打造影视剧作品，让更多具有湖湘气派的影视和演艺作品在全国产生重大影响，走向世界。实施"潇湘其魂美术创新工程"，创作一批体现中国特色，代表湖湘精神的美术作品。

2. 加强文艺创作生产的引导和扶持。坚持以"人民为中心"的创作导向，以弘扬和传播社会主义核心价值观为重要内容，加强文艺创作和优秀出版物生产的引导，围绕"中国梦"题材、地方特色题材、爱国主义和革命历史题材、现实生活题材、少数民族题材、少儿题材等开展创作。鼓励和推动艺术创新，优先扶持思想性、艺术性、观赏性有机统一、具有地方特色的优秀文艺作品；建立和完善文艺创作题材规划论证机制、文艺精品创作生产投入机制、文艺精品创作生产扶持机制；建立健全优秀文化产品的评价体系、激励机制和传播机制。

（五）加强文化遗产保护。

1. 推进文物保护与展示体系建设。重点推进一批文物单位的本体修缮工程、展示利用工程与环境整治工程；推动革命文物类全国重点文物保护单位对公众开放；建设一批以革命文物为核心的红色景区，对近现代重要文物实现全面整合保护与全程全景展现；着力开展文化生态区、传统村落、大遗址项目的保护利用；建立健全文化遗产安全工作长效机制；加快构建门类齐全、体制多元的文化遗产展示体系；统筹建设脉络清晰、保护有力、规范有序的文化遗产园区。

2. 加强非物质文化遗产的传承与保护。建立健全非遗保护监督检查机制、项目价值评估体系以及省级名录动态管理机制，制定省级非遗名录项目分类保护的规范标准、保护细则，着力构建代表性传承人评审、考核和退出机制；重点加强湖南省非遗博物馆、展示中心、传习馆所等基础设施建设工作；高度重视农村文化遗产抢救性保护；积极开展非遗展览、演出、讲座、论坛及进校园、进市场、进社区等宣传活动；加快制定和完善全省统一的数字化非遗保护工程标准体系，探索建立市州级非遗数字资源库信息化建设，形成非遗保护数据库群。

3. 建设一批文化遗产项目。继续做好通道、绥宁侗族村寨，凤凰县区域性防御体系申遗基础工作，争取纳入国家申遗重点项目；建成开放龙山里耶古城遗址、永顺老司城遗址、城头山遗址、长沙汉王陵遗址、宁乡炭河里遗址、望城铜官窑遗址、洪江高庙遗址、宁远舜帝庙遗址、益阳兔子山遗址和常德澧阳平原史前遗址群等一批国家考古遗址公园建设项目；加快推动环洞庭湖博物馆群、传统村落整体保护利用等重大项目建设。

（六）扩大对外文化交流。

1. 拓展对外文化交流空间。积极融入国家"一带一路"建设和省委省政府对外开放战略，通过构建以"政府指导、社会参与、市场运作"的合作模式，进一步加强与欧美友好国家及港澳台地区的文化交流，重点打造专业文艺创作对外交流项目，力争每年在境外举办1—2

次大型湖南文化活动。大力引进国外优秀文化艺术成果，鼓励开展国际顶尖艺术演出和展览活动。打造精品项目，争取更多的项目进入全国对外交流重点项目名录。

2. 创新对外文化交流机制。创新对外文化交流方式，建立全省统一协调的对外文化交流机制和项目扶持、政府补贴机制，推行文化交流项目发布和评审制度。鼓励社会组织、文化机构等参与对外文化交流活动，建立文化交流社会参与机制。注重文化走出去活动内容多样化、特色化，增加和充实出访项目，以精品演出、文物展览、研讨讲学、民族文化工艺品展览等活动作为对外文化交流的主要形式和载体。加快制定符合湖南实际的对外文化交流发展战略，不断巩固发展多元化的对外文化交流新格局。

四　文化产业发展主要任务

（一）优化文化产业发展空间布局

按照产业集聚、功能分区、错位协同、均衡发展的布局原则，突出龙头带动、加快圈层辐射、强化极核支撑，构建全省文化产业发展"一核两圈三板块"的总体空间布局，形成"一核集聚引领，两圈协同联动、三板块多点支撑"的产业发展整体格局。

1. "一核"，即长株潭文化产业核心区。以长沙市、株洲市、湘潭市三市为支撑，以"新技术、新平台、新体系、新模式、新业态"为战略导向，以互联网＋新媒体产业、虚拟现实产业、影视节目生产、数字出版生产、动漫游戏节目生产、广告会展、演艺娱乐、文化信息服务、建筑设计服务、专业设计服务为重点，加快推进金鹰城大型全媒体节目生产基地、马栏山创意集聚区、中南数字出版产业园（基地）、快乐老人文化产业园、潇湘文化创意产业园、县域全民健身中心、省演艺集团文化广场（二期）工程、康乃馨高品质文化养老服务、湘台文化创意产业园、天舟书院、华凯创意国家文化产业示范基地等重大项目建设，将长株潭地区建设成为继环渤海湾文化创意产业圈、"长三角"文化创意产业圈、"珠三角"文化创意产业圈之后具有重要国际影响力的区域性文化创意中心、东亚文化之都和世界媒体艺术之都。

2. "两圈"，即协同圈和联动圈。指以省会长沙为中心，从空间区位和高铁、高速公路交通联系上划分的两大文化产业集聚发展圈域。按照产业集聚特征和经济辐射半径，分为内环协同圈和外环联动圈。

——协同圈：以长沙市为中心，形成高铁 1 小时、高速公路 2 小时到达所在地级市全域的产业经济圈，范围包括岳阳市、益阳市、常德市、娄底市、衡阳市等。推进协同圈内各大城市与长株潭核心区形成承接、配套、协作的产业格局，促进各区域产业发展的差异化、协调化、系统化，同时推进与外围区域的有机联动、融合发展。

——联动圈：以长沙为中心，形成高铁 2 小时、高速公路 4 小时到达所在地级市全域的产业经济圈。范围包括张家界市、湘西自治州、怀化市、邵阳市、永州市、郴州市等。在巩固和提升以文化旅游产业为主导的文化产业体系基础上，进一步加强与长株潭地区的产业协调联动性，进一步加深与周边省域文化产业的协同融合发展，进一步强化与长江经济带、武陵山和罗霄山片区、粤港澳、东盟地区的产业对接。

3. "三板块"：即大湘西板块、大湘南板块和环洞庭湖板块。指在全省形成三大文化产业发展特色功能区域，包括大湘西地区、大湘南地区和环洞庭湖地区。按照差异化、特色化和协调联动发展的原则，立足各板块的资源禀赋、区位特点、产业特色，确定主导产业、优势领域和重点方向，丰富产业内容、延伸产业链条，板块内部形成文化产业发展特色相对一致，板块之间形成特色鲜明、风格各异、功能整合、协同联动的发展格局，促进全省文化产业区域平衡协调发展。

——大湘西板块：以湘西自治州、怀化市、张家界市、邵阳市、娄底市为主体，充分依托武陵山片区区域发展与扶贫攻坚示范区的政策扶持优势，突出文化生态旅游、文化影视创作、体育健身、工艺美术、民族民俗文化、创意设计等特色领域，深入挖掘地域民族民俗文化资源，有机结合秀美自然山水生态环境，以文化旅游为主导产业，充分衍生上下游相关产业，加快培育一批文化创意企业，积极嵌入互联网营销模式，加大非物质文化遗产保护传承力度，实现文化创意产业后发赶超、新兴产业业态不断拓展的局面，将大湘西地区建设成为全省文化旅游融合发展的示范区。

——大湘南板块：以郴州市、衡阳市、永州市为主体，积极利用国家级承接产业转移示范区的金字招牌，充分发挥文化产业对开放型经济的配套协作功能。以本土浓郁的文化底蕴为根基，结合示范区在出口加工、销售传播等方面的优势，加快推动文化产业与装备制造业、出口加工、对外贸易、现代服务业等相关领域融合发展。重点围绕红色旅游、新兴电子产品及电子商务，新兴轻纺及工艺精品、宝石、工艺美术品加工等产业，积极培育文化创意设计、软件及信息服务等生产性服务业。依托综合保税区、国家级出口加工区、省级工业集中区、加工贸易走廊、高新技术产业开发区等平台优势，打通文化产品和服务出口、出海通道，实现文化资源激活、文化企业培育、文化产品生产和文化品牌创建的目的，将大湘南地区培育成为全省文化制造出口加工的集聚区。

　　——环洞庭湖板块：以岳阳市、常德市、益阳市等为主体，抢抓洞庭湖生态经济区、长江经济带建设等国家战略机遇，以建设"更加秀美富饶的大湖经济区"为目标，大力发展休闲旅游，完善基础设施，推动融合开发，突出生态文化、休闲文化、创意文化，重点发展湘茶产业、休闲农业、水上观光、自驾旅游等产业形态，实现生态文明建设、文化产业发展协调一致，将环洞庭湖地区发展成为全省生态休闲文化产业发展的试验区。

　　（二）构筑现代文化市场体系

　　1. 打造优势文化产业集群。围绕湖南省具有一定基础和特色的优势领域，重点打造 11 大优势文化产业。影视传媒产业：打造融合传播新体系，以新技术驱动媒体转型升级，重点支持芒果 TV、湖南广播电视台节目生产基地、潇湘影视基地等项目建设，形成集群发展新格局。新闻出版产业：巩固提升传统出版产业，大力发展数字出版产业，以全媒介优势打造国内外领先的内容创造和信息传播服务，建立全版权图书出版基地，构建线上线下一体化的营销发行网络，加大知识产权保护力度。动漫游戏产业：大力发展原创漫画、影视动画、网络动漫、手机动漫、动漫舞台剧演出和动漫软件制作等动漫游戏产业，推动长沙（国际）动漫游戏展成为全国知名动漫展会品牌。文化旅游产业：以长株潭、大湘西、大湘南、洞庭湖等四大板块差异化、特色化发展为方向，推动文化和旅游产业深度融合，形成一批文化旅游精品景区、线路和品牌，推出一批富有价值的历史文化名城、名镇、名村、名街。演艺娱乐产业：重点培育一批演艺市场主体，打造演艺节目精品，形成一批演艺品牌，推动传统娱乐业向现代娱乐业转型升级。工艺美术产业：积极推进工艺美术基地建设，支持打造省级工艺美术专业展会，推动艺术品经营与金融、互联网的结合，发展网上交易和网上拍卖等电子商务。广告会展产业：推动广告会展与新媒体的融合，提高会展业市场化运作水平，提升广告会展的软硬件水平，打造 1—2 家具有国际竞争力的大型广告会展集团。创意设计产业：以房屋建筑工程设计、室内装饰设计、风景园林工程专项设计等为重点，促进文化创意设计与相关产业融合发展，延伸产业链，提高产业附加值。印刷复制产业：加强先进技术研发，推动印刷业转型升级，打造绿色印刷品牌，完善绿色印刷行业标准体系。体育休闲产业：拓宽体育赛事活动，积极营造健身氛围，不断丰富市场供给；引导全省各地因地制宜发展体育舞蹈、极限运动、徒步、航空体育、健身、健美、滑雪、龙舟、漂流、垂钓、登山、攀岩、自行车、汽车自驾游等健身休闲运动项目，重点打造沿湘江健身城市群和长株潭沿湘江风光带健身圈。虚拟现实产业：加速体验式虚拟现实媒体传播产业化，开辟具有视觉沉浸式、体验动感式、交互多模式技术特征的媒体艺术表现形式，推进互动体验游戏、视频、动漫、电影、演艺、旅游、动感体验节目、体育竞赛等虚拟现实产业应用，引进风险投资和民间资本，培养文化科技产业新增长极。

2. 推进文化产业平台建设。推动长沙国家级文化和科技融合示范基地建设，加快长沙天心文化产业园、湖南（昭山）文化创意产业园、湖南（益阳）工艺美术创意设计园等重点园区的规划和建设，积极引进全国知名文化企业来湘投资发展，引导文化产业园区突出主导产业和主体功能，避免同质化竞争。

（三）推进文化产业与相关领域的融合发展

1. 加快文化产业与科技融合发展。充分发挥科技项目的支撑引领作用，研发一批具有自主知识产权的核心技术，推动高新技术成果向文化领域的转化应用。实施好长株潭文化科技创新工程，探索建立"企业＋高校＋基地"的产学研模式，提高文化产业园区和企业科技创新能力。加强对传统文化产业的技术改造，重点培育虚拟现实等新兴文化业态，积极推进宁乡虚拟现实产业园（基地）建设。以长沙高新技术产业园、湖南大学科技园等园区为技术支撑，引进一批知名文化科技企业，打造文化科技设备制造与数字内容制作交叉并行的文化产业平台，并在湖南文化旅游精品线路等领域，实施示范性虚拟现实的深度应用。建设一批高端创意设计融合平台，不断提高文化生产和传播的科技装备水平，提高文化产品和服务的科技含量。实施主题型科技文化融合工程，探索在主题公园、公共游戏游乐场所、科技馆等场所，旅游文化、数字舞台、电视播放视听等业态创新虚拟和实景体验融合。

2. 促进文化产业与金融融合发展。积极培育资本市场，重点推进华声在线、体坛传媒、中广天择、华凯创意等文化企业上市的步伐。积极促进金融资本、社会资本和文化资源的对接，主动搭建融资平台，完善金融配套服务体系，着力突破文化产业融资障碍，切实为文化企业解决"融资难"问题。充分发挥投资拉动作用，鼓励引导社会资本进入文化产业，鼓励金融机构积极开发适合文化产业的信贷产品，建立健全多元化、多层次、多渠道的文化产业投融资体系。

3. 加强文化产业与旅游业融合发展。将本土特色文化资源与旅游资源有机结合，培育一批文化旅游品牌，形成特色鲜明、创新能力强、产业链完整的文化旅游景区和产业基地、园区、集群。深入挖掘潜在的文化旅游资源"亮点"和"卖点"，构建全域旅游的发展思路和模式，加快文化体验、健康养生、科普旅游、研学旅行、体育健身等旅游新业态的开发，积极培育有文化内涵和地域特色的主题酒店、营地、客栈、民宿等住宿新业态。集聚文化创意和旅游产业优势资源，将娱乐演艺创作巧妙融入旅游之中，举办各类文化旅游节庆活动，开发文化标志性旅游纪念品。加快湖南十大历史文化旅游项目、十大古镇古村群落、大湘西地区文化生态旅游精品线路和湖湘风情文化旅游小镇建设，着力打造极具湖湘特色的文化旅游产业。

4. 推动文化产业与制造业融合发展。将文化元素融入高端装备制造、电子信息、新能源汽车、生物医药、航空航天等制造业研发设计价值链高端环节，打造一批示范项目。鼓励文化企业与制造企业深度合作，促进文化创意和设计服务渗透到制造业产品生产、销售流通、宣传推广全过程。构建文化产业与制造业融合发展机制，推动企业跨地区、跨行业、跨所有制合作。

5. 引导文化产业与农业融合发展。推动形成以长株潭城市群为依托的假日休闲体验、生态观光等为主的多功能休闲农业区，建设一批农业特色鲜明、生态环境良好的城乡互动体验示范基地。加快建设以湘中南山水文化为依托，休闲健身、农耕文化为主题的山水体验休闲农业区，大力发展现代农业观光游、四季农园体验游、特色产地采摘游等农业旅游新种类。着力打造以大湘西地区民族文化和奇异地貌为依托，以原生态、民俗风情、山林景观为主题的生态休闲农业区，大力发展本土农家品味游、农业节庆休闲游等农业旅游新形态。

（四）实施文化产业"互联网＋"行动

1. 加快推进移动互联网与文化产业的深度对接。依托湖南文化的品牌效应和内容优势，打造"网络湘军"，大力推动文化产业与物联网、移动互联网、云计算、大数据融合创新。大力发展移动互联网电视、数字媒体、微信、微博等新兴媒体，积极推进数字出版移动化转型，不断拓宽手机动漫、手机游戏等优势产业的传播渠道，打造文化产业移动互联网完整产业链。

2. 大力发展"互联网＋高新技术＋文化创客"模式。充分发挥互联网开放创新优势，支持文化产业领域内创新工场、创客空间、社会实验室、智慧小企业创业基地等新型众创空间发展。充分利用长株潭国家自主创新示范区等平台，通过市场化方式构建一批技术创新与创业相结合、线上与线下相结合、孵化与投资相结合的众创空间，鼓励采取专业园、园中园等形式，为创意名人、青年文艺家、大学生和初创者提供创业平台。

（五）积极发展县域文化产业

1. 推进县域成为文化产业新的支撑点。充分挖掘和激活广大县域丰富的历史文化、民俗文化、红色文化、生态文化等不同类型的特色文化，通过政府推动与市场运作相结合、壮大规模与提升效益相结合，推进县域文化产业提质升级，扩大县域文化消费，改变文化产业发展过分依赖省会城市的模式，加快形成多点支撑、点面结合、整体推进的发展格局，将县域建设成为文化产业新的增长点，助推全省文化产业可持续发展。

2. 突出县域文化产业的地方元素。改造民间特色传统工艺，加强非物质文化遗产生产性保护，重点推进湘绣、湘瓷、湘茶、烟花等传统优势产业的提质发展。继续办好具有县域特色、富有创意的各类节庆活动，整合、升华本土文化内涵，充分展示湖湘文化的独特魅力。依托县域独特历史文化资源，因地制宜发展文化旅游业、工艺美术业、演艺娱乐业等业态，培育具有地方特色的文化创意企业，引导县域文化产业特色化、差异化发展。

3. 加强文化旅游特色县建设。加快推进湖南省文化旅游特色县建设，支持凤凰县、新宁县、新化县、炎陵县、通道县、南岳区、韶山市、永定区、双牌县、宁远县、资兴市、汝城县、宜章县 13 个县市区建成文化旅游特色强县。着力建设好伟人故里韶山、花明楼，世界自然遗产武陵源、崀山，世界文化遗产永顺老司城，和平之城芷江等精品旅游目的地。积极打造高铁沿线文化旅游产业带和景点集群。

（六）加快对外文化贸易步伐

1. 壮大对外文化贸易主体。加快培育一批有出口潜力的文化贸易企业。支持具有国际影响力以及行业带动性的外向型文化企业、文化机构在湖南落户。支持文化企业在境外收购文化企业、演出剧场和文化项目实体，设立演艺经纪公司、艺术品经营机构、连锁文化经营机构等，鼓励文化企业应用电子商务等新业态拓展海外市场。积极培育湖南文化贸易品牌，打造外向型市场主体，鼓励和支持文化企业在境外申请商标、推广品牌。充分发挥中介组织在出口促进、行业自律、国际交流等方面的作用。

2. 拓展对外文化贸易平台。积极搭建文化出口交易平台，支持文化企业参加境内外国际性知名展会和接洽活动。支持在省内举办涉及广播影视、出版印刷、动漫游戏、演艺娱乐、工艺美术和创意设计等方面国际性文化及相关产业交流活动。支持文化企业参与境外国际文化交流活动，开展产品认证、管理体系认证等。积极打造"湘字号"湖湘特色文化产品跨境电商交易平台，加快文化"走出去"海外营销渠道和落地平台建设，创建服务湖南招商引资、文化旅游产业和外向型经济的"大数据"英文资讯平台，认定一批出口规模大、发展潜力好的省级对外文化贸易基地并加以扶持和推进。

3. 优化对外文化贸易环境。加强知识产权保护，支持文化企业开展涉外知识产权维权工作。减少对文化出口的行政审批事项，简化因公出国（境）审批手续。实施便捷通关措施，建立海关绿色通关体系，推动一批省级文化出口重点企业、重点产品进入海关绿色通关目录。

五　文化体制改革主要任务

（一）完善国有文化资产管理体制

1. 完善管人管事管资产管导向相统一的监管体制。坚持管人管事管资产管导向相结合，确保文化企业的正确经营方向。加快转变政府职能，进一步厘清和规范党政部门与其所属的文化企事业单位关系。完善党委和政府监管有机结合、宣传部门有效主导的管理模式，依法清理现有行政审批事项，规范和精简行政审批流程。制定国有文化企业监督管理办法，推动主管主办制度与出资人制度有效衔接，落实谁主管谁负责和属地管理原则，严格执行文化资本、文化企业、文化产品市场准入和退出政策，综合运用法律、行政、经济、科技等手段提高管理效能。充分发挥行业组织在协调、规范、监督文化企业中的积极作用

2. 健全国有文化资产综合管理体系。强化国有文化资产监管运营，完善省管国有文化企业清产核资、资产评估、产权登记、统计报告制度，建立健全两个效益相统一的评价考核机制。加大社会效益考核权重，完善国有文化企业经营业绩考核和薪酬管理办法，统筹考核社会效益、经营业绩、管理责任和薪酬标准。加强国有资本经营预算编制工作，确保国有文化资产保值增值。

（二）深化国有经营性文化单位改革

1. 加快国有文化企业股份制改造。明确股份制改造的范围、股权结构和管理要求，进一步深化改革，培育合格的文化市场主体。按规定已经转企的出版社、非时政类报刊出版单位、新闻网站等，实行国有独资或国有文化企业控股下的国有多元。在坚持出版权、播出权特许经营前提下，探索制作和出版、制作和播出分开。新闻媒体中的广告、印刷、发行、传输网络部分，可剥离进行转企改制，由国有资本绝对控股，利用市场资源和社会力量，为发展壮大新闻宣传主业服务。

2. 推动国有文化企业建立健全有文化特色的现代企业制度。推动国有文化企业把社会效益放在首位、实现社会效益和经济效益相统一，建立健全有文化特色的现代企业制度，把社会效益第一、社会价值优先的经营理念明确体现到企业章程和各项规章制度中。科学设置企业内部组织结构，推动党委领导与法人治理结构相结合、内部激励与约束相结合。深化企业内部劳动、人事和收入分配等制度改革，健全绩效考核办法，实行差异化考核，对直接涉及内容创作的部门和岗位，要以社会效益考核为主，在收入分配和奖励方面适当予以倾斜。

（三）分类推进文化事业单位改革

1. 明确不同文化事业单位的功能定位。在清理规范基础上完成事业单位分类，与正在推进的事业单位改革相衔接，明确不同文化事业单位功能定位，建立法人治理结构，完善绩效考核机制。推动公共图书馆、博物馆、文化馆、科技馆等组建理事会试点，吸纳有关方面代表、专业人士、各界群众参与管理，不断增强其发展活力。

2. 优化公益性文化事业单位管理体制。进一步深化公益服务性事业单位内部管理体制改革，选择部分条件成熟的文化馆、博物馆、图书馆进行劳动人事、收入分配、社会保障三项制度改革，健全法人治理结构，提高服务水平。优化社会力量兴办公益事业的制度环境，加快形成行为规范、富有效率、服务优良的管理运行模式。

3. 完善文化事业发展的投融资机制。优化政府对文化事业投入的支出结构，发挥公共财政主渠道作用，加大对重大文化设施和公益性文化项目的财政投入。对政府主办的重大文化项目和活动原则上实行公开招标，择优承办。鼓励支持社会资本以多种形式参与文化设施和文化项目建设。

（四）深化文化市场综合执法改革

进一步理顺文化市场管理与综合执法的关系，健全文化市场综合执法机制，建立权责明确、行为规范、监督有效、保障有力的文化市场综合执法体制，全面落实综合执法责任制，加快完善以综合行政执法、社会监督、行业自律、技术监控为主要内容的文化市场监管体系。

六　保障措施

（一）加强组织领导

坚持和完善党委统一领导、党政齐抓共管、宣传部门组织协调、相关部门分工负责、社会力量积极参与的工作机制，形成纵向畅通、横向协调的文化管理体系，加快实施文化强省战略，推进文化发展"十三五"规划的各项目标任务层层分解，落实到具体部门和单位，并作为主要领导任期的考核目标，定期进行验收检查。

（二）完善政策法规

从体制机制、市场准入、投资融资、税收优惠、土地使用、基地园区建设等方面，依法依规制定和落实相关配套政策和法规体系，为湖南省文化改革发展提供政策支撑和法律保障。重点扶持转企改制国有文化单位、互联网信息服务、新媒体、新业态等重点行业和小微文化企业。出台关于传统村落保护利用、引进民间资本推动湖南新闻出版、广播影视业发展等政策性文件。出台文化产业知识产权保护、公共文化服务保障等有关地方性法规，建立健全湖南省文化政策法规体系。

（三）加大投入力度

加大公共文化建设投入，不断扩大财政投入覆盖范围，突出支持重点，向基层和农村倾斜，向公共服务平台建设倾斜，保障现代公共文化服务体系和现代文化市场体系建设。按照文化单位分类改革性质，对党报、党台、党网、党刊等承担公益性任务的文化单位予以重点支持。随着财力增长逐步扩大省级文化事业发展专项资金和文化产业发展专项资金规模；各市州可根据自身财力情况，分别设立文化事业发展专项资金和文化产业发展专项资金。加强财政资金管理，提高资金使用效率，建立完善的财政投入绩效评价体系。

（四）强化人才队伍建设

全面推进"文化人才聚集行动计划"和"高层次文化人才工程"，加快引进一批在全国有较大影响力的文化大师和文化领军人物，重点培养一批善于开拓文化新领域的拔尖创新人才、掌握现代传媒技术的专门人才、懂经营善管理的复合型人才、适应文化走出去需要的国际化人才，形成可持续发展的文化人才队伍梯队。实施文化名家工程、高层次国际传播人才培养计划、文化党政干部能力建设培训计划等建设项目。推进全省宣传文化系统"五个一批"人才工程、文艺人才扶持"三百"工程、"三区"文化人才支持计划、紧缺人才培训计划，落实基层文化人才队伍建设规划。鼓励文化企业、高等院校、科研机构共建人才培养基地，支持有条件的园区和企业设立博士后工作站，加强高校艺术、设计、软件、传媒、表演等专业学科建设，创新和完善文化人才评价、流动、激励等机制。

《湖南省文化厅"十三五"时期文化发展规划》

"十三五"时期，是全面建成小康社会的决胜阶段，是全面深化改革的攻坚期，是全面推进依法治省的关键期，是全面推动文化繁荣的机遇期。湖南省文化厅坚持战略思维，坚持目标引领，坚持问题导向，根据党和国家文化发展方针政策及省委省政府的文化强省战略，制定了未来五年文化改革发展思路、目标任务和重大项目。

一　指导思想、方针原则和发展目标

（一）指导思想

高举中国特色社会主义伟大旗帜，以马克思列宁主义、毛泽东思想、邓小平理论、"三个代表"重要思想和科学发展观为指导，深入贯彻习近平总书记系列重要讲话精神，按照"四个全面"的总体方略，坚持文化自信，以新的发展理念引领文化建设，在创新发展中激发文化创新活力，在协调发展中推动文化均衡发展，在绿色发展中充分发挥文化的重要作用，在开放发展中提高文化竞争力和影响力，在共享发展中保障文化民生，争取为谱写中国梦的湖南篇章提供有力的思想保证、精神动力、舆论支持和文化条件。

（二）方针原则

——坚持以人为本。坚持以人民为中心的工作导向，建立健全群众文化需求征集、评价和反馈机制，持续加大文化惠民工程的实施力度，不断提高公共文化产品的供给和服务能力，以文化服务的繁荣发展提升人民群众的幸福指数。

——坚持深化改革。在转变职能基础上提高文化宏观管理能力，创新文化管理体制；在坚持导向基础上创新文艺创作生产传播评价机制；在标准均等基础上加快建立现代公共文化服务体系；在体系建设基础上完善文化遗产保护传承机制；在融合发展基础上增强文化市场主体竞争力；在简政放权基础上建立健全现代文化市场体系；在统筹各种资源基础上提高文化"走出去"水平。

——坚持法治引领。把深化文化法治建设与推动文化改革发展紧密结合起来，努力建设符合社会主义先进文化前进方向、遵循文化发展规律、有利于激发文化创造活力、保障人民基本文化权益的文化法律规章制度和规范公正文明的文化行政执法体系，在法治轨道上提高文化治理能力现代化水平。

——坚持开放创新。探索建立文化多元投入机制，推动公共文化服务社会化发展；推动文化和科技融合，推动文化创意与设计业、制造业、旅游业、农业等重点领域融合发展，运用互联网＋思维推动文化共享惠民、文化展示传播、文化营销推广；培育多层次文化产品和要素市场，鼓励金融资本、社会资本、文化资源相结合，提升文化软实力，扩大社会影响力，实现文化的跨越式发展。

（三）发展目标

——以提高国民素质和文明程度为着力点，促进人的全面发展。把中国梦和社会主义核心价值观贯串文化工作的各方面和全过程，在精神文明建设活动、文化产品生产传播、文化服务提供和各类文化活动的开展中，坚持正确的价值导向，使人们在文化消费、文化体验中感受爱国主义、传递民族精神、把握时代精神，为全面建成小康社会提供强大的价值引导力、文化凝聚力和精神推动力。

——以加强艺术精品创作生产为着力点，繁荣发展社会主义文艺。深入贯彻习近平总书记在文艺工作座谈会上的重要讲话精神，落实中央关于繁荣社会主义文艺的意见，坚持以人民为中心的创作导向，以中国精神为灵魂，以中国梦为时代主题，以中华优秀传统文化为根脉，以创新为动力，以创作生产优秀作品为中心环节，深入生活，扎根人民，推出更多无愧于民族、无愧于时代的文艺精品，凝聚共识，汇聚力量。

——以公共文化服务标准化均等化为着力点，基本建成现代公共文化服务体系。加强基本公共文化服务标准化、均等化建设，重点是补齐短板，兜好底线；引导文化资源向基层、农村和老少边穷地区倾斜，着力解决贫困地区公共文化服务体系建设问题，完善公共文化设施网络，加大文化惠民力度，推进基本公共文化服务均等化进程，丰富服务内容，提高服务水平；创新公共文化服务方式，通过政府购买、社会资助、项目运营等形式推动公共文化服务社会化专业化发展，提升服务效能；建立群众评价和反馈机制，促进公共文化服务供需有效对接，打造公共文化服务升级版。

——以推进传统文化创造性转化发展为着力点，构建优秀传统文化传承体系。加强文物保护，继续推进一系列重大文物保护工程；提升非物质文化遗产保护水平，加强非物质文化数字保护和利用设施建设；振兴传统工艺，实施传统工艺扶持计划和古籍保护计划；将传承弘扬优秀传统文化融入国民教育、民间传承、文艺创作、产业发展等各个方面，赋予新意，创新形式，发挥好其在提高国家文化软实力、培育国民经济新的增长点、推动经济社会协调发展中的作用。

——以引导文化产业优化升级为着力点，培育形成新的增长点、增长极、增长带。通过重点行业带动和有力政策推动，促进文化产业优化结构布局、增强创新能力、提高质量效益；重点培育骨干文化企业和创意文化产业，改造提升演艺、会展、工艺美术等传统产业，加快发展动漫、游戏、数字娱乐等新型文化业态，推动文化产业优化升级；促进文化与科技双向深度融合，发展"互联网＋文化产业"；营造良好文化消费环境，培育城乡居民文化消费习惯，增加文化产品有效供给，提升服务水平和质量，不断扩大文化消费规模。

——以优化市场健康发展环境为着力点，健全现代文化市场体系。建立统一开放、竞争有序、诚信守法、监管有力的现代文化市场体系；深化行政审批改革，简政放权、放管结合、优化服务，健全以内容监管为重点、以信用监管为核心、覆盖文化市场事前事中事后的全过程全领域的监管体系；建立公平保障机制，打破地域分割、所有制壁垒，充分发挥市场在文化资源配置中的基础性作用，促进人才、资金、科研成果等要素合理流动。

——以开创文化开放新格局为着力点，推动湖湘文化影响力持续扩大。加大对外文化工作创新力度，推动对外文化工作理念创新、思路创新、体制机制创新，创新对外传播、文化交流、文化贸易方式，把对外文化工作提高到新水平；加强与"一带一路"沿线国家的文化交流与合作，推动形成深度融合的互利合作格局；加快对外文化贸易优化升级，打造湖湘文化品牌，展示湖南崭新形象。

二　营造良好创作环境，引领湖南文艺全面繁荣发展

始终坚持以人民为中心的创作导向，坚持思想精深与艺术精湛相结合、创作生产与群众需求相结合、传承发展与创新普及相结合、政府主导与社会参与相结合、多出精品与多推人才相结合，不断激发文艺繁荣发展的生机与活力。

1. 完善文艺创作机制。加强对全省院团的艺术创作总体布局；继续开展"深入生活、扎根人民"主题实践活动及"名师传艺"工程；进一步完善重大题材、精品剧目创作招标制度，舞台艺术多元投入机制，剧目生产专家论证制度，精品剧目生产奖励扶持制度；丰富全省剧本创作题材库、重点剧目题材储备库和剧本交流中心库。

2. 振兴湖南地方戏曲。贯彻落实《关于支持戏曲传承发展的若干政策》（国办发〔2015〕52号）和《关于支持戏曲传承发展的意见》（湘政办发〔2016〕24号），全面振兴湘剧、花鼓戏、祁剧、汉剧等19个地方剧种；分年度委托戏曲院校开展全省地方戏曲编剧、导演、作曲、舞美人才培训班，每年资助2—5个地方戏曲剧种人才培训班；对全省地方戏创作演出重点院团的表演及创作人才进行培训，对各类特色鲜明、重点突出的地方戏曲人才培训项目进行资助；对全省地方戏创作演出重点院团赴境外演出和艺术交流活动实行补贴；支持各地对本地最具代表性地方戏曲剧种的史料进行抢救、保存；举办有影响的地方戏曲展演及表彰活动。

3. 繁荣文艺精品创作。实施重点题材创作计划，突出"中国梦"题材、地方特色题材、爱国主义和革命历史题材、现实生活题材和少数民族题材五大重点题材创作；围绕国家艺术基金申报、文华奖、"五个一工程"奖、中国艺术节、湖南艺术节等平台，加强对精品剧目的培育、创新和扶植，挖掘湖南资源，讲好湖南文化故事，推出湖南文化精品。

4. 打造文艺活动品牌。坚持办好三年一届的湖南艺术节，每年轮流举办全省青年演员折子戏比赛、新创小戏比赛，专业声乐、器乐、舞蹈、曲艺等艺术活动，鼓励支持各市州举办艺术活动，带动湖南省艺术创作生产整体水平不断提升。

专栏一　　　　重大文艺活动品牌与重要文艺奖项主要指标

重大文化活动品牌	湖南艺术节
	"怀素杯"全国书法双年展
	全省青年演员折子戏比赛
重要文艺奖项指标	力争每届艺术节推出 30 台以上新创剧目、30 个以上新创小戏
	力争实现每年有 3—5 个精品剧目入选国家艺术基金资助项目
	力争 5 年间推出 15—20 个重点剧目可供加工打磨
	力争 2—4 个剧目进入国家级大奖行列
	力争 2—3 人获得梅花奖或文华奖单项奖

三　加大政府财政投入，推动公共文化设施提质升级

继续加大政府对公共文化设施建设的投入，多渠道筹集资金，改善文化设施投资环境，加大管理和利用力度，到 2020 年，基本建成以省级文化设施为龙头，市州文化设施为骨干，县、乡镇（街道）、村（社区）基层文化设施为基础，布局合理、设施完善、功能健全、和谐发展的公共文化设施体系。

1. 推进省级重点公共文化设施建设。重点建设一批能体现湖南特色的省级标志性文化设施，主要包括：湖南省博物馆陈列布展及精装建设、湖南图书馆新馆建设、湖南艺术职业学院新校区建设、省演艺集团

场馆（含湖南文化广场二期建设项目和省歌舞剧院搬迁梅溪湖项目）
建设。

2. 推进市州级公共文化设施建设。主要包括：新建长沙戏剧艺术
中心，改扩建长沙美术馆和湘剧保护传承中心；推进株洲市图书馆、市
群艺馆改扩建工程和博物馆（含市美术馆）、市戏剧传承中心搬迁改造
工程；完成湘潭市图书馆新馆、湘潭大剧院建设，新建齐白石美术馆；
新建岳阳市洞庭湖博物馆、岳阳市巴陵戏传承展演中心，推进岳阳市美
术馆新馆展厅建设，改扩建岳阳市少年儿童图书馆；新建常德市美术
馆，完成市图书馆各功能区划建设；新建衡阳市博物馆；新建湘西州博
物馆、州艺术中心和武陵山民族文化园；新建益阳市图书馆新馆、群艺
馆新馆；新建永州市文化艺术中心、永州市民俗博物馆；完成张家界市
图书馆、博物馆建设，新建市文化馆、美术馆、剧院、武陵山博物馆；
推进邵阳市文化艺术中心建设，完成市博物馆陈列设计及布展；推动娄
底市博物馆、文化馆陈列设计；新建怀化市艺术馆、博物馆、美术馆、
影视中心；新建郴州市博物馆、市群众艺术馆、湖南昆剧团五岭歌舞剧
场，改扩建市图书馆。

3. 推动县级公共文化设施提质改造。参照国家规划及标准，对全
省未达标的县级公共图书馆和县级文化馆进行新建和改扩建；结合各县
（市）文物资源条件、建设规划，统筹推进县域特色博物馆新建工程；
支持县级戏曲艺术和具有地方特色的国有文艺院团试点建设一批综合性
排练场所；鼓励有条件的县级文化馆综合设置戏曲排练演出场所，推动
为县级国有文艺院团建设小型综合排演场所，通过多种渠道为艺术表演
团体免费或低价提供排练演出场所，逐步实现一县一剧场。

4. 推进基层综合性文化服务中心建设。贯彻落实《国务院办公厅
关于推进基层综合性文化服务中心建设的指导意见》（国办发〔2015〕
74 号）和《湖南省人民政府办公厅关于推进基层综合性文化服务中心
建设的实施意见》（湘政办发〔2016〕48 号）精神，制定基层综合性
文化服务中心建设标准，加大资源整合力度，主要采取盘活存量、调整
置换、集中利用等方式，按照人口规模和服务半径在乡镇（街道）和
村（社区）统筹建设一批选址适中，与地域条件相协调，集宣传文化、
党员教育、科技普及、普法教育、体育健身等功能于一体的基层综合性
文化服务中心，配套建设文体广场并配备阅报栏（屏）、灯光音响设

备、广播器材和体育健身设施等。

专栏二	公共文化设施建设主要指标
省级重点公共文化设施	省博物馆陈列布展及精装建设工程
	湖南省文化艺术中心建设工程
	湖南艺术职业学院新校区建设工程
	省演艺集团场馆（含湖南文化广场二期建设项目和省歌舞剧院搬迁梅溪湖项目）建设项目
市州重点公共文化设施	推进各市州级文化馆（群艺馆）、图书馆、博物馆、剧场（影剧院）和文化广场等基本公共文化设施建设
县级基础公共文化设施	对未达到国家相关建设标准的县（市）级县级图书馆、文化馆、博物馆、美术馆、剧场进行提质改造
基层综合性文化服务中心	推进基层综合文化站（中心）建设，建筑面积不少于300平方米，站（中心）内设立图书阅览室、教育培训室、管理和辅助用室、多功能活动厅
	结合基层公共服务综合设施建设，整合闲置中小学校等资源，统筹建设村（社区）综合文化服务中心，设有1间多功能文化活动室、1间图书阅览室（可与农家书屋整合）、1个文化广场、1个宣传栏、1套文化器材、1套广播器材、1套体育设施器材
流动文化设施设备建设	为县级公共文化机构配备流动文化服务车；重点加强农村集市流动服务点建设，配备新型集成化、便携式、多功能的流动文化服务设备，逐步实现流动文化服务常态化

四 推进标准化均等化，构建现代公共文化服务体系

以贯彻落实《关于加快构建现代公共文化服务体系的实施意见》（湘办发〔2015〕39号）为抓手，坚持政府主导、社会参与、重心下移、共建共享，稳步提高基本公共文化服务标准化、均等化水平，与湖南省全面建成小康社会的进程同步，构建覆盖城乡、便捷高效、保基本、促公平的现代公共文化服务体系。

1. 落实公共文化服务实施标准。以县为基本单位全面落实《湖南省基本公共文化服务实施标准（2015—2020年）》（湘办发〔2015〕39号文件附件），制定县域基本公共文化服务项目供给目录，围绕文艺演

出、文体活动、展览展示、读书看报、广播电视、电影放映等方面，设置具体服务项目，明确服务种类、内容、数量要求，完善考核方式，提升服务质量和效率。到 2020 年，基本公共文化服务内容各项指标达到国家指导标准和湖南省实施标准要求。

2. 创新公共文化服务机制。贯彻落实《关于做好政府向社会力量购买公共文化服务工作的实施意见》（湘政办发〔2016〕6 号），建立健全政府向社会力量购买公共文化服务的工作机制，鼓励社会力量、社会资本参与公共文化服务；建立健全群众文化需求征集、评价和反馈机制；积极培育文化非营利组织；推进事业单位法人治理结构试点工作；构建参与广泛、内容丰富、形式多样、机制健全的文化志愿服务体系，探索具有湖南特色的文化志愿服务模式。

3. 完善数字文化服务体系。利用文化信息资源共享工程、公共电子阅览室建设计划和数字图书馆推广工程，构建公共数字文化综合服务平台，实现基层公共数字文化服务的综合管理和"一站式"提供，打通公共文化服务"最后一公里"；启动数字文化馆、智慧博物馆、特色文化资源库建设，提升数字文化资源的传播服务效率，为公共文化服务体系建设提供数字化支撑。

4. 搭建群众文化活动平台。深入开展"欢乐潇湘"大型群众文化活动，形成全省性公共文化活动示范效应，引导群众在文化建设中自我表现、自我教育、自我服务；继续抓好全国性"群星奖"、老年合唱节、少儿合唱节等群众文化汇演活动，组织创作群众文化精品力作；推进"湖南省民间文化艺术之乡"创建，扶持和发展一批具有广泛群众基础的传统艺术项目，打造有影响力的传统文化活动；贯彻落实国务院四部门《关于引导广场舞活动健康开展的通知》（文公共发〔2015〕15 号）要求，培育一批具有导向性、示范性的广场舞品牌活动；鼓励支持市州打造群众文化活动品牌，实现城乡群众文化活动健康、文明、有序开展。

5. 深入开展文化惠民活动。组织各级各类文艺院团和社会组织继续推进"雅韵三湘·高雅艺术普及推广计划"，深入开展"送戏曲进万村，送书画进万家"活动，有效丰富群众文化生活。

6. 切实开展文化精准扶贫。贯彻落实七部委《"十三五"时期贫困地区公共文化服务体系建设规划纲要》（文公共发〔2015〕24 号）和湖南省七厅局联合印发的《"十三五"时期湖南贫困地区公共文化服务体系建设规划纲要》（湘文公共〔2016〕62号），对湖南省集中连片特困地区及国家扶贫开发重点县在公共文化服务标准化、均等化、数字化、社会化建设等方面采取有效措施，力争到2020年，贫困地区基本公共文化服务主要指标接近全省平均水平，文化在提高贫困地区群众科学文化素质、促进当地经济社会全面发展方面发挥更大作用。

专栏三	公共文化服务体系建设主要指标
文化资源数字化建设	省公共电子阅览室信息管理平台实现推广应用，推进公共文化数字服务"进村入户"
	公共数字图书馆数字资源量省级达到100TB，市级达到25TB，县级达到3TB
	数字图书馆项目：建设统一认证、检索、管理、发布、安全、手机服务的图书信息管理系统，实现平台咨询、移动电子图书服务
	数字博物馆项目：推动博物馆藏品资源数字化、陈列展览数字化、教育服务数字化
	数字文化馆项目：整合全省文化（群艺）馆资源，完善文化馆线上、线下建设服务，完善全省群文工作配送，统筹全省群文工作
公共文化服务效能提升	公共图书馆总分馆体系建设
	文化馆总分馆体系建设
	县级公共图书馆人均藏书量不少于0.6册，年新增藏书量不少于5000册，年开展流动图书服务不少于12次
	公共图书馆、文化馆（站）、公共博物馆（非文物建筑及遗址类）等公共文化设施免费开放，每周开放时间不少于42小时、每年开放时间不少于300天，基本服务项目健全
群众文化活动品牌	"欢乐潇湘"大型群众文化活动
	"群星奖"群众文化汇演活动
	湖南省民间文化艺术之乡创建
	文化志愿服务活动项目
	市州群众文化活动品牌
文化惠民活动	每年积极参与"雅韵三湘"高雅艺术普及推广计划
	每年开展"送戏曲进万村，送书画进万家"活动，完成"演艺惠民、送戏下乡"10000场演出，名家作品进百姓家里

五　加大保护传承力度，大力弘扬中华优秀传统文化

以夯实基础、构建体系、增强能力为着力点，形成以政府主导、社会参与的保护机制，加快文化遗产的保护传承体系建设，构建具有湖湘特色的优秀文化传承体系，切实做到"让文化遗产活起来"。

1. 推进博物馆纪念馆免费开放。坚持提升博物馆纪念馆的陈展水平和服务质量；未能完全免费开放的公共博物馆，健全灵活多样的特定时段或特定人群免费开放制度；建立健全博物馆免费开放经费保障机制，落实免费开放补助资金中地方各级财政需负担的部分；开展博物馆免费开放绩效评估和考核；推动博物馆、纪念馆以各种形式参与学校、农村、社区、企业、军营文化建设。

2. 推进革命文物保护展示体系建设。到 2020 年，完成 1—7 批所有革命文物类全国重点文物保护单位保护规划保护工程编报批工作，并重点实施其中一批文物单位的本体修缮工程、展示利用工程与环境整治工程；推动 1 至 7 批所有革命文物类全国重点文物保护单位均对公众开放；展示和建设一批以革命文物为核心的红色景区；对湖南地区近现代所涉文物实现全面整合保护、全程全景展现，为社会主义核心价值体系构建贡献革命文物资源与文物主管部门的力量。

3. 推进文物安全工程体系建设。积极推动全省文物行政执法队伍建设，完善文物行政执法工作，加强田野文物安全防范体系建设；推进文物、博物馆风险等级单位技防达标工作，完善文物保护单位、博物馆的消防设施和避雷设施，坚决打击盗掘、走私等文物犯罪活动。

4. 推进文化遗产设施基础建设。继续做好通道、绥宁侗族村寨，凤凰区域性防御体系，益阳、岳阳的万里茶道申遗工作；全面完成 1—9 批省级文物保护单位"四有"工作；跟进湖南省非遗博物馆、专题博物馆、展示中心、传习馆所等基础设施建设工作；支持指导市州、县（市、区）做好考古遗址公园、历史文化街区、伟人故居、文化遗产博览园等项目建设。

5. 完善非遗四级名录体系及保护机制。建立健全保护机制和监督检查机制、非遗项目价值评估体系和省级名录、代表性传承人动态管理机制；探索省级非遗名录项目分类保护的规范标准、保护细则。

6. 广泛开展非遗宣传工作。利用民俗节庆活动，开展非遗展览、演出、讲座、论坛等活动；推动非遗进校园、进市场、进演出，在大中

小学开展非遗相关知识的教育，开展创建"非遗"传承学校和"非遗"实践基地评选活动；推动非遗项目参与国际交流与合作；推动非遗普查成果和保护成果出版工作。

7. 加快非遗信息化建设。推进国家级项目数字化采集试点工作；推动省级项目数字化采集工作；制定和完善全省统一的数字化保护工程的标准体系；探索建立14个市州级非物质文化遗产数字化资源库；推进建设非物质文化遗产项目库（包含名录库、传承人库等）、专题数据库（包含文化生态保护区库、数字化抢救专题数据库等）、研究资料库、管理工作库、公众数据库等，形成非遗保护的数据库群。

8. 实施湖湘传统手工艺振兴计划。重点针对传统手工艺为主的非遗传承人群，组织传承人到院校或企业研修研习，推动交流与互鉴；鼓励和推动设计企业、高校等到传统手工艺项目所在地设立工作站；鼓励扶持企业和高校申请设立重点实验室；鼓励传统手工艺品拓展销售渠道，支持历史传统文化街区、文化生态保护实验区、旅游景区设立传统手工艺品展销基地。

9. 实施中华典籍整理工程。加强对古籍的普查、修复、保存、宣传和利用；推进全省古籍普查登记工作，全面实施"中华古籍保护计划"、"民国时期文献保护计划"，做好少数民族古籍保护、抢救、整理、出版和研究工作；出版《湖南简牍集成》大型图书。

10. 围绕国家"一带一路"战略部署，开展考古发掘、文化遗产保护展示国际合作。充分发挥湖南省考古发掘、文物展览等方面的优势，在湖南与孟加拉国考古合作已经取得重大成绩的基础上，进一步加强与孟加拉国、斯里兰卡、印度、巴基斯坦等南亚国家在考古发掘、文化遗产保护和展示等方面的合作，争取在沿线国家设立"湖南文化中心"。

专栏四	文化遗产保护利用主要指标
文物项目	文化遗产园区建设：完善和提升龙山里耶古城、永顺老司城、长沙铜官窑、澧县城头山等国家重要遗址与考古遗址公园的保护、展示、利用、管理的水平；重点推进长沙汉王陵、宁乡炭河里等国家重要遗址与考古遗址公园和秋收起义、湘鄂川黔革命旧址、汨罗屈子文化园等纪念园区的保护和建设；积极推进宁远舜庙遗址、益阳兔子山遗址、长沙马王堆汉墓等古遗址申报国家重要大遗址保护和国家考古遗址公园项目
	传统村落保护：重点完成全省28个国保省保集中连片传统村落整体保护利用

续表

文物项目	申遗工作：继续做好通道、绥宁侗族村寨，凤凰区域性防御体系，益阳、岳阳的万里茶道申遗基础工作，争取纳入国家申遗重点项目
	湖南文物资源数字化平台：推动全省博物馆馆藏文物数字化、智慧博物馆和掌上博物馆建设；推动全省4000多处不可移动文物保护单位和考古发掘成果资源数字化
非遗项目	省级文化生态保护实验区设立和建设：在全省范围内选择非遗代表性项目集中、特色鲜明、形式和内涵保持完整的特定区域为"省级文化生态保护实验区"，实行区域性整体保护
	"神奇湖南"掌上展示馆项目：将湖南省十大类非遗项目资源数字化，开辟传承人专栏专区展示传习、手工技艺类非遗产品展销等专栏
	推进武陵山片区民间文化传承与发展协同创新中心建设
	推进各地非遗博物馆、专题博物馆、展示中心、传习馆所等基础设施建设
	支持推广民俗节庆活动：支持以花垣县"赶秋节"、安仁县"赶分社"、凤凰县苗族四月八"跳花节"、凤凰县苗族银饰服饰文化节、吉首鼓文化节、泸溪县浦市"中元节"、通道县"中国侗族大戊梁歌会"、城步县六月六"山歌节"、绥宁县四月八"姑娘节"、岳阳（汨罗）世界非物质文化遗产"端午节"系列活动等为代表的民族传统节庆活动的举办

六　加强分类规划指导，推动文化产业全面转型升级

以落实政策和重大项目、搭建服务平台扶持小微企业和特色文化产业为重点，不断提升文化创意水平，催生和扶持新型文化业态，推动文化与金融、科技、旅游的融合力度不断加大，逐步提高对国民经济增长的贡献率。

1. 优化产业布局。推动形成优势互补、错位发展、区域联动的产业发展格局：以"长株潭"地区为文化产业核心增长极，重点发展传媒出版、动漫游戏、影视制作、创意研发等产业，打造全国文化产业高地，增强产业辐射能力；大湘西地区主要依托民族民俗文化等资源，重点发展文化旅游、创意设计、非遗传承、工艺美术等文化业态；大湘南地区加快推动文化产业与装备制造业、出口加工、对外贸易、现代服务业等相关领域融合发展，重点发展文化旅游、文化休闲等产业；环洞庭湖地区强化以生态文化、休闲文化、创意文化为特色的文化产业发展方

向，重点发展生态经济、休闲农业、观光体验等产业形态。

2. 加强分类指导。演艺业：鼓励和引导文化企业融合市场资源，走连锁经营道路，推动行业提档升级；积极推进长株潭三市演艺资源共享和演出票务合作体系建设；支持省演艺集团做大做强。动漫游戏业：大力发展原创漫画、影视动画、网络动漫、手机动漫、动漫舞台剧演出和动漫软件制作等动漫游戏产业，延伸产业链条，拓展传播方式，推进传统动漫产业升级；依托国家投入的中国（湖南）动漫公共技术服务平台和中国（湖南）手机动漫公共技术服务平台的技术优势，降低动漫制作生产成本，吸引更多动漫企业和团队回湘创业；支持组建湖南动漫集团，推动长沙（国际）动漫游戏展成为全国知名动漫展会品牌。娱乐业：加大文化科技融合力度，推动传统娱乐业向现代娱乐业转型升级；进一步提高娱乐市场细分程度，引进和发展先进的经营形式和娱乐场所，建设满足不同消费需求的现代娱乐市场体系。创意设计业：促进文化创意设计服务与相关产业的融合发展，提高产业附加值；支持成立湖南创意设计联盟或协会性质的专业机构。艺术品业：扶持一批能带动行业发展的龙头企业、重点项目和品牌产品；推动春秋两季湖南文物博览会和中国收藏产业博览会成为全国文化产业会展业的重点品牌；加强艺术品市场的法制建设，健全艺术品经纪人制度，规范艺术品交易行为，培育和支持文化艺术产权交易机构发展。文化旅游业：加强文化与旅游产业的有机融合，以文化提升旅游的内涵，以旅游扩大文化的传播；推动特色文化产业和旅游的深度融合，引导各地根据实际情况寻求差异化发展，实现"一地一品"；支持大湘西乡村文化旅游开发力度。网络文化业：引导网吧向规模化、连锁化、专业化和品牌化方向发展；提升上网服务行业经营效益和整体水平。艺术培训业：规范社会艺术教育培训行为，形成规模化、专业化、企业化、社会化的艺术教育培训体系；培育艺术培训业龙头企业和重点品牌，打造高端艺术教育连锁经营品牌。会展业：加强会展软件硬件建设，支持长沙会展中心新址建设；提高会展业市场化运作水平，促进与文化旅游及商贸的合作，做大做强一批有影响力的节庆会展品牌。工艺美术业：加强收藏、鉴赏专业人才队伍建设，发展艺术品民间收藏市场；支持打造省级工艺美术专业展会。数字文化业：抢抓"三网融合"试点的重大机遇，探索建立互动增值业务模式；开发以电子商务为重点的媒体零售产业，与海量用户端

对接的互动产业，与移动新媒体捆绑的数字传播行业等，培育一批具有
国际竞争力的数字文化企业。

3. 加强基础工作服务。完善湖南文化产业统计体系，建立健全湖
南重点文化产业项目库、重点文化企业库、重点文化产业领军人才库、
文化产业人才需求信息库等数据库动态管理机制；完善文化市场要素建
设与监管，重点培育文化人才市场、金融市场、产权市场和版权交易市
场，完善文化企业组建集团和上市融资的扶持措施；为文化企业在项目
发布、融资等方面提供基础服务。

4. 推动产业转型升级。加快文化产业发展方式转变，积极推进文
化与科技、旅游、金融、体育、制造业和农业等融合发展，推进文化创
意和设计服务与相关产业融合发展；加快提升文化产业科技水平，大力
支持文化企业自主创新和技术进步；推动文化产业与移动互联网对接，
推进文化产业与物联网、移动互联网、云计算、大数据等的融合创新，
再造文化产品的生产流程、服务方式、盈利模式和业态形态。

5. 深入推进园区建设。推动国家级文化和科技融合示范基地建设；
加快长沙天心文化产业园、湘台文化创意产业园，潇湘文化创意产业
园、华凯创意国家文化产业示范基地等重点园区（基地）建设；指导
各市州一批重点文化产业园区（基地）建设，引导文化产业园区突出
主导产业和主体功能，避免同质化竞争。

6. 特色文化产业发展工程：贯彻落实《湖南省文化产业示范基地
和园区基地管理办法》（湘文改字〔2015〕1 号），支持规划实施一批
特色文化产业项目，支持建设一批特色文化产业园区基地，培育特色文
化企业、产业和品牌。

7. 实施促进文化消费计划：引导创建国家文化消费试点城市，总
结评估试点情况，研究提出扩大文化消费的政策措施，引导文化企业扩
大文化产品和服务的有效供给，逐步建立促进文化消费的长效机制，形
成可复制、可推广的经验模式。

专栏五	文化产业发展主要指标
文化产业发展目标	推动实现全省文化产业增加值保持年均 15% 以上的增速
	重点扶持 1—2 个小微文化企业创新创意基地
	着力培育 2 家以上文化企业集团

续表

文化产业发展目标	力争5家以上文化企业上市融资
	逐步形成2—3个湖湘特色鲜明、产业布局合理、创新能力明显的湖南特色文化产业集群
	形成一批特色文化产业区县和乡镇
	全省重点文化产业项目库、特色文化产业项目库、特色文化企业名录库动态管理和跟踪服务效果良好
	加快提升演艺娱乐、文化旅游、广告会展、文化艺术等传统文化产业，重点培育和发展创意设计、动漫游戏、移动多媒体等新兴文化产业
	办好湖南文博创意产品博览会、湖南（国际）收藏产业博览会、中国——湖南（国际）艺术博览会、湖南文化创意设计大赛、湖湘工艺美术创意成果展、湖湘动漫月、湖南动漫智能机器人展会等一系列品牌活动
	引导和扩大文化消费

七　完善立体监管机制，促进文化市场健康平稳发展

坚持市场监管与市场培育结合、综合执法与制度规范结合、集中整治与日常监管结合、传统执法与科技执法结合，规范文化市场秩序，激发文化市场活力，健全现代文化市场体系，主动开拓为企业和群众服务的新形式、新途径，营造良好的创业创新环境。

1. 深化改革，提升综合执法能力。在推进全国文化市场技术监管与服务平台上线应用的基础上建立上网服务营业场所监控平台，加快文化市场监管标准化、规范化、信息化建设；着力打造一支法治意识、法治素养、法治能力较强的文化市场管理和执法队伍；加快形成"权责明确、监督有效、保障有力"的文化市场综合执法体制，提升综合执法工作的法治化、科学化、规范化水平。

2. 依法行政，加强市场监管力度。开展文化市场专项整治行动，加强举报受理，确保文化娱乐、演出和网络文化市场内容安全和文化经营场所生产安全；成立全省网络文化市场联合执法小组，加强网络文化执法；坚持开展执法队伍业务培训、技能比拼和执法资质管理；加强执法案件指导和督办，组织开展行政审批和执法案卷评查工作；着力构建依法经营、违法必究、公平交易、诚实守信的文化市场秩序。

3. 简政放权，积极培育市场主体。进一步规范行政审批权限，完

善事中事后监管，制定文化市场行业行政审批标准，推动各地创建文化市场行政审批规范示范点，促进行政审批规范化；打破文化市场条块分割、城乡分离，清除市场壁垒，完善市场准入和退出机制，鼓励各类市场主体公平竞争、优胜劣汰；推动互联网上网服务、歌舞娱乐和游戏游艺行业转型升级。

4. 建立机制，完善市场信用体系。完善文化市场信用信息数据库，建立文化市场信用管理规章制度，指导协会开展行业标准及规范建设；健全文化市场各行业信用评价体系，履行"双告知"职责、实施"双随机"抽查、完善"双公示"机制，实施黑名单动态管理，与其他部门建立信用信息交互共享及联合惩戒机制。

专栏六	文化市场监管主要指标
文化市场监管发展目标	建立文化市场安全生产监督检查基本规范
	制定文化市场经营主体分级分类管理政策措施
	推行文化市场行业行政审批标准
	建设上网服务营业场所监控平台
	开展"诚信画廊"评选和复核工作
	推进文化市场信用体系建设

八　深化交流合作层次，提升湖湘文化国内国际影响

加大湖湘文化对外宣传推介力度，优化传播形式和表现手法，通过展览、展演等活动，推动湖湘文化走出去，提高湖湘文化在国内国际的知名度和美誉度，影响力和辐射力。

1. 扩大国际文化交流。服务国家外交大局，配合国家"一带一路"战略布局和省政府对外开放战略，做好与友好国家和地区文化交流活动，深化与港澳台地区的文化交流与合作；充分利用文化部搭建的海外"欢乐春节"品牌活动平台和部省对口合作平台，组织开展专业艺术对外交流，力争每年在境外举办"湖南文化周"活动；大力引进外国优秀文化艺术成果；每年以"政府指导、社会参与、市场运作"的形式，在省内举办1—2次具有国际水准的艺术演出和展览活动，力争打造出更多的湖湘品牌文化交流活动。

2. 加强对外文化贸易。加强与北京、上海对外文化贸易基地的联

系，充分用好自贸区的优惠政策，支持文化企业研发具有"湖湘特色、中国风格、国际气派"的外向型文化产品，积极拓展文艺演出、动漫游戏、工艺美术等文化产品出口和服务贸易；鼓励有实力的文化企业通过合资、合作、并购等形式，直接在海外建立自己的研发、生产、营销基地，根据当地的审美情趣和消费习惯，量身创作具有丰富文化内涵的产品，并力争使其打入当地主流社会。

3. 创新对外文化交流机制。创新对外文化交流项目运作方式、对外文化交流项目管理机制和融资机制，制定符合本地区实际的对外文化发展规划；完善对外交流激励政策，表彰和奖励文化"走出去"优秀单位和企业；加强资源统筹能力，拓宽资源对外推介渠道；大力推动传统戏曲"走出去"工程。

专栏七	对外文化交流主要指标
对外文化交流 发展目标	利用部省对口合作平台，组织专业艺术对外交流项目35个以上
	力争每年在境外举办1—2次大型"湖南文化周"活动
	力争省内每年举办1—2次具有国际水准的艺术演出和展览活动
	打造出更多的湖湘品牌文化交流活动
	支持民族地区与港澳台少数民族开展文化交流活动
	挖掘湖南省特色文化资源，加强资源对外推介

九 加强人才队伍建设，形成智力支持保障体系

加快各类文化人才成长步伐，实现人才队伍总量稳步增长，整体素质不断提升，结构更加合理，活力不断增强，效能充分发挥，为文化改革发展提供坚强的人才保障和智力支持。

1. 创新人才发展体制机制。深入贯彻落实中央《关于深化人才发展体制机制改革的意见》及湖南省相关政策，坚持党管人才、服务发展大局、突出市场导向、体现分类施策、扩大人才开放。结合本省实际，力争在人才发展体制机制的重要领域和关键环节上取得突破性进展，人才管理体制更加科学高效，人才评价、流动、激励机制更加完善，识才爱才敬才用才氛围更加浓厚。

2. 构建全方位人才培养体系。进一步强化用人单位在人才培训中的主体地位，完善在职人员继续教育体系。以湖南艺术职业学院全国文

化干部培训基地为中心，打造湖南省的文化人才培养阵地。启动"百千万"文艺人才提升工程，"十三五"期间，借助国家级高水平艺术院校平台，送训百名优秀文艺人才；依托省内教育培训基地，培养培训千名文艺人才及文化管理干部；整合各级培训资源，轮训万名基层文化工作者；逐步形成重点突出、层次分明、渠道多样、特色显著的多层次全方位人才培养体系。

3. 强化急需紧缺文化人才队伍建设。以急需紧缺专业人才为重点，加大重点领域专门人才的开发力度，加大对体制外人才的支持和培养力度，加强人才的需求预测，采取"走出去"和"请进来"相结合的方式，盘活现有存量人才。依托"文化部优秀专家"、"梅花奖"等各类奖项的评选，打造一支文化领军人才。继续实施湖南省"三区"人才计划，支持文化工作者专项，每年选派 1000 名优秀文化工作者到"三区"工作和提供服务，每年为"三区"培养一批骨干文化工作者，积极引导优秀文化人才向基层流动，为湖南省公共文化服务均等化提供人才支持。

十　优化保障服务机制，提高文化改革发展保障水平

紧紧围绕贯彻党中央"四个全面"战略布局，深化文化体制改革、加强文化法制建设、优化文化人才结构、狠抓党风廉政建设，加强各项基础工作的长效机制建设，进一步汇聚提升文化治理能力的强大合力，为文化改革发展提供坚实保障。

1. 深化文化体制改革。深入贯彻落实省委省政府关于深化文化体制改革的战略部署，以激发文化创造活力为中心环节，着力于深入推进重点领域改革，创新文化管理体制和运行机制，完成文化领域各项改革事项。

2. 推进文化法制建设。进一步强化对行政权力的监督和制约；进一步加强和改进制度建设，严格执行规范性文件"三统一"制度，完善重大行政决策的公众参与和合法性审查等机制；进一步规范公正文明执法，严格执法程序，推进行政处罚裁量权基准适用工作；进一步发挥行政复议化解矛盾纠纷的主渠道作用，提高办案质量；进一步推进科学立法，建立健全文化行政管理规章制度。

3. 强化文化财政保障。进一步健全文化财政保障机制，加大政府投入力度；按照基本公共文化服务标准，各级政府落实提供基本公共服务项目所必需的资金；将购买公共文化服务资金纳入各级政府财政预算；建立财政文化资金绩效评估结果与预算安排挂钩制度，建立健全财政资金监督管理机制，提高资金使用效益。

4. 提升科技支撑水平。探索跨部门、跨地区的文化科技融合工作机制；支持社会力量参与文化创新活动；加强文化科技创新成果宣传和推广；组织实施文化重点领域科技成果应用示范项目，进一步激发文化领域创新创造的活力。

5. 加强文化宣传报道。适应现代传播新格局，把一切具备传播功能和媒介属性的载体和平台都作为先进文化的传播渠道，大力提升全媒体的传播辐射效应，逐步完善文化湖南微信、官方微博，文化湖南APP和湖南文化中英文双语网站，不断扩大文化传播的受众面和影响力。

6. 加强党风廉政建设。坚持开展作风建设工作专项督查，强化"三重一大"事项民主决策制度落实，确保资金安全、高效使用；进一步加强廉政风险防控机制建设，形成领导干部不敢腐、不能腐、不想腐的约束机制，为文化改革发展积聚正能量、营造好氛围。

附件二：
外省文化投入相关政策措施

湖北省　在"十二五"期间，按照国家相关建设标准，实施了县级公共图书馆、文化馆建设工程，省财政对每个馆一次性补助200万元，共投入2亿元，提升了100个县级馆的建筑规模及功能设施配套水平。在"十三五"期间，将继续在全省实施"四馆两场"建设，通过基层申报建设项目，由省文化厅、省发改委、省财政厅共同会审，每年安排5000万元，支持县级公共图书馆、文化馆、博物馆、非遗展示馆、国有剧场和乡镇、村级文体广场等新建或改扩建项目。其中，乡镇和村级文体广场项目采取以奖代补的形式，对建成且广场设施利用率高、群众活动开展丰富的，每个乡镇文体广场奖励补助10万元，每个村级文体广场奖励补助5万元。

浙江省　谋划拟定了《省级文化系统重大文化设施建设"四个一批"规划》，相继启动了浙江音乐学院、浙江小百花艺术中心、浙江自然博物馆、中国丝绸博物馆改扩建、浙江之江中心等一批重大省级文化设施建设项目，以及原有基础设施改造提升工程，总投资近80亿元。

山东省　2015年全面启动了县及县以下历史文化展示工程，充分运用公共基础设施，统筹全省县史、镇史、村史、红色文化、传统特色文化等历史文化资源，完善县乡村三级历史文化展示体系，省级财政共安排5250万元补助99个县市区。青岛市设立了精品项目扶持奖励专项资金，每年5000万元，主要用于扶持重点文艺作品合作生产、参赛参演参展文艺项目和重大文化活动，奖励受人民群众认可、社会影响力大的优秀文艺作品和取得重大艺术成绩的个人，获得全国常设性重大文艺出版奖项的作品或个人及国家专项文艺类精品工程的作品。德州市文广新局与中演演出院线发展有限责任公司签署《德州大剧院委托经营管理协议》，2014年全年演出场次达到100场，平均上座率达到78%以上；演出基本为公益性演出，全场票价均为50元或80元，让当地更多老百姓欣赏到高水平的文艺演出，确保剧院"月月有演出，周周有活动，高雅接地气，剧院灯常亮，文化更亲民"。

河南省　整合相关专项资金，设立了1亿元的政府购买公共文化服务及扶持创作专项资金。从2014年起，每年安排"舞台艺术送农民"专项资金2000万元。同时，每年安排"新型文化业态发展专项资金"4000万元。

四川省　省财政从2012年至2015年每年安排10亿元公共文化服务体系建设专项资金，实施省级公共文化服务体系建设工程，解决了乡镇综合文化站、村文化活动室、县级图书馆文化馆改扩建和设备购置等问题。

江苏省　遴选出一批适合采用政府购买方式的公共文化项目，列入财政预算，安排资金5000万元。每年省财政安排繁荣舞台艺术专项资金4000万元。

天津市　设立了专项经费，每年投入2500万元，用于购买演出、展览和公益文化普及活动。

厦门市　从2014年开始，将公共文化服务列入政府购买服务的试点之一，三年累计安排资金超过1亿元。

北京市　对租赁的废旧厂房进行改造后，建成北京市剧目排练中心，通过政府购买公共文化服务方式，委托具有专业资质的院线运营机构进行专业化运作，使该中心成为北京市第一个建立的公益性剧目排练服务平台和首个舞台艺术孵化基地。目前已形成19个不同规模的专业排练厅，对外服务价格低至每天 200 或 300 元，有效解决了首都文艺院团排练场所紧张的问题。同时，建立北京市剧院运营服务平台，以政府购买服务的方式搭建公益性演出平台，通过由政府出资购买剧场资源，以零场租或低场租的方式提供给文艺院团，努力实现剧场、院团、优秀剧目资源的有效整合，从而降低院团演出成本和票价，实现文化惠民。

甘肃省 2016 年纳入财政预算的购买公共文化服务专项经费为 3500 万元。自 2013 年年底开始，整合基层行政村现有各类资金、项目、设施等资源，逐步、分阶段在全省实施了"乡村舞台"建设，明确了让老百姓跳舞有广场、表演有戏台、健身有场地、娱乐有器材、阅读有书籍等建设目标。预计 2017 年年底在全省 16024 个行政村实现"乡村舞台"全覆盖，其做法得到了中宣部和文化部的高度肯定。

附件三：
外省文化人才培养奖励相关政策措施

福建省 出台《文化名家遴选办法》，从 2013 年开始实施，每年评选 100 名文化名家，包括理论人才、新闻人才、出版人才、文艺人才、文化科技人才、文化产业经营管理人才，由省委人才领导小组授予"福建省文化名家"，由省人才专项经费奖励每人 10 万元。

广东省 一是从 2012 年开始实施青年文化英才工程。青年文化英才工程着眼于宣传思想文化领域具有较高学术造诣和专业水平，平均年龄在 35 岁以下并有较大发展潜力的青年拔尖人才的培养扶持，为他们创新创业提供良好条件。每年遴选 20—30 名哲学社会科学、新闻出版、广播影视、文化艺术和文物保护、文化经营管理、文化科技等方面的青年文化英才，以 3 年为一个周期给予重点培养扶持。以项目带动作为培养青年文化英才的主要方式。每个培养周期为英才提供一定项目资助资金，主要用于支持其承担重大课题、重点项目、重要演出，开展创作研究、展演交流、学习调研、考察采风，参与国内外交流合作，出版研究成果，以及购置急需的中小设备等。到 2020 年，共扶持 300 名左右青年文化英才。二是出台了《广东省宣传思想文化领军人才培养工程实施方案》。在全省哲学社会科学研究、新闻出版、广播影视、文化艺术和文物保护、文化经营管理、文化科技等宣传思想文化领域遴选培养一批有精湛的专业造诣和较大影响力的领军人才，为广东建设文化强省提供强有力的人才保证。从 2014 年开始，每年遴选 20 名左右，用 10 年时间重点培养 200 名左右的宣传思想文化领军人才。省财政为每名宣传思想文化领军人才一次性提供 30 万元资金支持，用于支持领军人才开展课题研究、项目攻关、演出展览、采访报道、创作采风、调研交流、访学深造、出版专著、培养人才及建设团队等。

湖北省　从 2015 年开始实施全省舞台艺术人才培养工程，对舞台艺术人才承担核心创作任务（编剧、导演、作曲指挥、主演、演奏、舞美设计）的艺术创作项目，在国际知名赛事、国内省级以上文艺评奖活动中获奖，或获得省级以上专项资金扶持的，予以奖励。对舞台艺术人才承担核心创作任务（编剧、导演、作曲、指挥、主演、演奏、舞美设计）的艺术创作项目，参加党委政府部门或舞台艺术专业群团组织主办的全国性、全省性文艺节会或重要演出活动，予以资助。

附件四：
文化强省评价与考核指标体系权重计算过程

　　1. 权重设定

　　为了反映湖南省文化强省建设的综合水平，就必须计算整个指标体系的综合分值，即文化强省综合评价指数。本课题采用层次分析法（AHP）和专家打分法相结合的方法构造判断矩阵，进行综合评价，具体步骤如下：

　　（1）构建层次模型

　　对不同区域、不同时期、不同行业特色文化产业的发展水平进行综合评价，需要构造出层次结构模型，其中目标层 A 为最优的文化产业发展区域、时期、行业；准则层 B 为待选区域、时期、行业的生产因子、消费因子、环境因子；方案层 C 为待选的区域、时期、行业。

　　（2）构建两两判断矩阵

　　假定以某目标元素 A 为准则，通过向专家询问在原则 A 下两个元素 B_i 和 B_j 之间的优劣比较，构造判断矩阵 B_{ij}，其形式为：

$$\begin{bmatrix} A & B_1 & B_2 & B_3 \\ B_1 & b_{11} & b_{12} & b_{13} \\ B_2 & b_{21} & b_{22} & b_{23} \\ B_3 & b_{31} & b_{32} & b_{33} \end{bmatrix}$$

其中，b_{ij} 表示对 A 来说，B_i 和 B_j 的相对重要性的数值体现，通常 b_{ij} 的取值为 1，2……，9 以及它们的倒数，数值的含义如表 1 所示，b_{ij} 满足：

$$b_{ij} > 0; \quad b_{ji} = \frac{1}{b_{ij}}; \quad b_{ii} = 1$$

表 1   **b_{ij}数值的含义**

1	两元素同等重要
3	两元素相比，一个元素比另一个元素稍微重要
5	两元素相比，一个元素比另一个元素稍微重要
7	两元素相比，一个元素比另一个元素稍微重要
9	两元素相比，一个元素比另一个元素稍微重要
2、4、6、8	介于两个相邻重要程度之间

为了构造判断矩阵，邀请湖南省社科院、湖南省文化厅、湖南师范大学等单位的 10 名领导专家对判断矩阵进行打分，并取 10 个人的打分均值作为判断矩阵的最终分值。

（3）计算层次单排序

计算判断矩阵的最大特征根 λ_{max} 和对应的经归一化后的特征向量 $W = [w_1, w_2, \cdots, w_n]$，所求特征向量 W 为本层次元素相对于上一层次元素的排序权值。λ_{max} 和 W 的计算方法如下：

①将判断矩阵中元素按行相乘：$\prod\limits_{j=1}^{n} b_{ij}(i = 1, 2, \cdots, n)$

②计算 $\overline{w_i} = \sqrt[n]{\prod\limits_{j=1}^{n} b_{ij}}$

③将 $\overline{w_i}$ 归一化之后的 $w_i = \dfrac{\overline{w_i}}{\sum\limits_{j=1}^{n} \overline{w_j}}$，$W = [w_1, w_2, \cdots, w_n]$ 为所求特征向量；

④计算最大特征值 $\lambda_{max} = \sum\limits_{i=1}^{n} \dfrac{(BW)_i}{nw_i}$，表示向量 BW_i 表示向量 BW

的第 i 个元素。

（4）判断矩阵的一致性检验

①计算一致性指标，式中 n 为判断矩阵的阶数；

$$C.I. = \frac{\lambda_{max} - n}{n - 1}$$

②查找平均随机一致性指标 $R.I.$；

③计算一致性比例 $C.R.$，当 $C.R. < 0.1$ 时，一般认为判断矩阵的一致性是可以接受的，否则应该修改矩阵，直到符合要求。

$$C.R. = \frac{C.I.}{R.I.}$$

（5）计算各元素的组合权重，进行层次总排序

从上到下进行层次总排序，最高层的层次单排序就是它的总排序，假设层次 C 相对于层次 B_i 的单排序结果已知为 c_1^i，c_2^i，…，c_n^i，B 的组合权重已知为 b_1，b_2，b_3，若 c_j 与 b_i 无联系，则 $c_j^i = 0$，$\sum_{j=1}^{n} b_j = 1$。那么，c 层元素 c_j 的层次总排序为：

$$c_i = \sum_{i=1}^{m} b_i c_{ij}$$

（6）评价层次总排序的一致性检验

$$C.I. = \sum_{i=1}^{m} a_i C.I._i, R.I. = \sum_{i=1}^{m} a_i R.I._i$$

$$C.R. = \frac{C.I.}{R.I.}$$

当 $C.R. < 0.1$ 时，一般认为判断矩阵的一致性是可以接受的，否则应修改矩阵使之符合要求。

2. 打分表设置

《湖南省文化强省指标体系与路径措施研究》
指标打分表

尊敬的领导、专家：

你们好！我们是湖南省文化厅和省社会科学院联合研究团队，正在进行湖南省社会科学成果评审委员会重大课题——《湖南省文化强省指

标体系与路径措施研究》的前期研究工作，现需要认证湖南文化强省各级评价指标体系的权重，拟采用层次分析法（AHP）和专家打分法相结合的方法，故向各位领导专家发放《湖南省文化强省指标体系与路径措施研究》指标打分表，恳请各位专家在百忙之中对评价指标进行打分，谢谢！

1. 打分表的格式和打分规则如下：

表 2   层次分析法打分表格式

A_k	B_1	B_2	$\cdots$	B_n
B_1	b_{11}	$b_{12}=3$（例）	$\cdots$	b_{1n}
B_2	b_{21}	b_{22}		b_{21}
$\vdots$	$\vdots$	$\vdots$	$\vdots$	$\vdots$
B_n	b_{n1}	b_{n2}		b_{nn}

表 2 中，A_k 代表第 k 个评价的目标，B_1 到 B_n 代表第 1 到第 n 个指标或者方案，B_{ij} 代表第 i 行指标相对于第 j 列指标，在 A_k 的目标下，其相对重要性的判断结果：

$B_{ij}=1$，表示 B_i 与 B_j 重要性相同；

$B_{ij}=3$，表示 B_i 比 B_j 重要性稍大；

$B_{ij}=5$，表示 B_i 比 B_j 重要性大；

$B_{ij}=7$，表示 B_i 比 B_j 重要性大得多；

$B_{ij}=1/3$，表示 B_i 比 B_j 重要性稍小；

$B_{ij}=1/5$，表示 B_i 比 B_j 重要性小；

$B_{ij}=1/7$，表示 B_i 比 B_j 重要性小得多；

例如：在表 3 中，如果第一行第二列为 3，则表明文化产业规模比文化产业结构的比值是 3，说明文化产业规模比文化产业结构重要性稍大，如果比值是 7，这说明文化产业结构比文化产业结构重要性大得多。

表 3　　　　　　　　　　　　　　　　　　　例表

文化产业	文化产业规模	文化产业结构	文化产业创新能力
文化产业规模	1	3	
文化产业结构		1	
文化产业创新能力			1

2. 请在表格空白处填上相关数字，打分过程中，请注意不要出现前后不一致情况而导致无法通过一致性检验，例如如果 A 比 B 重要，B 比 C 重要，则不能出现 C 比 A 重要的情况而只能是 A 比 C 更重要。

表 4　　　　　　　　　　　　　　一级指标打分表

一级指标	文化产业	文化事业	文化资源与影响力	文化创作与传承	文化消费与市场管理	文化人才队伍	文化制度与环境	文化发展满意度
文化产业	1							
文化事业		1						
文化资源与影响力			1					
文化创作与传承				1				
文化消费与市场管理					1			
文化人才队伍						1		
文化制度与环境							1	
文化发展满意度								1

表 5 文化强省评价与考核指标体系权重得分表

一级指标	权重	二级指标	权重	三级指标	权重
文化产业		文化产业规模		文化创意产业总产值	
				文化创意产业总产值增长率	
				文化创意产业增加值	
				文化创意产业增加值增长率	
				文化产业投资总额	
				规模以上文化企业数量	
				新闻出版行业增加值	
				广播影视行业增加值	
				网络传媒行业增加值	
				广告会展行业增加值	
				演艺娱乐行业增加值	
				文化旅游行业增加值	
				文化用品、设备生产制造行业增加值	
				文化产业基地数量	
		文化产业结构		文化创意产业增加值占 GDP 比重	
				文化创意产业增长对 GDP 增长贡献率	
				人均文化创意产业总产值	
				新闻出版行业增加值增长率	
				广播影视行业增加值增长率	
				网络传媒行业增加值增长率	
				广告会展行业增加值增长率	
				演艺娱乐行业增加值增长率	
				文化旅游行业增加值增长率	
				文化用品、设备生产制造行业增加值增长率	
				休闲健身行业增加值增长率	
		文化产业创新能力		文化产业财政支出增长率	
				地区文化创意产业 R&D 经费支出占 GDP 比重	
				文化科研单位拥有高级职称人数比重	
				地区每万人专利授权数	
				国家 985 和 211 高校数量	

续表

一级指标	权重	二级指标	权重	三级指标	权重
文化事业		公共文化设施建设		城乡公共文化场所覆盖率	
				人均公共文化场所面积	
				城乡广播电视覆盖率	
				城乡互联网普及率	
				每万人报纸、电子出版物拥有量	
				每万人公共图书拥有量	
				文化设施网络覆盖率	
		公共文化投资		公共文化事业投资总额	
				公共文化事业投资额增长率	
				公共文化事业投资额占地区财政支出比重	
				人均文化事业投资额	
				农村文化建设专项资金额	
				农村文化建设专项资金增长率	
				群众文化活动业务经费额	
				公共文化事业社会投资额	
				公共文化事业社会投资额增长率	
				文化事业基建投资额	
				文化行业多元化投融资平台数量	
		公共文化服务		政府公共文化服务机构数量	
				新建公共文化事业机构数量	
				公益性文化教育和培训机构数量	
				社会非营利性公共文化服务机构数量	
				文化行业组织/中介组织数量	
文化资源与影响力		文化资源禀赋		世界文化遗产数量	
				国家级非物质文化遗产数量	
				省级非物质文化遗产数量	
				全国重点文物保护单位数量	
				省级重点文物保护单位数量	
				国家4A级以上旅游景区数量	
				国家一级博物馆数量	
				全国文明城市（区县）数量	

续表

一级指标	权重	二级指标	权重	三级指标	权重
文化资源与影响力		文化资源禀赋		历史文化名镇（村）数量	
				爱国主义教育示范基地数量	
		文化影响力		文化行业国际学术会议举办数量	
				全国文化领军人物数量	
				旅游业年接待数量	
				公益性文化艺术年展览场次	
				文化馆、博物馆年参观人数	
				艺术表演团体年均演出场次	
				艺术演出观众人数	
				文化精品获奖数	
				文化凝聚力指数	
		文化"引进来"与"走出去"		文化产品和服务出口贸易额	
				文化产品和服务出口贸易额增长率	
				文化领域引进外资额	
				文化行业国际知名企业和机构分支数量	
				对外文化年交流次数	
文化作品创作与传承		文化作品生产		优秀文化作品年产出数量	
				优秀文化产品年销售收入总额	
				优秀文化产品销售利润率	
		文化品牌建设		地域特色文化产品品牌数量	
				地域特色文化服务品牌数量	
				文化企业上市数量	
				文化驰名商标和品牌产品年销售额	
		优秀文化传承		地区文化资源整合度	
				地区文化资源有效利用率	
				国家级非遗大师数量	
				省级非遗大师数量	
文化消费与市场管理		文化市场消费		城镇居民文化消费支出占消费总支出比重	
				农村居民文化消费支出占消费总支出比重	
				家庭年人均教育娱乐文化服务消费支出	
				文化市场经营机构营业利润额	

续表

一级指标	权重	二级指标	权重	三级指标	权重
文化消费与市场管理		文化市场消费		文化用品、设备及相关文化产品的生产与销售机构营业收入	
		文化市场管理		文化市场执法机构数量	
				文化市场执法人数	
				打击盗版、伪劣、走私违禁非法文化商品数量	
				文化行业合同违约率	
				文化行业协会数	
文化人才队伍		文化人才总量		文化产业从业人员数量	
				文化事业从业人员数量	
				新闻出版行业从业人员数量	
				广播电视行业从业人员数量	
				文艺汇演从业人员数量	
				社会科学研究从业人员数量	
				文化产业/事业单位中高级职称人数	
				文化企业中本科以上学历人数	
		文化人才结构		文化产业从业人员占地区从业人员比重	
				文化事业从业人员占地区从业人员比重	
				新闻出版行业从业人员占地区从业人员比重	
				广播电视行业从业人员占地区从业人员比重	
				文艺汇演从业人员占地区从业人员比重	
				社会科学研究从业人员占地区从业人员比重	
				高级职称人数占文化产业/事业单位从业人员比重	
				文化管理机构人员本科以上学历比重	
				文化企业中本科以上学历人数比重	
		文化人才培养		文化培训经费总额	
				人均文化培训经费	
				引进培养文化名家数量	
				文化人才激励基金额	

续表

一级指标	权重	二级指标	权重	三级指标	权重
文化制度与环境		文化管理体制		国有文化资产保值增值率	
				体制改革创新示范性比例	
				转企改制文化企业数量	
				转制文化企业经营效益增长率	
		文化发展投融资体制		地区文化发展专项资金额	
				文化发展专项资金年增长率	
				地区文化行业投融资增长率	
				文化事业单位经费自给率	
				地区文化行业投融资担保机构数量	
		文化发展政策与环境		地区文化产业发展政策法规数量	
				地区公共文化事业发展政策法规数量	
				文化行政审批平均周转部门数量	
				创意产权、知识产权、文化产权侵权年处理数量	
				文化产业/事业法律法规年执法数量	
文化发展满意度		政府部门满意度		文化行政部门满意度（问卷）	
		文化从业人员满意度		文化从业人员满意度（问卷）	
		社会公众满意度		社会公众满意度（问卷）	

参考文献

陈建远：《地域文化研究及其时代价值》，《宁夏大学学报》2008 年第 30 期。

陈澍等：《文化强省（市）指标体系：逻辑演进抑或多维评估》，《改革》2011 年第 11 期。

陈梦寒：《论地方高校特色校园文化对地方文化的扬弃》，《河南科技学院学报》2012 年第 1 期。

陈杰：《北京银行如何助力文化创意产业》，《北京商报》2013 年 5 月 24 日。

陈瑾：《文化产业与旅游业融合发展机理及政策选择——以江西省为例》，《企业经济》2014 年第 5 期。

蔡袁强：《地方大学的使命：服务区域经济社会发展——以温州大学为例》，《教育研究》2012 年第 2 期。

段颖惠：《地域文化融入地方高校教学的思考与构建》，《周口师范学院学报》2012 年第 1 期。

董萌：《品牌意识与品牌建设——新媒介时代中国品牌问题研究》，硕士学位论文，吉林大学，2014 年。

丁林、杜莉莉：《滇西北地区民族文化旅游的生态开发现状及对策》，《旅游研究》2014 年第 6 期。

工业和信息化部、财政部：《关于大力支持小微文化企业发展的实施意见》（文产发［2014］27 号）。

顾海良：《中国特色社会主义理论体系研究》，中国人民大学出版社 2009 年版。

顾友仁：《中国传统文化与思想政治教育的创新》，安徽大学出版社 2011 年版。

高燕：《文化产业与旅游融合发展经典模式案例研究》，《兰州文理学院学报》2014 年第 2 期。

湖南省委宣传部：《湖南省"十三五"时期文化改革发展规划纲要》，2016 年。

湖南省政协文教卫体委员会：《湖南省文化发展指数（CDI）研究报告》，2010 年 12 月。

韩萌：《浅析多元化企业的集团提升竞争力途径——以深圳华侨城实施品牌战略为例》，《现代商业》2011 年第 7 期。

黄家庆、林加全：《论广西海洋生态伦理的构建——生态伦理视角下广西海洋文化发展研究》，《广西社会科学》2013 年第 9 期。

何建董、陈民恳：《加快发展宁波海洋文化产业的对策研究》，《宁波经济丛刊》2013 年第 1 期。

胡惠林、王婧：《中国文化产业发展指数报告（2015）》，上海人民出版社 2015 年版。

胡惠林、王婧：《中国文化产业发展指数报告（2016）》，上海人民出版社 2016 年版。

［美］罗伯特·F. 墨菲：《文化与社会人类学引论》，高丙中、周大鸣、赵旭东译，商务印书馆 2009 年版。

赖瀚蔚：《公共治理视角下的公益诉讼》，《中山大学学报（社会科学版）》2008 年第 4 期。

柳敏和、王春城：《河北省文化强省建设的理论意蕴与政策构想》，《河北师范大学学报》2009 年第 7 期。

刘玉堂、刘保昌：《大力实施湖北文化强省战略》，《湖北日报》2010 年 10 月 21 日。

刘玉堂、黄南珊：《"十二五"时期加快文化强省建设的战略思考——以湖北省为例》，《华中师范大学学报》2011 年第 5 期。

刘传标：《整合海洋文化资源，打造海洋文化产业》，《福建社科情报》2013 年第 1 期。

刘学华、周海蓉、陈恭：《上海推动文化与科技深度融合研究》，《科学发展》2013 年第 9 期。

廖丽宁、周国云：《旅游与文化要深度融合——海南文化旅游的成功经验与启示》，《广西经济》2012 年第 2 期。

李申申：《传承的使命：中华优秀文化传统教育问题研究》，人民出版社 2011 年版。

李丽芳、尤秀斌、崔中波：《河北建设文化强省的思考》，《合作经济与
科技》2012 年第 9 期。

李炎、何继想：《资源配置与区域文化产业发展》，《同济大学学报（社
会科学版）》2015 年第 3 期。

李明哲：《特色地域文化资源在大学生思想政治教育中的价值利用》，
《经济研究导刊》2015 年第 7 期。

孟航：《西部地区文化产业与旅游产业互动发展之文化基础及道路选
择》，《旅游研究》2013 年第 2 期。

彭翊：《中国省市文化产业发展指数报告（2014）》，中国人民大学出版
社 2014 年版。

彭翊：《中国省市文化产业发展指数报告（2015）》，中国人民大学出版
社 2015 年版。

彭翊：《中国省市文化产业发展指数报告（2016）》，中国人民大学出版
社 2016 年版。

钱雅文：《泰州文化产业品牌经营策略探析》，硕士学位论文，上海大
学，2013 年。

人民网：《习近平强调"三个体现" 为中国特色哲学社会科学发展谋
思路》，2016 年 5 月 18 日。

［美］塞缪尔·亨廷顿：《文明的冲突与世界秩序的重建》，周琪、刘
绯、张立平译，新华出版社 1998 年版。

宋宏：《建设文化强省：内涵、逻辑与评价》，《学术界》2010 年第
10 期。

宋元林：《中国传统文化与思想政治教育研究》，湖南大学出版社 2012
年版。

盛建国：《谈文化产业资本运作》，《文艺生活·文海艺苑》2013 年第
12 期。

孙逊：《中国公共文化发展报告》，商务印书馆 2013 年版。

孙瑜：《汉寿县文化资源的开发与利用研究》，硕士学位论文，湖南大
学，2013 年。

史建强：《文化产业与旅游产业发展互动研究》，《经济问题》2014 年
第 4 期。

文化部：《文化部"十三五"时期文化产业发展规划》，2017 年。

文化部、中国人民银行、财政部：《关于深入推进文化金融合作的意见》（文产发［2014］14 号）。

文化部、财政部：《关于推动特色文化产业发展的指导意见》（文产发［2014］28 号）。

吴晓雨、张宜春、严先机：《文化科技的内涵和外延》，《艺术百家》2012 年第 6 期。

王静：《河南省非物质文化遗产出版资源开发研究》，硕士学位论文，河南大学，2010 年。

王亚南、张晓明、祁述裕、郝朴宁：《文化蓝皮书：中国文化消费需求景气评价报告》，社会科学文献出版社 2014 年版。

王彦林、姚和霞、曹万鹏：《县域文化产业发展方式的确定与培育》，《学术交流》2014 年第 1 期。

向勇、权基永：《韩国文化产业立国战略研究》，《华中师范大学学报》2013 年第 52 卷第 4 期。

杨卫武、徐乃卿：《基于游客购物行为的上海旅游与文化产业融合研究》，《经济论坛》2012 年第 3 期。

杨亮斌、郭玉成、郭发明：《论传统武术中的女性意象》，《成都体育学院学报》2015 年第 5 期。

俞海洛：《依托地方文化走出地方高校特色发展之路》，《中国高等教育》2013 年第 9 期。

喻玲：《旅游目的地文化产业与旅游产业深度融合发展研究——以四川省宜宾市为例》，《旅游纵览》2014 年第 2 期。

于泽、朱学义：《文化强省评估指标体系研究》，《统计与决策》2014 年第 5 期。

袁晓莉、张宁：《中日韩文化创意产品贸易竞争力比较研究》，《青岛科技大学学报》2015 年第 31 卷第 1 期。

中共中央办公厅：《关于深化文化体制改革　推动社会主义文化大发展大繁荣若干重大问题的决定》，人民出版社 2011 年版。

中共中央办公厅：《国家"十三五"时期文化发展改革规划纲要》，2017 年。

中华人民共和国文化部：《2014 文化发展统计分析报告》，中国统计出版社 2014 年版。

中华人民共和国文化部：《2015 文化发展统计分析报告》，中国统计出版社 2015 年版。

中华人民共和国文化部：《2016 文化发展统计分析报告》，中国统计出版社 2016 年版。

《发展大社科　建设强智库——从广东智库现状谈智库发展》，中国社会科学网，http：//views. ce. cn/view/ent/201604. shtml，2016 年 4 月 26 日。

中国互联网络信息中心：第 41 次《中国互联网络发展状况统计报告》，http：//www. cac. gov. cn/2018 - 01/31/c_ 1122347026. htm，2018 年 1 月 31 日。

张岱年：《文化与价值》，新华出版社 2004 年版。

张岱年：《中国文化概论》修订版，北京师范大学出版社 2012 年版。

张望：《中国文化创意产业发展模式研究》，硕士学位论文，南京大学，2011 年。

张璐琪：《日本动画发展的特色及对我国的启示》，《传媒》2014 年第 22 期。

张雪娟：《调适与整合：地方高校传承地域文化的路径选择》，《学术交流》2014 年第 6 期。